la lecture de l'Ouvrage. Nous conformant donc à la modération qu'auroit montré certainement le Sage aimable dont nous avons adopté & continué le travail, nous laisserons Me. Linguet exhaler seul ses injures : nous ne parlerons de lui que lorsqu'il viendra à son rang par de nouveaux écrits, auxquels nous n'en donnerons pas moins les louanges qu'ils mériteront ; & si nous sommes nécessités à les critiquer, nous repousserons avec soin tout sentiment de vengeance, de haine ou d'animosité qui s'éleveroit dans notre cœur, & nous ne perdrons jamais de vue une maxime d'humanité qui lui doit faire tout pardonner : Res sacra miser.

MÉMOIRES
SECRETS

POUR SERVIR A L'HISTOIRE DE LA RÉPUBLIQUE DES LETTRES EN FRANCE, DEPUIS MDCCLXII, JUSQU'A NOS JOURS.

ANNÉE M. DCC. LXXVI.

1. Janvier. LEs Modes regnent dans les travaux des femmes, comme dans leurs ajustements. Le genre d'ouvrage qu'elles ont adopté à Paris depuis quelque temps, c'est de faire du filet, c'est-à-dire, une sorte de tissu en soie ou en fil, imitant le réseau ou la bride de la dentelle. Les artistes ne sont pas moins à l'affût de ces nouveautés, afin de diriger leur adresse & leur invention : un d'eux en conséquence a imaginé un métier d'une fabrique singuliere, propre à cette sorte de manufacture, & suivant l'usage, il l'a soumis à l'examen de l'académie des sciences, & a sollicité des commissaires. Mais cette compagnie a jugé la machine trop futile pour s'en occuper & a rejeté la demande de l'auteur. On attribue cette décision à M. d'Alembert, ne cherchant pas moins à tyranniser cette académie que l'autre. Quoi qu'il en soit, tout le beau sexe est en fureur contre ces savants, qui, depuis que la philosophie est devenue commerçable, passoient pour s'être fort humanisés.

2 Janvier 1776. Il paroît une caricature sanglante, espece de poëme considérable, où messieurs du conseil supérieur de Rouen figurent d'une façon humiliante. Quoique les esprits soient bien refroidis sur de pareils objets, celui-ci, par son étendue, par son invention, par son énergie singuliere, fixe les yeux & est fort recherché.

3 Janvier 1776. Le véritbale titre de la suite du journal annoncé, c'est : *Journal historique du rétablissement de la magistrature, pour servir de suite à celui de la révolution opérée dans la constitution de la monarchie Françoise par monsieur de Maupeou, chancelier de France*, 2 vol. depuis le 11 mai 1774 jusqu'au 24 avril 1775, inclusivement. A la suite on a joint un *Catalogue raisonné des différents écrits répandus sous les auspices de monsieur le chancelier, pour la défense & la prapagation de son système* : addition précieuse, en ce qu'elle conserve le souvenir de ces pieces devenues fort rares, *& dont on ne vouloit point*, observe l'écrivain, *quand on les répandoit avec profusion.* On y lit encore ; *Piece importante à ajouter au premier volume de cet ouvrage* ; c'est un récit de ce qui s'est passé au parlement de Grenoble en 1774, lors de sa destruction & de sa réformation par monsieur de Maupeou. On y trouve une *protestation* de messieurs de *Dornacieux* président, & de *Meyrieu* conseiller, les seuls qui eurent le courage de motiver leur conduite, & dont les noms méritent d'être inscrits avec distinction dans les fastes patriotiques. Toute cette collection ainsi complete, est un ouvrage important, dont se doit pourvoir quiconque a une bibliotheque.

4 *Janvier* 1776. On a voulu répandre des inquiétudes sur la coterie proposée pour la construction du canal de Murcie en Espagne. Un anonyme vient d'entreprendre de rassurer le public, dans une lettre où il détruit les objections contre la possibilité de l'exécution de l'entreprise, contre son produit, contre la défiance des préposés à la régie & à la recette, enfin contre la solidité de l'hypotheque. On sent aisément que le voile sous lequel l'auteur reste caché, n'est pas propre à donner beaucoup de crédit à ses raisonnements.

4 *Janvier* 1776. Le buste de Piron par le sieur Caffieri, dont on a parlé lors du sallon dernier, se voit aujourd'hui placé dans le foyer de la comédie Françoise, où il figure mal, l'emplacement n'étant pas propre à recevoir un pareil chef-d'œuvre. Il faut espérer que lorsqu'on construira la nouvelle salle, on en disposera un plus convenable à ce spectacle, ainsi qu'à celui des bustes des autres grands maîtres du théâtre. Les comédiens en recon-

MÉMOIRES SECRETS.

POUR SERVIR A L'HISTOIRE
DE LA
RÉPUBLIQUE DES LETTRES
EN FRANCE,

DEPUIS MDCCLXII JUSQU'A NOS JOURS;
OU

JOURNAL
D'UN OBSERVATEUR,

CONTENANT les Analyses des Pieces de Théatre qui ont paru durant cet intervalle ; les Relations des Assemblées Littéraires ; les notices des Livres nouveaux, clandestins, prohibés ; les Pieces fugitives, rares ou manuscrites, en prose ou en vers; les Vaudevilles sur la Cour ; les Anecdotes & Bons Mots ; les Eloges des Savants, des Artistes, des Hommes de Lettres morts, &c. &c. &c.

TOME NEUVIEME.

. . . . *huc propius me,*
. . . . *vos ordine adite.*
Hor. L. II, Sat. 3, ⱽ. 81 & 82.

A LONDRES,
CHEZ JOHN ADAMSON.

M. DCC. LXXXIV.

AVERTISSEMENT des Editeurs des MÉMOIRES SECRETS pour servir à l'Histoire de la République de Lettres, &c. par feu M. DE BACHAUMONT.

━━━━━━━━━━━━━━━━━━━━━

SI nous ne defirions que la vogue & le débit de ce livre, nous remercierions Me. Linguet de fa Diatribe violente, moyen plus fûr que la fadeur d'un éloge pour exciter la curiofité du public & intéreffer fa malignité. Sacrifiant même notre amour-propre à notre cupidité, nous glifferions fur les reproches d'ignorance & de groffiéreté qu'il nous fait, reproches trop vifiblement dictés par la paffion, pour mériter beaucoup de créance. Enfin nous ne fommes point affez injuftes pour lui contefter un droit envers nous, dont nous avons ufé fi fouvent à fon égard, celui de juger : mais nous avons été vivement affectés des imputations graves & calomnieufes qu'il s'eft permifes. Nous allions nous défendre ; nous avions déja pris la plume, lorfque nous avons réfléchi que la réfutation la plus prompte, la plus fûre & la plus triomphante feroit dans noiffance ont accordé fes entrées à l'artifte.

5 *Janvier* 1776. Les entrepreneurs qui fe préfentent pour fe charger de l'opéra font les fieurs *Buffau*, ancien marchand de foie, *Bourboulon*, ci-devant premier commis au contrôle-général, *La Ferté* & *Hébert*, intendants des Menus. La ville paroît affez d'accord fur cet objet, fauf qu'elle exige qu'ils dépofent dans fon tréfor une fomme de 100,000 livres, dont on leur fera la rente, & qui fervira de garantie de leur geftion.

6 *Janvier* 1776. Le fieur de Beaumarchais eft encore retourné à Londres; & comme il y a de fréquentes conférences avec le chevalier d'Eon, on a renouvellé la fable ou du moins l'anecdote romanefque que de ce dernier étoit fille, & que le premier l'époufoit. L'accouplement de ces deux êtres fi finguliers a paru plaifant, & les rieurs l'ont adopté. Il y a toute apparence cependant que leurs entretiens ne font rien moins qu'amoureux, qu'ils font très-politiques & qu'on en fera un jour inftruit, puifqu'on préfume qu'il eft queftion du retour de d'Eon à Paris.

7. *Janvier* 1776. Malgré la difficulté élevée par la ville, on regarde le privilège de l'opéra comme concédé à la compagnie dont on a parlé: il doit durer trente ans; mais elle aura la liberté de réfilier le bail dans trois, fi l'affaire ne lui convient pas.

8 *Janvier* 1776. Un monfieur de Clercy, mari d'une madame de Clercy, que l'abbé Terrai a long-temps affichée pour fa maîtreffe, lorfqu'il n'étoit que confeiller au parlement, dont il a eu madame Damerval d'aujourd'hui, & fup-

plantée par madame de La Garde, menaçoit depuis long-temps cet ex-ministre d'un mémoire formidable, s'il ne lui faisoit pas raison d'une somme de 40,000 livres, dont il prétendoit avoir été lésé dans la vente de sa charge de grand-prévôt de la maréchaussée de Lyon, faite par l'abbé Terrai. Celui-ci, endurci contre tous les opprobres, n'a eu garde d'accéder à l'offre de son adversaire, & le mémoire commence à paroître. On juge avec quelle avidité le public s'empresse de l'avoir & de le lire.

8 Janvier 1776. M. de Guibert doit être d'autant plus fâché de la reprise de son *Connétable de Bourbon*, qu'outre la mauvaise réussite, il lui a mérité de monsieur le comte de St. Germain une réception peu flatteuse ; que ce ministre l'a persiflé pendant toute la conversation, & a fini en le quittant par affecter de l'appeler *brave jeune homme*, apostrophe que, sous un air d'honnêteté, on regarde comme peu honorable dans la bouche de monsieur le comte de St. Germain.

9 Janvier 1776. Le mémoire de monsieur Chol de Clercy, écuyer, ancien prévôt-général des maréchaussées de France dans les provinces de Lyonnois, Forez & Beaujolois, & chevalier de l'ordre royal & militaire de saint Louis, est dirigé contre la dame Dupuy, son épouse, l'abbé Terrai, Papillon teinturier, & Garet son secrétaire. Il est demandeur en entérinement de lettres de rescision, appellant d'une sentence en séparation & accusateur.

Il prétend 1°. que la dame Dupuy, sa

femme, l'a sacrifié à ses vues ambitieuses, pour continuer à souscrire aveuglément aux volontés sans bornes de M. l'abbé Terrai, qui la tenoit dans l'obsession la plus absolue.

2°. Que M. l'abbé Terrai lui-même, qui s'étoit rendu maître despotique de tout ce qui lui appartenoit, est coupable & responsable à son égard d'un abus de confiance.

3°. Que les nommés Papillon & Garet se sont rendus les vils instruments de l'un & de l'autre pour lui enlever son état, avec sa fortune, pour cimenter la leur.

Il conclut en conséquence, que la séparation volontaire avec madame de Clercy doit être cassée, que la vente de sa charge faite par l'abbé Terrai portant lésion outre moitié, il a droit d'en réclamer le surplus, soit contre l'acquéreur, soit contre son fondé de procuration; que les agents subalternes des intrigues & vexations de sa femme & du ministre ayant enlevé avec effraction ses papiers, titres, contrats, dettes actives, &c. sont responsables de toutes les pertes qu'il a faites en ce genre; enfin que le droit & l'équité lui accordent des aliments dans le besoin aux dépens de sa femme & de sa fille (madame Damerval) liguée, au contraire, avec sa mere contre lui.

Suivant deux consultations, l'une du 10 octobre 1775, signée à Toulouse par un avocat de ce barreau, nommé Dejoly; l'autre à Paris le 9 décembre par Frannoy, qui s'accordent toutes deux pour l'affirmative de ces questions.

Il est fâcheux que ce mémoire, qui pouvoit être très-amusant, très-curieux, très-intéressant, très-piquant, n'ait rien de tout cela. On y trouve bien le germe d'un écrit de ce genre, mais non développés; informe & donnant la plus mauvaise idée de l'esprit du rédacteur. C'est vraisemblablement ce qui a empêché l'abbé Terrai de faire justice à M. de Clercy, craignant peu l'explosion d'un *factum* plus propre à faire rire aux dépens de la partie adverse qu'aux siens.

9. *Janvier* 1776. Les comédiens Italiens annoncent pour jeudi la premiere représentation des *Souliers mordorés* ou de la *Cordonniere Allemande*, opéra bouffon en deux actes, mêlé d'ariettes. On ne nomme point l'auteur des paroles: on dit la musique d'un monsieur Frizieri, aveugle-né, dont le talent agréable n'a rien de fort ni de merveilleux.

10 *Janvier* 1776. La caricature dont on a parlé, concernant le conseil supérieur de Rouen, est en effet d'un détail immense. C'est un sujet allégorique, pris de l'écriture sainte; c'est Jesus-Christ chassant les vendeurs du temple.

Le temple représente le palais de Rouen très-ressemblant, & son architecture est fort bien faite. Sous la forme extérieure du Sauveur, on découvre les traits de monsieur de Miromesnil, le fouet à la main. Les Intrus sont chassés & descendent précipitamment les marches du sanctuaire de Thémis: chacun d'eux est désigné avec des attributs qui le caractérisent. Le capitaine de Crosne a un plat à barbe & une savonette à la main, (comme descendant d'un barbier). Le président Fiquet de Normanville tient une étrille à la main: ce qui désigne le palfrenier dont il sort, &c. Ainsi des autres.

Derriere le garde-des-sceaux sont des joueurs d'instruments en très-grand nombre, & une foule de curieux, qui tous annoncent l'alégresse publique. On voit encore d'autres personnages, ou membres subalternes du conseil, ou qui ont joué un rôle dans la révolution, & ont mérité d'être distingués. Tel est un certain Montroly, gentilhomme verrier, figuré sur un tas de bouteilles & de verres renversés & cassés, symbole des grandeurs humaines dont il éprouve la fragilité. Il est à côté de deux personnages étendus par terre, qu'on suppose morts de honte, & qui ont à leurs pieds deux ifs déracinés & un drapeau mortuaire. Enfin l'exécuteur de la haute justice n'est point omis, il vient faire ses adieux à ces messieurs, des verges sous son bras. Il commence par brûler les libelles distribués contre la magistrature & contre la patrie, tels que le *perruquier, la tête leur tourne, défense du conseil supérieur de Bayeux par le Lorier, les observations sur l'écrit intitulé: protestation des princes*. Son valet le seconde; il est chargé de cordes, & tient un écriteau sur lequel on lit: *intrus, parjures, violateurs*. Devant la porte de la conciergerie, on voit des chevaux, des charrettes, des gens dedans avec des torches allumées & plusieurs confreres du bourreau; plus loin un homme roule une roue, d'autres portent une potence, appareil effrayant qui ne doit plus faire trembler que ceux qui ont des reproches à se faire sur leurs crimes contre leur roi, ou contre leurs concitoyens.

Il y a beaucoup de feu & d'énergie dans cette estampe satirique, fort bien composée dans son genre, claire, distincte, animée, & où l'on semble s'être attaché sur-tout à conserver les ressemblances pour mieux perpétuer ce monument indélébile de la lâcheté, de la perfidie, de l'ignominie desdits vingt-six inamovibles.

11 *Janvier* 1776. Au moment où l'on croyoit la nouvelle régie de l'opéra prête à se conclure, le marché a été rompu, & la ville se trouve aussi embarrassée qu'auparavant ; elle continue à offrir 50 à 60,000 livres d'indemnité à ceux qui voudront se charger de cette affaire, mais en donnant les sûretés convenables, pour au bout de quelques années n'être pas obligée de reprendre l'administration, & de payer de nouvelles dettes faites sous celles de ceux qui l'auroient eu dans l'intérim. Quoi qu'il en soit, elle cherche d'ici là tous les moyens d'alléger le fardeau ; elle semble disposée à adopter un projet qu'on lui a donné : c'est de faire cesser le wauxhall d'hiver, & de doner à l'opéra, pour y suppléer, des bals de jour, c'est-à-dire, qui commenceroient à cinq heures, & finiroient à minuit. Ils auroient lieu les jours où il n'y auroit point de spectacle ; & ceux de nuit, qui ne se renouvellent que deux fois par semaine, se multiplieroient jusqu'à quatre : en sorte que la danse iroit sans interruption. La reine, qui aime fort ce divertissement de son âge, & la liberté des bals publics & masqués, a promis de l'honorer souvent de sa présence, & entreroit pour beaucoup dans cette innovation. Du reste, on nommeroit les bals de jour des *bals de santé*, parce que les malades,

les cacochymes, les gens asservis à un régime, ou n'aimant point à veiller, pourroient jouir de ce plaisir sans s'incommoder. Cet établissement sur lequel on spécule, commenceroit à la chandeleur.

12 *Janvier* 1776. La *Cordonniere Allemande* roule sur une espiéglerie arrivée au poëte Santeuil, qui fit prendre à un mari la mesure du pied de sa femme sans la voir. Cette intrigue, assez bien conduite, est amusante, quoique trop longue & sans moindre intérêt. La musique a fait plaisir, & le sieur Clairval, qui a reparu, a causé une grande sensation parmi les spectateurs. Madame Trial joue le rôle principal, & est très-applaudie dans plusieurs ariettes, mais sur-tout dans une. On peut regarder cet opéra bouffon, comme ayant eu des succès.

14 *Janvier* 1776. Me. Linguet ramene sans cesse le public sur son compte. On a parlé du mémoire de monsieur Ribault, très-estimé pour le ton de bon sens & de modération dont il est plein. On l'attribuoit à ce client même, quoiqu'un bruit sourd se répandit qu'il étoit de Me. Linguet. Celui ci le nia dans le temps. Il le réclame aujourd'hui, & déclare, dans son numéro du 5 Janvier, que c'est une niche qu'il a faite au public, pour lui faire voir sa partialité, en approuvant la sagesse de ce factum, qu'il n'auroit pas manqué de trouver trop chaud, trop vif, trop amer, s'il en eût connu le véritable faiseur.

15 *Janvier* 1776. L'anecdote sur le chevalier d'Eon est, que lors de ses démélés avec monsieur de Guerchi, qu'il faut se rappeller, un homme

se présenta au ministre des affaires étrangeres pour *remplir* les vues du gouvernement, qui vouloit le faire enlever ; que celui-ci en parla au roi qui desira voir l'entrepreneur, eut une conférence avec lui, parut adopter son projet, lui fit donner l'argent demandé ; mais par une espece d'espiéglerie dans le caractere de Louis XV, fit en même temps prévenir le chevalier d'Eon, & lui donner avis de toute la manœuvre que devoit exercer l'espion : qu'au moyen de cette éveille, le chevalier éluda sa poursuite, se moqua de lui, & l'obligea de s'en retourner plus vîte qu'il n'étoit venu : on ajoute que la suite de cette niche de Louis XV fut d'entamer une correspondance secrete avec l'ancien secretaire d'ambassade, d'en faire son espion, non seulement auprès des Anglois, mais de ses ambassadeurs & autres François revêtus de quelque caractere à Londres. C'est, suivant cette anecdote, la correspondance du feu roi, & autres papiers très-curieux y relatifs, qu'il seroit question de ravoir; & ce seroit d'une pareille négociation que le sieur de Beaumarchais seroit chargé. Il y a à parier, sans doute, que la singuliere histoire, rapportée ci-dessus, n'est pas vraie dans tous ses points, mais qu'il y a du moins quelque chose qui y a donné lieu, & un germe de fondement.

On a remis jeudi à l'opéra un ancien ballet de *Sylvie*, qu'on a ajouté aux fragments. Il avoit été fort applaudi dans son temps, & l'on se proposoit d'en amuser la reine, qui devoit honorer ce spectacle de sa présence. Le malheur arrivé ce jour-là (le feu du palais) dont les suites n'étoient pas encore arrêtées, ont empêché S. M. de venir. Il n'y a pas moins eu un concours de monde prodigieux à cette nouveauté rajeunie; & mademoiselle Allard qui y a reparu, a causé la plus grande sensation, & a été applaudie avec les mêmes transports qu'elle a toujours inspirés par sa danse gaie, folâtre & lascive.

14 *Janvier* 1776. Les vingt-six inamovibles du conseil supérieur de Rouen, méritant tous d'être connus, on va les extraire de l'estampe satirique dont on a déja parlé.

1°. Le sieur *de Crosne*, qu'on a dit tenir un plat à barbe & une savonette. L'auteur, pour marquer son adresse en tout, lui a mis le plat à barbe dans la main droite, & la savonette dans la gauche; il est en outre chargé, sur les épaules, du fauteuil antique où son grand-pere rasoit les pratiques.

2°. *Fiquet de Normanville, le lieutenant de Thiroux de Crosne.* De la main droite il porte une étrille, de la gauche une fourche: il a la honte peinte sur sa grosse face; il s'appuie contre son âne, qui a l'œil morne & l'oreille couchée.

3°. *L'Anglois,* troisieme *président*. Il est encore revêtu de sa robe, comme persuadé que monsieur de Maupeou seul a le droit de la lui faire ôter; il pousse l'âne, dont la lenteur s'oppose à son passage, pour aller à Roncherolles, exil du chancelier, lui porter ses plaintes.

Derriere la fourche de *Fiquet* est 4°. *Premesley,* 5°. *de la Marrobert,* deux conseillers, les yeux & les bras élevés vers le ciel dans leur étonnement d'une expulsion qui leur enleve cette noblesse à laquelle ils avoient tout sacrifié.

6°. *Le Bordier*, soutenant de la main gauche le masque qui lui tombe du visage.

7°. Le paralytique *Dupucé*, appuyé sur son fils, le substitut ; le huitieme représenté sous la forme d'un enfant ; parce qu'il est petit de stature, & qu'il remplissoit une petite place. Suivent le neuvieme & le dixieme qui sont les deux ecclésiastiques enrôlés, l'abbé *Perchel* & l'abbé *Thorin*. On reconnoît le premier à son habillement de chanoine, encore mieux à son air fournois. Il se mord le doigt, en disant à son camarade : *mon perfide frere m'a bien trompé !* L'autre le console en répondant : *j'y ai bien été pris, moi.*

11°. L'ambition de l'*Hôtel de Clémont* se manifeste par son désespoir ; il s'arrache les cheveux.

12°. A côté de lui est *le Grip*, qu'on a dit être l'étalon de la compagnie.

13°. *Fouquiers* est reconnoissable à sa grosse bedaine & aux haillons qu'il couvre de sa robe ; il contemple un billet déchiré, sur lequel il y a *bon pour 2000 livres*. Son air consterné annonce qu'il plaint le sort de ses créanciers en maudissant le sien.

14°. *Le Roi Belivet*, ami du précédent, appuyé sur un grand bâton, & portant au bout l'encensoir de la paroisse Saint Jean, dont il a respiré l'encens prodigué par le curé.

15°. *Ourset*, jadis garçon de cabaret chez son pere ; il tient à la main droite une bouteille, à la gauche un verre plein de biere mousseuse, &c.

16°. *Ruelle* est avec l'accoutrement d'un muficien de village, préférant de racler du violon à rendre de mauvais arrêts.

17°. *Deshays*, qui a déja repris le tire-pied de son grand-pere, tient d'une main un soulier, de l'autre une forme.

18°. *Roger Duquesnay* a sur la tête un toquet & une coëffure de servante, pour indiquer son origine; il tient un balai à la main.

19°. *Destainieres*, qui s'étoit enrôlé pour satisfaire, disoit-il, aux manes de son pere, interdit par le parlement.

20°. *Perchel*, le procureur-général, avec la corde au col, comme le plus méchant, le plus scélérat & le plus détesté de la bande : il se retourne vers monsieur de Miromesnil, & semble lui demander grace & implorer son ancienne amitié. Le garde-des-sceaux lui lance un regard d'indignation & de mépris.

21°. *Prefelne* pere, & 22°. son fils le substitut. L'habit d'arlequin donné au pere, sous sa robe, désigne les divers métiers qu'il a faits; il dicte des instructions à son fils botté, éperonné, à l'occasion de son interdiction prononcée par le conseil supérieur. Il lui montre le chemin de Paris.

23° *Montroly*, gentilhomme verrier, dont on a déja parlé.

24 & 25°. *Durand* & *Dairaux Prébois*, l'un mort en 1772, & l'autre en 1773, dont on a aussi parlé précédemment.

26°. *Chambord*, doyen de la troupe, moins occupé de son humiliation que de ramasser des écus qu'on lui a donnés pour en imposer à la rigueur de son ministere.

14 *Janvier* 1776. Monsieur de Valliere, offi-

cier général d'Artillerie, très-estimé, vient de mourir: c'est une vraie perte, il étoit membre de l'académie des sciences.

15 Janvier 1776. Heures nouvelles, à l'usage des magistrats & des bons citoyens, pamphlet dans le genre de la *messe haute de l'abbé Perchel*. On y a joint un calendrier, où les noms des saints sont remplacés par ceux des personnages célebres en tout genre, mais pris particuliérement dans la magistrature. Toujours plus de zele que de goût, plus de méchanceté que de finesse dans ces écrits patriotiques, où Louis XVI est perpétuellement assimilé à Henri IV.

16 Janvier 1776. On voit ici quelques exemplaires d'un livre fort rare, il a pour titre *Essai sur le rétablissement de l'ancienne forme du gouvernement de Pologne, suivant la constitution primitive de la république, par M. le comte de Wielhorski, grand-maître d'hôtel du grand duché de Lithuanie: traduit du Polonois.* Ce comte de Wielhorski étoit ici député des confédérés, & conserve toujours son caractere. Il est aisé d'inférer de-là combien son ouvrage doit être républicain. Il est volumineux, & mérite d'être développé. On annonce dans un avertissement qu'on pouvoit encore entrevoir quelque lueur d'espérance, lorsque l'auteur commençoit & finissoit même d'écrire; on ajoute que, quoique toutes ces espérances se soient évanouies, on ne pense pas qu'il soit d'un homme sage de désespérer du salut de la république, que la fortune peut amener des conjonctures favorables & faire naître des événements heureux:

qu'enfin la vérité est toujours bonne à connoître & à produire, qu'elle sera agréable aux citoyens vertueux, & pourra faire rougir les mauvais qui ont contribué à l'oppression de leur patrie.

17 *Janvier* 1776. Monsieur le Bailli du Rollet, est soupçonné auteur d'une nouvelle brochure intitulée *Lettres sur les Drames Opéra*, où il y a des assertions fort singulieres, & où il insinue que son *Iphigénie* doit être désormais le mode de ces ouvrages modernes. On a, suivant l'usage, chansonné ce ridicule auteur par un vaudeville assez plaisant, & qui d'ailleurs rappelle des anecdotes bien propres à le ridiculiser encore plus : le voici.

Chanson, sur l'air : *oui, Monsieur le Bailli.*

Je consens, mes chers freres,
A vous initier
Dans les profonds mysteres
Du lyrique métier ;
Croirez-vous mes préceptes?
Oui, monsieur le Bailli,
Vous serez des adeptes.
Bon ! monsieur le Bailli.

Connoissez-vous Armide (1) ?
Oui, monsieur le Bailli.

----

(1) Tous ces principes sont pris exactement dans sa *Lettre*.

Quel ouvrage infipide !
   Oui, monfieur le Bailli.
Sans chaleur, fans génie.
   Fi ! monfieur le Bailli !
Mais, vive Iphigénie !
   Oui, monfieur le Bailli.

De la fcene lyrique
   Quinault n'eft plus le roi :
Lifez ma Poétique,
   Vous direz comme moi ;
Nous n'avons qu'un génie.
   Oui, monfieur le Bailli.
L'auteur d'Iphigenie.
   Oui, monfieur le Bailli.

Admirez fa fageffe,
   Modefte en fes effais,
Par refpect pour la Grece
   Il parle mal françois (1),
Même en pillant Racine,
   Son génie affoibli,
Dément fon origine.
   Oui, monfieur le Bailli.

N'allez pas dans la fable
   Vous choifir des fujets,
Point de Dieu, point de Diable,

---

(1) Il n'y a que cela qui ne foit pas dans fa *Lettre*. Mais en eft-ce moins vrai.

Ni fêtes, ni ballets ;
Cela fent trop l'enfance.
Oui, monfieur le Bailli.
On peut aimer la danfe.
Hem! monfieur le Bailli (1).

Toi, chef de mes Athletes,
Qui de ce pays-ci,
Sais mefurer les têtes (2),
Sois mon fuperbe appui :
Cours, cabale au parterre,
Du fond je t'ai faifi,
La forme eft ton affaire.
Oui, monfieur le Bailli

17 *Janvier* 1776. Le fieur Fontaine, commis au bureau de la caiffe de la comédie françoife, a difparu avec un vuide d'environ 50,000 livres. Il s'eft enfui avec la dame Thomaffin, femme d'un acteur de la comédie Italienne, qui, de fon côté, a volé fon mari & vendu fes meubles à fon infu. Les comédiens ne perdront rien au premier vol, attendu que le fieur de Néelle, caiffier en chef, eft refponfable de fon commis ; que les hiftrions d'ailleurs lui avoient fait part de leur crainte fur

---

(1) On dit que l'auteur avoit une fi furieufe paffion pour la danfe, qu'un jour il pria un danfeur de fouffrir qu'il fe fubftituât fous le mafque à fa place, & qu'il parût à l'Opéra.

(2) On prétend qu'il a gagé un chapelier, grand aboyeur au parterre, pour applaudir à fon opéra.

ce sous-caissier, affichant un luxe extraordinaire pour sa place.

18 Janvier 1776. Il paroît une *lettre sur la marine*, en seize pages, où l'on indique les causes de la décadence de notre marine depuis Colbert, & les moyens d'y remédier. On conçoit qu'il est impossible de faire rien de bien intéressant sur une pareille matiere, dans un espace aussi court. C'est une esquisse légere, dont on pourroit former un grand & magnifique tableau.

Il est arrivé de Pau des *lettres d'un François, à un Milord* ✱✱✱, au nombre de cinq. Elles roulent sur la réintégration du parlement, & entrent dans beaucoup de détails à cet égard, intéressants pour les magistrats & les patriotes. Elles sont d'un M. de Saint-Cyr.

19 Janvier 1776. Il a été scellé mercredi 17 au sceau un arrêt du conseil, revêtu de lettres-patentes, qui éclaircit les bruits répandus sur une brochure satirique dont on a parlé. D'abord son titre véritable y est énoncé sous le nom de *l'Ombre de Louis XV au tribunal de Minos*. On y apprend ensuite que c'est à Bordeaux qu'on avoit saisi les exemplaires de cet ouvrage, au nombre de 2000, & qu'en conséquence le parlement de cette ville avoit fait arrêter plusieurs personnes soupçonnées d'être auteurs, fauteurs, complices, adhérents de ce crime de lese-majesté ; mais qu'un imprimeur de Cahors, se trouvant accusé aussi comme éditeur de ce libelle, le parlement de Toulouse, dans le ressort duquel est cette ville, avoit voulu en connoître de son côté, & commencer une procédure dont il étoit résulté un conflit de jurisdiction entre les deux cours. C'est pour le terminer que le roi, par l'arrêt susdit, attribue exclusivement la connoissance du délit au parlement de Toulouse.

20 *Janvier* 1777. M. l'abbé Sabbathier de Castres, si persécuté par les encyclopédistes pour son *Dictionnaire des trois siecles*, vient d'être nommé *instituteur* des enfants de monsieur de Vergennes, & il doit vraisemblablement cette place à la réputation que lui a fait son livre dans le parti adverse. Ce choix d'un ministre éclairé, en le vengeant des calomnies & des injures de ses ennemis, doit aussi détruire l'imputation qu'il n'étoit pas le véritable auteur du livre, & qu'un certain abbé Martin, vicaire de la paroisse de St. André-des-Arts, l'avoit pris pour son prête-nom.

Monsieur de Vergennes est un sage, mais de l'ancienne espece, religieux, ennemi des dogmes de la philosophie moderne. Il est bon ami, protecteur chaud, & homme d'état integre. Il étoit fort lié avec monsieur Tercier, renvoyé des affaires étrangeres pour avoir approuvé le livre de monsieur Helvetius, intitulé *de l'Esprit*. A son avénement au ministere, monsieur de Vergennes s'est informé s'il n'y avoit pas dans les bureaux des parents de monsieur Tercier. Ayant sû qu'il y avoit le sieur Moreau, il a voulu se l'attacher en qualité de secretaire intime: il lui a assigné pour fonctions essentielles de le prévenir sur toutes les injustices qu'on pourroit lui faire commettre dans sa place, en surprenant sa religion; il lui a ordonné de ne lui en rien dissimuler, ainsi que des fautes ou des inepties qu'on lui reprocheroit dans le public. Il paroît que cette espece de censeur qu'il s'est donné, ne lui déplaît pas en s'acquitant de cet emploi, puisqu'il l'honore de plus en plus de sa confiance & même de sa familiarité.

20 *Janvier* 1776. On parle d'un mémoire de monsieur l'abbé Terrai en réponse à celui de monsieur de Clercy : on le dit écrit avec la dignité d'un ministre, court, clair, péremptoire, en un mot, beaucoup mieux fait que celui de son adversaire ; ce qui n'est pas difficile à croire. Il a affecté de n'en distribuer que peu d'exemplaires. Quoi qu'il en soit, en triomphant sur le fond, il ne peut effacer le scandale résultant d'un prêtre séduisant la femme d'autrui, mettant une étrangere dans sa famille, faisant sa maîtresse de sa fille, &, pour se livrer plus librement à ce commerce incestueux, la mariant avec des clauses irritantes, des stipulations civiles, tendantes toutes à soustraire d'avance la jeune personne à l'autorité conjugale, & à lui conserver la liberté de vivre dans la même infamie que sa mere. C'est ce qu'on trouve dans le *factum* de monsieur de Clercy, tout informe, tout indigeste qu'il soit ; mais c'est ce dont monsieur l'abbé se soucie peu de se disculper, parce qu'il n'y a pas de peine civile à craindre pour cela.

21 *Janvier* 1776. Le 15 de ce mois l'académie françoise a procédé à l'élection du successeur de monsieur l'abbé de Voisenon, en la personne de monsieur de Cucé, archevêque d'Aix, désigné depuis long-temps. Jusqu'à ce que ce récipiendaire fasse l'éloge du défunt, voici une nouvelle épitaphe qu'on lui a faite :

L'académicien Voisenon,
A rendu son ame légere,
Et va dans le sacré Vallon
Composer un nouveau bréviaire,
A l'usage de l'Opéra :
Près de l'Amour il obtiendra,
L'emploi de premier secretaire,
Et Vénus le pensionnera
Pour être aumônier de Cythere.

22 *Janvier* 1776. La demoiselle Allard a reparu pour la seconde fois dans le pas de deux de *Sylvie*, le jeudi 18, & a fait tant de plaisir au public que les directeurs, qui par des affections particulieres l'avoient mise à la pension de retraite, sont obligés de la recevoir de nouveau. Ses envieux prétendent cependant qu'elle a beaucoup perdu de son talent : ce qui doit être, par le défaut d'exercice où elle est depuis sa disparition.

On voit une autre caricature relative au parlement de Bretagne : on y joint une épigraphe & une chanson. Elle est plus gaie que celle de Rouen, elle représente une multitude de geais parés de plumes de paons, que ceux-ci leur arrachent, en les mettant en fuite.

23 *Janvier* 1776. Par l'ordonnance sur la nouvelle composition des compagnies de gardes-du-corps, les fonctions du major deviennent plus étendues, & toute l'autorité de présentation, d'inspection & de police lui semble confiée exclusivement aux capitaines. On attribue cette innovation à l'adresse de M. de Pontecoulans, qui a surpris la bonne foi des chefs
&

& leur a fasciné les yeux, lors du travail, fut l'accroissement de son grade aux dépens du leur. Il est aujourd'hui la bête noire de son corps : indépendamment des chansons, des épigrammes faites contre lui, on parle d'une caricature où, à l'imitation de la statue de la place des Victoires, il est représenté avec les quatre capitaines des gardes enchaînés à ses pieds : un seul (le duc de Villeroy) semble afficher plus de fierté & se révolter, parce qu'il a toujours été contre lui.

13 *Janvier* 1776. Le but du comte Wielhorski, dans son *Essai sur la Pologne*, est de rétablir les anciennes loix de son pays, & de prévenir les vices qui en causent la décadence.

D'abord, l'autorité de la république de Pologne n'est confiée, suivant lui, qu'à la noblesse : il convient que l'exclusion du peuple de la participation au gouvernement est une atteinte à la liberté primitive ; mais il cherche à justifier cette exclusion sur le choix même des habitants dans les temps où le royaume, continuellement infesté de voisins ennemis, avoit besoin de défenseurs, & où les uns préférerent leurs foyers au service de la patrie. Aussi dans les premiers temps les paysans n'étoient-ils pas asservis : ce sont ceux-ci qui, en abandonnant la propriété de leurs terres pour mener une vie errante & vagabonde, l'ont perdue, après en avoir pourtant touché le prix suivant une convention mutuelle & l'estimation juridique.

Le gouvernement Polonois ne se propose d'autre but que la liberté & l'égalité.

La liberté d'un noble consiste, 1°. à n'obéir

qu'à la loi, dont le projet lui a été communiqué à la diétine, & à laquelle il a influé par son opinion & par le choix des personnes auxquelles il a confié ses pouvoirs. 2°. A n'être soumis qu'à la jurisdiction & au pouvoir exécutif des magistrats, à l'élection desquels il a participé.

Quant à l'égalité parmi les nobles, elle ne consiste qu'en un droit égal à la protection des loix, à la liberté & aux prérogatives de citoyen.

La république de Pologne est composée de trois grandes provinces, la grande, la petite Pologne & le grand duché de Lithuanie; ces trois grandes provinces sont encore subdivisées en palatinats, terres & districts.

Après ces notions préliminaires, l'écrivain traite de la puissance législative, du pouvoir exécutif, de la justice, du roi, & prétend que, suivant son plan sur toutes ces parties, la puissance législative est établie solidement, chaque citoyen recouvre sa liberté, & la république son indépendance. Tout noble apperçoit au premier coup-d'œil la carriere des honneurs & des distinctions qu'il a à parcourir: tout tend à le convaincre que l'unique moyen de parvenir est de se concilier par ses vertus & ses talents l'estime générale de la nation; il porte la vie & l'action dans le pouvoir exécutif: le roi n'étant, comme il doit l'être, que le premier magistrat de la république, ne sera plus envisagé comme ennemi de la nation, comme un de ses plus fermes appuis. L'administration de l'état passant successivement en différentes mains, prévient l'intrigue, la cabale, la corruption & une prépondérance toujours dangereuse & tyrannique. Les magistrats n'ont pas le temps de se lasser de leurs fonctions, ni d'abuser de leur pouvoir au préjudice de la patrie. On verra renaître par-tout les fruits heureux de l'émulation, un nouvel aliment offert à une ambition honnête & légitime ; l'amour de la gloire sera sans cesse aiguillonné : à quelque dignité éminente qu'on soit parvenu, il restera toujours à desirer quelque honneur encore plus élevé. Les sénateurs aspireront à entrer dans les conseils, les conseillers à obtenir une place de ministre, les ministres à se rendre dignes du même grade, à avoir même en perspective la couronne, comme la derniere récompense de leurs talents, de leurs travaux, de leurs vertus ; ou, enfin, n'ayant eu d'autre but en faisant le bien, que la satisfaction & la gloire de l'avoir fait, il leur restera toujours l'espoir d'une vie tranquille, & la consolation de jouir au déclin de l'âge, & sans remords, des douceurs d'un repos sûr & inaltérable.

24 *Janvier* 1776. M. le duc de St. Aignan vient de mourir dans sa 92me. année. Ce seigneur, avant d'expirer, a rassemblé tous ses enfants & petits-enfants, & leur a fait un discours austere sur l'inconduite dont ils sont presque tous coupables : il les a vertement chapitrés. Il laisse une place vacante à l'académie Françoise. Il avoit eu la manie de solliciter le bâton de maréchal de France à la derniere promotion. Le ministre de la guerre lui représentant qu'il n'avoit aucun titre de service, il répondit qu'il n'avoit en effet jamais servi sous Louis XV,

mais que ce n'étoit pas sa faute ; que lors des descentes des Anglois en Normandie, il avoit offert ses services au feu roi, qui lui avoit déclaré que ce seroit monsieur le duc d'Harcourt qui commanderoit ; que sur cette réponse il avoit dit à S. M. que, quoique ce militaire fût son cadet, il serviroit sous ses ordres ; à quoi le monarque lui avoit répliqué qu'il le feroit avertir, s'il avoit besoin de lui : ce qu'il n'avoit pas fait. Du reste, il ne manquoit pas d'esprit ; il faisoit des chansons ; il avoit été quelque temps à la mode sous Louis XIV ; il avoit été envoyé en ambassade ; il jouissoit sur-tout d'une tranquillité d'ame, d'un sens froid unique, qui n'ont pas peu contribué à prolonger ses jours.

24 Janvier 1776. Le sieur Audinot, chef de marionettes connues sous le nom de *comédiens de bois*, depuis créateur d'un théâtre d'enfants sous le nom *d'ambigu comique*, qui devroit être fort riche à raison de la vogue qu'il a eue & qu'il a encore, sans son inconduite, vient de s'attirer une affaire en justice. La chambre civile du châtelet l'a condamné à être blâmé pour avoir supposé de faux noms dans des actes, & avoir séduit une femme, de moitié dans cette affaire, qui a participé au même jugement. Tous deux ont souscrit à la sentence, se sont constitués prisonniers, & ont subi la peine infamante prononcée. Ils n'ont osé en appeller, de peur d'être jugés plus sévérement.

23 Janvier 1776. Rien de plus plaisant que les scenes qui se passent de temps en temps à la comédie Françoise, & qui valent infiniment mieux que l'appareil le plus pompeux du spectacle ;

On sait que le sieur le Kain est actuellement le plus grand acteur de ce théatre ; mais il s'en prévaut au point de s'absenter pendant les trois quarts de l'année, & durant les autres trois mois de ne jouer que quand il veut ; ce qui peut aller à douze fois ; en sorte que chacune lui vaut environ 1000 livres, les parts se montant à 12000 livres à peu près. Il a recommencé depuis peu son cours, & dimanche il jouoit dans *l'Orphelin de la Chine*. Non content des applaudissements qu'il avoit reçu dans le courant de la piece, & qu'il avoit eu en commun avec ses camarades, il est venu annoncer pour être plus spécialement fêté ; en quoi il a réussi parfaitement : enfin est parti une voix des loges, *c'est très-bien, à condition que monsieur jouera plus souvent*.

Le mercredi 24 on jouoit *Britannicus*, & mademoiselle Dumesnil étant malade, la demoiselle Raucoux a été obligée de se charger du rôle *d'Agrippine*, qu'elle a dû lire en partie, n'ayant pas eu le temps de l'apprendre, ce genre de rôle étant différent des siens. Avant la piece le sieur Dauberval est venu prévenir le public de cet incident, & l'y disposer. Malheureusement, dès que l'actrice a paru, le parterre l'a huée si complétement, qu'elle est tombée en pamoison, & il a fallu l'emporter de la scene. La piece ainsi interrompue, grand brouhaha dans le public ; enfin le sieur Dauberval est revenu une seconde fois avertir de la sensibilité de mademoiselle Raucoux, mais qu'elle alloit mieux, qu'elle alloit revenir & qu'elle comptoit sur l'indulgence du parterre : celui-ci, plus docile cette fois, a laissé reparoître la moderne

Agrippine, qui eſt reſtée dans un état convulſif, & a cependant joué & lu tour à tour, & a reçu beaucoup d'applaudiſſements.

26 *Janvier* 1776. Les anecdotes concernant le chevalier d'Eon ſe confirment, & l'on ſemble même ne plus douter qu'il ne ſoit une fille. Cela ſera éclairci ſous peu, puiſqu'il eſt annoncé comme revenant en France inceſſamment.

27 *Janvier* 1776. Les paſſe-droits continuels que les auteurs reprochoient aux comédiens, ont provoqué des plaintes ſi réitérées, qu'elles ont donné lieu à un réglement fort ſage. C'eſt que les hiſtrions ont été obligés de former le tableau de toutes les pieces qu'ils avoient à jouer, ſuivant l'ordre de leur réception, avec les noms des auteurs, & de l'afficher dans les foyers, où il reſtera expoſé à tous les yeux.

28 *Janvier* 1776. La demoiſelle Raucoux a parfaitement bien pris ſa revanche ſamedi dans le rôle d'*Agrippine*, qu'elle a rendu avec beaucoup de nobleſſe & de vigueur. Il eſt décidé que c'eſt le genre qui lui convient le mieux. Le ſieur le Kain, a joué *Néron*. On compte les fois qu'il fait la grace au public de paroître. Voici la troiſieme depuis l'hiver.

28 *Janvier* 1776. Le goût des ballets ayant ramené le public à l'opéra, les directeurs ont imaginé d'étayer *Adèle de Ponthieu* avec celui de *Médée & Jaſon*. Mlle. Heinel y a fait le rôle de *Médée* avec le plus grand ſuccès.

29 *Janvier* 1776. On devoit donner aujourd'hui le *Loredan* de M. de Fortanelle; de nouveaux obſtacles reculent encore cette tragédie.

29 *Janvier* 1776. Le ſieur Fontaine, caiſſier

de la comédie en fuite, a été rattrapé à Bruxelles.

30 *Janvier* 1776. C'est au moment où la ville étoit sur le point de passer son traité concernant l'entreprise de l'opéra, avec les contractants dont on a parlé, où toutes les parties rassemblées, le notaire en fonctions avoit déja commencé son préambule, qu'est intervenu un courier de monsieur de Malsherbes, avec défenses de procéder outre. Il paroît qu'il n'a pas pris confiance dans les lumieres & les talents de ceux que la ville avoit agréés; car il ne se désiste pas du projet, & l'on sait qu'il desireroit fort confier cette administration à un monsieur de Zimmerman, officier Suisse, grand amateur de musique, & qu'il regarde comme plus en état de conduire convenablement un pareil tripot. Le duc de Duras auroit grande envie d'avoir cette entreprise, comme le feu prince de Carignan, il y a nombre d'années; mais le secretaire d'état du département de Paris, déja souvent en rivalité & en contestation avec les gentilshommes de le chambre au sujet des spectacles, n'a garde d'en laisser un se mettre à la tête de l'opéra, dont l'administration est restée incontestablement sous son inspection.

30 *Janvier* 1776. Le mauvais succès de la machine imaginée par feu monsieur de Parcieux, pour empêcher les glaçons de s'amonceler dans la riviere & de la faire prendre, exécutée l'an passé par ordre du contrôleur-général, n'a point rebuté ce ministre, & il a voulu qu'on recommençât les expériences, plus propres à être vérifiées dans ce moment même où le temps a paru se disposer à une forte gelée. Cette ma-

chine appellée *la machine Turgot*, n'a pas mieux réuſſi : l'effort des glaçons l'a bientôt fait péter, & ſes débris ont été fracaſſer un moulin établi au pont de Charenton, lieu où on l'avoit établie. Meſſieurs de l'académie qui aſſiſtoient, par députation, à l'expérience & viſitoient tous les jous la machine, ſans en eſpérer beaucoup, ſont décidément convenus qu'on n'avoit pas encore aſſez calculé les forces de ces maſſes de glace, & qu'il ne falloit pas ſe flatter de les vaincre ainſi. C'eſt encore 20,000 livres de dépenſes qu'on a fait faire à la ville inutilement ; mais tout ce qui tend à l'amélioration des ſciences ne peut être regardé comme vain, & nos grands méchaniciens, bien convaincus de l'impoſſibilité de réuſſir par-là, imagineront peut-être quelque choſe de mieux.

30 Janvier 1776. On ſait que *monſieur* eſt grand maître de l'ordre de ſaint Lazare & qu'il a rétabli dans ſa ſplendeur cet ordre qui avoit bien dégénéré. Monſieur le comte d'Artois, par une belle émulation, veut auſſi devenir reſtaurateur de quelque ordre. Il y en a un appellé *du Sépulcre*, qui n'étoit plus qu'une confrairie compoſée de bourgeois, d'artiſans & de gens du commerce, qui du moins en avoient conſervé la meilleure inſtitution, celle de racheter avec leurs quêtes les priſonniers pour mois de nourrice ou pour dettes. C'eſt de cet ordre qu'on a fait imaginer à ſon A. R. de s'emparer. En conſéquence on s'empreſſe de recruter de toutes parts des chevaliers : il eſt queſtion même d'en examiner les titres & de faire revenir des commanderies qu'on a uſurpées ſur lui. Malgré cette ferveur, il est à craindre que cela ne puisse jamais bien se consolider, & que le ridicule dont on a couvert cette confrairie sous le nom de confrairie de *l'Aloyau*, ne lui reste. Déja plusieurs des nouveaux reçus semblent en avoir honte, & n'osent porter leur croix, qui de loin ressemble beaucoup à une croix de Malte.

31 *Janvier* 1776. La nuit du 28 au 29 le froid a été plus violent qu'en 1709 : il y avoit à l'observatoire près d'un degré de plus, à Versailles un degré & demi. Sa majesté, qui aime beaucoup ces observations, a chargé le sieur Cassini de Thury de lui envoyer tous les jours les siennes. Désormais 1776 sera sur les thermometres l'année qui fera la mesure du froid; cependant d'autres observateurs démentent cette assertion.

1 *Février* 1776. On parle beaucoup de *lettres* prétendues de Ganganelli, dont le sieur Caraccioli, déja auteur de sa *vie*, a fait un recueil, & a donné deux volumes. Elles sont divisées en trois parties : celles qu'il a écrites étant moine, celles qu'il a écrites étant cardinal, & celles qu'il a écrites étant pape. Beaucoup de gens se défient de l'éditeur & les croient avec assez de vraisemblance, supposées en très-grand nombre.

2 *Février* 1776. Le sieur Bourgeois, ce colporteur détenu à la Bastille, comme ayant vendu beaucoup de l'édition de la *lettre à monsieur Turgot* sur le sieur de Vaines, est relâché. Il y a apparence qu'il n'aura obtenu sa liberté qu'en nommant l'auteur du pamphlet, & que c'est d'après ses renseignements que monsieur Blonde

B 5

a été arrêté. Au reste, celui-ci n'a pas désavoué l'ouvrage ; mais il a soutenu ses interrogatoires avec fermeté, & a déclaré être prêt à prouver tout ce qu'il avoit avancé.

3 *Février* 1776. Mademoiselle Duthé est une courtisanne trop renommée pour n'être pas connue des étrangers ; d'ailleurs on en a déja parlé plusieurs fois. Il est question maintenant d'un *sylphe* qu'elle a, & qui, depuis quelque temps, manifeste son amour envers elle par la plus grande magnificence : elle ne peut former un souhait, qu'elle ne le voie réalisé le lendemain. On évalue à plus de 80,000 livres les divers bijoux qu'elle a reçus ainsi d'une main invisible. Quelques gens prétendent que c'est monsieur le comte d'A*** qui s'amuse de la sorte ; mais son goût pour cette courtisanne est encore un problème qui n'est pas résolu.

4 *Février* 1776. Monsieur Blonde est en effet un avocat qui n'est point sur le tableau, & non connu ; il a été neuf jours à la Bastille : il paroît n'avoir aucun motif particulier d'animosité pour écrire contre monsieur de Vaines ; il a déclaré qu'un zele patriotique l'avoit excité à cette démarche ; qu'il voyoit avec douleur un ministre aussi integre, aussi éclairé, aussi ami du bien public que monsieur Turgot, obsédé par un pareil confident, & qu'il avoit cru devoir l'instruire ; qu'au surplus il offroit le combat judiciaire à son ennemi, & prouveroit tous les faits avancés dans sa lettre ; qu'il n'étoit point un calomniateur, mais s'étoit permis de révéler des turpitudes propres à démasquer un homme qui commençoit de jouer un rôle important dans l'état.

5 *Février* 1776. C'est monsieur d'Eprémesnil qui a fait à l'assemblée des pairs du 30 la dénonciation du petit écrit sans titre *sur les corvées*. Ce jeune magistrat, qui, depuis son admission au parlement, attendoit avec impatience le moment de se signaler, a cru celui-ci favorable : il en vouloit depuis long-temps aux économistes, il a profité de la circonstance, & dans son récit en a tracé un portrait de main de maître ; il les a représentés comme une secte d'enthousiastes, cherchant non seulement à combattre les préjugés, & à renverser les formes sagement établies, mais à détruire les loix les plus anciennes, les principes les mieux avoués, pour y substituer leur doctrine, qui n'a servi jusqu'à présent qu'à jeter le désordre & la confusion, qu'à bouleverser le royaume. Il n'a pas épargné le ministre qu'ils regardent aujourd'hui comme leur chef, & sans le nommer, il l'a désigné de façon à ce qu'on ne pût le méconnoître ; il a cherché à jeter du ridicule sur la sensibilité louable, mais peut-être trop excessive, qu'il a témoignée à l'occasion du pamphlet, répandu contre le sieur de Vaines.

La cour n'a point adopté l'excursion violente du dénonciateur : on voit même par le requisitoire entortillé, vague & croqué de l'avocat-général Séguier, qu'il étoit difficile d'asseoir raisonnablement de justes qualifications sur l'écrit à censurer : pour ne rien énoncer & se tirer d'affaire, il a recours aux expressions triviales d'oubli, de mépris, &c.

6 *Février* 1776. Pour satisfaire aux doléances de l'assemblée du clergé qui s'est plainte, sur-tout dans ses représentations, de l'intro-

duction clandestine de cette foule de mauvais livres imprimés chez l'étranger, on a remis en vigueur, à la poste, les réglements à cet égard ; & monsieur Doigny ouvre impitoyablement tous les paquets qu'il juge suspects, arrête cette contrebande, & se forme ainsi une bibliotheque qui ne sera pas chere, & pourtant très curieuse.

7 Février 1776. Discours de monsieur Seguier aux chambres assemblées le 30 janvier, les princes & pairs y séant...... « Nous avons pris communication du récit & de l'imprimé que la cour vient de nous faire remettre : il étoit déja parvenu à notre connoissance, & nous l'avions jugé plus digne de mépris que de censure. Les réflexions que cet auteur anonyme présente au public, les objections qu'il se fait à lui-même pour les combattre, les différentes classes de citoyens qu'il semble vouloir attaquer, l'espece de cri séditieux avec lequel, en finissant, il cherche à soulever les peuples, tout y annonce le fanatisme, plutôt que la raison. Nous ne nous arrêtons pas à détruire le peu d'impression que cet écrit à pu faire sur les esprits ; c'est en démontrer la futilité que de le condamner à l'oubli dont il ne devoit jamais sortir. »

7 Février 1776. On a donné le cinq de ce mois sur un petit théâtre, rue de Provence, près la chaussée d'Antin, une comédie nouvelle, intitulée : *Marianne*. Le sujet est tiré d'un roman qui a paru il y a quelques années, *le pied de Fanchette*. L'auteur a joliment ajusté cet ouvrage ; il est très-intéressant, bien écrit,

& supérieurement joué par des personnes de la plus haute distinction. Il n'a encore paru qu'en ce lieu, ce qui a piqué davantage la curiosité des spectateurs.

8 *Février* 1776. Monsieur l'archevêque d'Auch, (Montillet) vient de mourir; il laisse un siege vacant de plus de 400,000 livres de revenu. Les jésuites perdent en lui un grand défenseur, & les incrédules sont délivrés d'un adversaire chaud, zélé & infatigable.

9 *Février* 1776. Suivant le *prospectus* de la loterie d'Espagne, dont on a parlé, les tirages devoient commencer au mois de janvier dernier ; ils sont retardés ; & comme ce manque de parole ne peut produire qu'un mauvais effet dans le public, les sieurs Pradès & compagnie ont cru devoir répandre une espece de mémoire apologétique, intitulé : *Réponse à des réflexions imprimées en Hollande sur l'emprunt du canal royal de Murcie* ; où l'on motive ce retard sur ce qu'on n'avoit pas fait attention aux délais indispensables qu'entraîne la négociation des billets, à la lenteur des correspondances éloignées, &c. sur ce qu'on se doit aux Prêteurs de Naples, de Sicile, du Nord, comme à ceux de Paris & de Hollande ; & qu'à peine a-t-il été possible de faire parvenir encore, dans les premiers pays, les avis qui peuvent les instruire du projet, & les inviter à s'y intéresser.

10 *Février* 1776. La foule des mémoires se renouvelle dans l'affaire du maréchal de Richelieu : il en paroît un pour monsieur de Vedel-Montel, intitulé: *Analyse du procès*. Il se plaint d'être obligé de rentrer en lice, provoqué

par les nouveaux outrages du maréchal de Richelieu. Cet écrit embrasse une discussion longue & détaillée de tout ce qui a rapport à ce personnage épisodique du procès ; elle est parfaitement bien faite, & nullement ennuyeuse, malgré son aridité ; elle est claire, simple, concluante, & satisfait les lecteurs : elle est suivie d'une péroraison vigoureuse, où monsieur le maréchal n'est point ménagé, & où l'accusé, avec les égards dus au rang & aux dignités de son adversaire, dépouille la personne qui n'a plus rien que d'odieux & de méprisable.

Ce *factum*, de monsieur Blondel, fait honneur à la plume, au courage & à la logique de l'avocat.

11 *Février* 1776. La *réponse de l'ami de province*, en date du 9 novembre, *à la lettre de monsieur*.... du 30 août 1775, dont on n'a fait qu'annoncer le titre, mérite d'être connue plus particuliérement. C'est un résumé général des raisons qui rendent les espérances des partisans des jésuites sur leur retour absolument vaines & impossibles.

1°. C'est l'ouvrage de Dieu ; on y reconnoît son doigt. *Digitus Dei hic est*, disoit-on à un jésuite. *Le doigt de Dieu !* s'écria-t-il, *dites les quatre doigts & le pouce*.

2°. Du côté des souverains pontifes, la récréation de la société est un phénomene qui sort de l'ordre des vraisemblances.

3°. Quand même, par une incroyable absurdité, le pape auroit quelque pente à ce rétablissement, il n'est pas à présumer que les puissances voulussent jamais se prêter à un projet aussi insensé.

4°. Quelqu'impuissante que soit, pour ce rétablissement en France, la protection de certains évêques, ce semble, fort attachés aux jésuites, ce zele n'est qu'une chimere; il n'y en a peut-être pas six qui leur soient dévoués de cœur.

5°. Il faut joindre à tous ces motifs la terreur que doit inspirer naturellement à tous les princes un corps religieux, capable d'occasioner une aussi grande commotion que celle qu'ils ont causée & entretiennent encore dans l'Europe.

Telles sont les objections principales que l'écrivain oppose à son ami, alarmé sur l'élargissement de quelques jésuites prisonniers, fait par le pape actuel, & qui causoit les frayeurs de ce dernier. Il est certain qu'en lisant ce pamphlet anti-jésuitique, il est difficile de se refuser à la conviction de l'impossibilité de leur retour. Il est d'ailleurs aussi bien, aussi fortement écrit, que pensé sagement & profondément.

12 *Février* 1776. La fureur du public pour le ballet de *Médée & Jason*, quoique déja connu, est incroyable. L'opéra, par ce secours, est suivi avec le plus grand succès. Il est certain que cette pantomime héroïque est merveilleusement exécutée par les demoiselles Heinel & Guimar, & le sieur Vestris.

On parle toujours du sieur Zimmerman pour le mettre à la tête de la nouvelle entreprise de l'opéra, & l'on présume que l'arrangement ne tardera pas à se conclure.

12 Février 1776. Monsieur de Voltaire écrit qu'il a rendu libre le pays de Gex & de Ferney, qu'il l'a débarrassé des corvées & des fermiers, que soixante-douze commis se sont retirés de ce pays-là, & que le commerce va désormais être libre parfaitement au dehors avec Geneve, la Suisse & la Savoie ; il ajoute qu'il mourra content après cette bonne œuvre.

13 Février 1776. La tragédie de *Loredan*, balottée depuis si long-temps, & qui, sur-tout depuis trois semaines, est sur l'affiche, y paroît & disparoît, est enfin annoncée pour samedi 17.

14 Février 1776. Plusieurs artistes se sont déja évertués à faire des projets pour la construction d'un nouveau palais : mais s'il est fort aisé de tracer de magnifiques idées sur le papier, le gouvernement ne semble pas disposé à en agréer aucune : il est question seulement de réparer, tant bien que mal, le dégât pour rendre les lieux habitables. Du reste, cela restera ainsi long-temps, comme l'hôtel-dieu, comme la salle de comédie, & plusieurs autres destructions de cette espece non encore réparées.

15 Février 1776. Trois nouveaux ouvrages excitent la vigilance du lieutenant-général de police, toujours active à cet égard, & toujours mise en défaut.

10. *Les quatre âges de la pairie de France, ou Histoire générale & politique de la pairie de France, dans les quatre âges*, dont le premier contient *la pairie de naissance* ; le second, *la pairie de dignité* ; le troisieme, *la pairie d'apanage* ; le quatrieme, *la pairie moderne*

ou *pairie de gentilhomme* : par L. V. Zeingamna. 2 vol. *in-*8°.

2°. *Sur les finances*, ouvrage posthume de Pierre André, fils d'un bon laboureur, mis au jour par monsieur..... curé d.... avec cette épigraphe : *ni ferme ni régie, l'une & l'autre font la perte des états.* 1 vo. *in-*8°. avec six planches.

3°. *Essai philosophique sur le monachisme*, par M. L..... 1 vol. *in* 8°.

16 *Février* 1776. Entre les divers écrits occasionés par les circonstances, il faut distinguer, *mémoire à consulter sur l'existence actuelle des six corps, & la conservation de leurs privileges.*

L'auteur, homme d'esprit, y résume en peu de mots divers écrits publiés depuis six mois, & particuliérement l'*Essai sur la liberté du commerce & de l'industrie*, qui semble avoir été composé pour préparer les esprits à la révolution que méditoit le ministere. Son objet est de dissiper les idées fausses & déshonorantes que des écrivains, séduits par l'enthousiasme du bien général, éblouis par la chimere d'une liberté illimitée, ont répandues sur les commerçans ; de prouver aux magistrats conservateurs des privileges & des propriétés, que l'on ne peut pas porter atteinte à l'existence actuelle des six corps, & adopter le systême de destruction dont on les épouvante, sans que le public soit livré à la mauvaise foi, & que les arts ne soient dégradés par l'ignorance ; sans que la fortune des plus honnêtes familles de la capitale ne soit ébranlée ; sans que des états consolidés depuis des siecles par des édits, par des lettres-patentes enregistrées dans les cours souveraines, ne deviennent tout-à-coup incertains & précaires.

Ce mémoire est très-bien rédigé, très-lumineux : il fait une impression vive, & combat avec succès l'ouvrage de feu monsieur le président de Sainte-Croix, dont les principes & les définitions justes amenent des conséquences chimériques & déraisonnables qu'il développe.

16 *Février* 1776. On s'est avisé de faire des *Noëls* sur messieurs du parlement, dans le goût de ceux sur les femmes de la cour, qui ont paru il a quelques mois. On voit déja les couplets sur le grand banc. Ils ont moins de méchanceté que les premiers, & n'en sont que plus insipides, du reste, & non moins informes. C'est l'ouvrage de quelque clerc du palais, comme les autres étoient dignes de quelque servante de garderobe.

16 *Févoier* 1776. La nouvelle édition de Geneve des œuvres de monsieur de Voltaire, en 40 vol. *in-*4°., paroît ici furtivement ; car le libraire Pankouke, qui a eu une permission d'en introduire une certaine quantité d'exemplaires, ne le pourra qu'avec des cartons : ce qui ôtera tout son mérite à l'ouvrage ; il coûte 178 livres.

17 *Février* 1776. Le bal de madame la duchesse de Chartres étoit d'une magnificence digne de l'auguste personne à laquelle étoit destinée la fête. Au moment où sa majesté est descendue du carrosse, toutes les dames ont bordé la haie jusques sur l'escalier & dans les appartemens. La reine ayant redoublé la hauteur de son panache, il a fallu le baisser d'un étage pour qu'elle pût entrer dans son carrosse, & le

lui remettre quand elle en est sortie. Madame la duchesse de Chartres seule étoit sans le moindre diamant. Sa majesté a paru se plaire beaucoup à ce bal; elle est entrée à celui de l'opéra, qu'elle a vu de la loge du palais royal: mais la chaleur excessive de ce gouffre ne lui a pas permis d'y rester plus de huit à dix minutes. Du reste, jamais l'opéra n'avoit fait autant d'argens: la recette de ce jeudi gras, le spectacle compris, s'est montée à 24000 livres.

17 *Février* 1776. *Loredan*, qui se doit jouer aujourd'hui, est un sujet Vénitien; on le dit fort noir. Monsieur de Fontanelle, son auteur, a fait une innovation en ne mettant sa piece qu'en quatre actes. Comme il est aux Deux-Ponts à la tête d'une double gazette de politique & de littérature, il n'a pu presser les coméliens, suivre son tour, & assister aux répétitions: il avoit chargé de ce soin le sieur Mercier. Celui-ci, comme l'on sait, est fort désagréable à la troupe, & n'a pas peu contribué à faire balotter cette tragédie, qui n'auroit pas été encore jouée, s'il n'eût trouvé accès auprès de la reine qui la vouloit voir, s'il n'eût représenté à sa majesté depuis combien d'années l'auteur étoit le jouet des histrions, & si elle n'avoit fixé elle même le jour pour le samedi 17.

Par une épigramme assez platte, pour mieux accompagner cette tragédie très-lugubre, les plaisants de la troupe ont jugé à propos d'afficher *le Deuil* pour petite piece.

18 *Février* 1776. *Loredan*, joué hier, est en effet un amas d'atrocités, dont il y a peu d'exemples.

L'auteur a voulu donner du nouveau ; & pour juger de quelle espece, il suffira d'observer qu'un ami y propose à un pere d'empoisonner son propre fils pour l'arracher à l'opprobre du supplice ; que ce fils réitere la proposition ; que le pere l'accepte, va chercher le poison, & se dispose à cet affreux ministere ; lorsque, par une résurrection vraiment machinale, un scélérat tué, ou qu'on croyoit tué, emportant le secret de l'innocence de l'accusé, recouvre un instant la vie & la parole pour justifier *Loredan* ; ce qui le soustrait à la mort, mais non son pere, qui, en humant pendant un quart-d'heure la liqueur pestilentielle, s'est mis hors d'état d'être secouru Du reste, ce drame héroïque a au moins le mérite d'une intrigue claire, d'une marche assez rapide quant à l'action, quoiqu'embarrassée dans des dialogues trop longs. Il est tissu sans amour, mais contient un rôle de femme, qui, en qualité d'épouse, ne cause pas un grand intérêt, & en produit encore moins n'étant qu'épisodique, & ne tenant en rien au fait. Du reste, changement de décoration à chaque acte. Au premier : c'est la maison du pere de *Loredan* : au second, c'est la prison ; au troisieme, c'est la salle d'assemblée du conseil des dix ; au quatrieme, c'est encore la prison. Les acteurs, malgré la présence de la reine, ont très-mal joué, même le sieur Le Kain ; & le parterre, de concert avec ceux ci, a été fort tumultueux, fort ricanneur, & a hué si fréquemment cette tragédie, qu'il n'y a pas d'apparence qu'elle reparoisse.

18 *Février* 1776. Pour mieux juger de la fer-

mentation qui regne dans le parlement contre le ministre des finances, & du discrédit où l'on cherche à le mettre, en répandant sur lui, sur son ministere & sur ses principes, ce ridicule si cruel en France, on cite une anecdote puérile en elle-même, mais curieuse, sous ce point de vue. Dans une assemblée de pairs, comme M. le prince de Conti étoit à prendre du thé auprès de la cheminée, un chien qui s'étoit introduit dans ce lieu, fit ses ordures en présence de son altesse sérénissime, & sans aucun respect pour l'auguste compagnie. Un huissier veut le battre, le chasser à coups de baguette: *arrêtez*, lui dit le prince, *liberté*, *liberté toute entiere*, persistant par ce mot favori des économistes leur secte & leur système.

19 *Février* 1776. *L'essai philosophique sur le Monachisme*, est attribué à M. Linguet, & pourroit bien être de lui. On conçoit parfaitement que son objet est de décrier cet état, de faire voir qu'un moine est tout au moins un être inutile, qu'il est souvent un être nuisible. C'est à ces enthousiastes atrabilaires qu'il attribue les guerres de religion & tous les maux qui en ont résulté: mais il paroît qu'il en veut spécialement aux mendiants. Il excepte parmi les autres ceux de St. Benoît, dont il fait même un grand éloge, puisque, suivant lui, il est sûr que c'est à eux dans tous les sens que l'Europe doit la police, l'opulence & l'éclat dont elle jouit aujourd'hui. Dans cet ouvrage l'auteur a voulu singer M. de Voltaire: comme lui, il effleure simplement la matiere, il la parcourt rapide-

ment, il l'égaye par de petits contes très-propres à tourner en ridicule les moines, les miracles & le chriſtianiſme: il ſe permet quelquefois une ſatire très-amere; en général, il cherche plus à amuſer qu'à inſtruire.

10 *Février* 1776. Deux ouvrages pour la défenſe des ſix corps de la ville de Paris, attaqués aujourd'hui juſques dans leur eſſence par l'édit les concernant, qui eſt au parlement, font beaucoup de bruit, & occaſionent une grande fermentation dans les ſociétés, diviſées en économiſtes & anti-économiſtes ou *Colbertiſtes*.

Le premier eſt le mémoire à conſulter dont on a parlé; il a toutes les formes de pareils écrits; il eſt ſigné de Me. la Croix. A la ſuite d'une conſultation, en date du premier février, le livre qu'attaquent directement les ſix corps, eſt celui du feu préſident Bigot de Sainte Croix, lancé il y a quelques mois dans le public. On en extrait une aſſertion, où il dit: « ils (les » marchands d'une communauté) ont entr'eux » un taux fixé de monopole & de ſurcharge, » que chacun ſuit comme la loi du corps. » Elle ſert de baſe à la conſultation: le conſulté eſt d'avis que l'ouvrage du préſident diffame les ſix corps, qu'ils ſont fondés à demander la ſuppreſſion d'une dénonciation auſſi flétriſſante, & à démontrer que l'auteur, en ſollicitant la deſtruction de leurs corps & de leurs privileges, les trouble dans la propriété la plus reſpectable, puiſqu'elle porte ſur la loi même, & que leurs titres ſont des édits & arrêts du conſeil d'état du roi, confirmés par une multitude d'arrêts de la cour.

L'autre est attribué à M. Linguet; mais comme il n'a pu le signer en qualité d'avocat, il l'a intitulé: *Réflexions des six Corps de la ville de Paris, sur la suppression des Jurandes.* Il l'a divisé en paragraphes.

1°. *Il traite des corporations ou jurandes en elles - mêmes* ; il observe la chose historiquement, & cite les exemples de l'Egypte & de Rome, où elles existoient, de la Chine & de l'Angleterre, où elles existent encore ; il combat celui de la *Hollande*, qu'il regarde comme une exception ne pouvant tirer à conséquence.

2°. *Des avantages que l'on suppose dans la suppression des jurandes* ; ils se réduisent à quatre : développement de l'industrie ; diminution de la valeur de la main-d'œuvre & des denrées ; simplicité dans la régie intérieure ; extinction des procès bizarres ou scandaleux qui résultent des chocs, des rivalités de ces associations limitrophes & se confondant aisément. Il les examine, les discute, les réfute en partie, & est obligé de les adopter à quelques égards, mais comme exigeant une réforme, & non une destruction totale.

3°. Après s'être défendu, il attaque & développe *les inconvénients effectifs attachés à la suppression des jurandes*. Au style, à la tournure, au décousu, au verbeux & à la foible logique de l'ouvrage, on conçoit facilement qu'il peut être de monsieur Linguet, mais de monsieur Linguet corrigé, châtié, humilié, modeste, pénitent, & cherchant à prouver qu'il peut se posséder, qu'il n'est pas toujours déclamateur, toujours dénigrant, maudissant, injuriant ſes parties adverſes : du reſte, il ſe lit avec plaiſir, & ſi l'on n'y eſt pas échauffé de ce feu dont il brûle ſon lecteur, dans les diatribes & libelles du palais, il y répand toujours cet intérêt pour lequel il l'attache & lui fait dévorer ſes écrits ſur des matieres arides qu'il féconde & qu'il embellit par ſon imagination.

21 *Février* 1776. Les comédiens Italiens annoncent pour jeudi une piece nouvelle, intitulée *le Lord ſuppoſé*, comédie en trois actes & en vers, mêlée d'ariettes.

21 *Février* 1776. Les exécrables couplets ſur la reine, quoique déteſtés par tous les bons François, ſe recherchent cependant par les amateurs d'anecdotes, & ſe répandent peu à peu; on les lit, en maudiſſant l'inventeur ſacrilege de tant de calomnies. Ils ſont au nombre de vingt-quatre, ſur l'air, *lere la, lere lenlaire*. On y ſuppoſe que le marquis de Louvois, héritier de ſon pere pour la méchanceté, mais non de ſon talent pour la bonne & la piquante, eſt auteur de la chanſon ſur la cour, qui a paru précédemment. Celui dont il eſt queſtion, ſe pique de le ſurpaſſer & de prendre un *vol plus téméraire*; il agite enſuite, très-indiſcrétement la queſtion ſur la virilité du jeune monarque, ſur ſon aptitude à donner des héritiers au trône ; & après avoir détaillé les diverſes cauſes d'impuiſſance imaginées par les courtiſans, il la décide négativement, mais non ſans reſſource ; il plaiſante ſur le goût puce introduit à la cour ; il traveſtit criminellement l'amitié de la reine pour madame la princeſſe de Lamballe ; & par une ſuppoſition plus coupable encore,
accrédite

accrédite d'autres bruits plus affreux ; il va jusqu'à rapporter une lettre prétendue de l'auguste mère de cette princesse, qui lui donneroit à cet égard des conseils dictés par une politique vraiment infernale : enfin il n'est pas jusques à monsieur de Sartines, & le duc de Choiseul, qu'on fait figurer là de la façon la plus injurieuse.

Ce petit poëme, production d'une furie, est d'un faiseur très-exercé en ce genre. La fabrique des vers est correcte, la rime riche, & il est peu de chansons mieux faites comme pieces littéraires. Mais il seroit à souhaiter que la curiosité irrésistible d'un peuple volage & frivole permît de replonger dans l'oubli dont elle est sortie, cette piece, fruit d'un délire qui mériteroit le dernier supplice.

22 *Février 1776*. Il y a six ans déja qu'ont paru les trois premiers volumes de *la Philosophie de la Nature* de M. de Lisle, ex oratorien : les trois derniers ont été publiés il y a deux ans. Le peu de succès de cet ouvrage volumineux le fit alors confondre avec une multitude d'autres, produits sous permission tacite. Ce n'est que depuis quelques mois qu'un sieur Audran, conseiller au châtelet, grand dévot, excité par un zélé fanatique, a imaginé de dénoncer cet ouvrage à sa compagnie, & de le faire brûler, comme on l'a vu. On auroit cru qu'il s'en seroit tenu là, & que l'information ordonnée suivant la formule de ces sortes de sentences, n'auroit pas de suites. Point du tout, il poursuit sa dénonciation avec une cruauté digne du siecle

le plus superstitieux. Monsieur de Lisle est déja décrété de prise de corps, les censeurs (car il y en a deux) d'assigné pour être oui, & l'imprimeur d'ajournement personnel.

22 *Février 1776*. M^e. la Croix a donné une addition de sept pages in-4°. à son mémoire en faveur des jurandes, & ses nouveaux raisonnements ne sont pas moins lumineux & moins convaincants. Du reste, tous les corps intéressés dans cette affaire, répandent respectivement dans le public leur défense, & quoique partant tous de principes communs, les rappellent spécialement à ce qui les concerne : en un mot, suivant une expression triviale & vraie, *chacun prêche pour son saint.*

23 *Férier 1776*. Les comédiens François ayant eu l'insolence de faire jouer samedi *le Deuil*, petite piece donnée après *Loredan*, par les doubles, sans que les premiers acteurs eussent de raison valable pour s'en dispenser, & manquant ainsi essentiellement à la reine présente, les gentilshommes de la chambre, malgré leur mollesse à l'égard des histrions, n'ont pu s'empêcher de les punir : on les a pris par l'endroit sensible, & chacun a été respectivement mis à une amende de 200 livres.

23 *Février 1776.* Après bien des variations, il est à présumer que ce seront les intendants des menus qui auront la manutention de la machine de l'opéra.

24 *Février 1776. Les Heures nouvelles à l'usage des magistrats & des bons citoyens*, méritent quelques détails par leur singularité.

1°. Dans le calendrier marqué à chaque jour, comme l'on a dit, du nom de quelque homme célebre dans un genre quelconque, on y voit avec surprise M. de Voltaire ; ce qui prouve que l'auteur de cette collection n'est sûrement ni un janséniste ni même un dévot, d'autant qu'il fait une exception en faveur du philosophe de Ferney, le seul homme vivant qu'il place dans le catalogue.

2°. On y trouve deux hymnes qu'on donne pour authentiques, chantées par le clergé de Tours en l'honneur de Henri IV, du temps de la ligue : l'une en procession le 17 mars 1590, & l'autre le 24 mars suivant, en actions de graces de la victoire de Henri IV.

Du reste, on y a suivi exactement la formule du livre de prieres, dont celui-ci porte le titre : rien n'est oublié, & tout est rapporté aux circonstances. On a adopté plusieurs pieces de vers connus, & un morceau de prose, qui est *l'oraison funebre des conseils supérieurs*, dont on a déja rendu compte.

Le Sermon est neuf & roule sur l'infamie des magistrats qui ont trahi leur ministere en se prêtant aux vues du chancelier Maupeou. Dans tout cet ouvrage on sait qu'il doit y avoir nécessairement une multitude de répétitions, l'auteur revenant sans cesse sur les mêmes idées, qui, quoique bonnes & patriotiques, sont à la fin fastidieuses.

24 *Février* 1776. Les princes & pairs se sont réunis hier au palais : mais peu occupés de l'affaire du maréchal duc de Richelieu, la cabale opposée à M. Turgot s'y est encore distinguée, on a dénoncé un ouvrage produit sous les auspices de ce ministre, & tendant à éclairer les esprits, à les disposer à une nouvelle loi qu'il

voudroit établir : il a pour titre, *les Inconvénients des droits féodaux*. L'objet de cet écrit, où la matiere n'est qu'effleurée, seroit de détruire la servitude réelle ou des biens, après avoir détruit celle des personnes. On a prétendu que c'étoit attaquer les propriétés. Il a été ordonné que les gens du roi en prendroient communication pour en rendre compte à la cour sur le champ, & que le nommé Valade, libraire, dont le nom est au bas du titre, seroit mandé à la barre de la cour pour y être interrogé.

24 Février 1776. Les aimables libertins de la cour, pour donner plus de piquant à leurs plaisirs, avoient imaginé de faire une souscription entre les mains des plus fameuses courtisannes de Paris, pour former un pique-nique délicieux, qui devoit être précédé du spectacle, suivi du bal, d'un jeu d'enfer & de tout ce qui peut accompagner une pareille orgie. M. le duc de Chartres & M. le comte d'Artois devoient en être : chaque convive étoit taxé à cinq louis. La comédie devoit être jouée par Mlle. Guimard, où la Dlle. Duthé auroit chanté ; & la demoiselle d'Ervieux, surintendante du repas, avoit ordonné le festin chez un traiteur sur les boulevards. La partie de plaisir avoit d'abord été projetée pour le carnaval ; mais afin de la rendre plus célebre & plus singuliere, on l'avoit remise au premier jeudi de carême. Le jour étoit venu ; tout étoit prêt pour le spectacle, qui devoit consister en deux pieces connues, *la Colonie* & *les Sabots*, lorsqu'un ordre du roi est intervenu qui a tout arrêté, même le souper. On ne doute pas que le zele de M. l'archevêque n'ait beaucoup contribué à faire supprimer une fête aussi scandaleuse. L'altesse royale qui devoit en être, n'a pas permis au lieutenant de police de seconder le zele du prélat. Il n'a fallu rien moins que l'autorité du monarque, vengeur des bonnes mœurs & de l'honnêteté publique, qui auroient été à coup sûr étrangement violées dans l'assemblée d'une jeunesse aussi gaie & aussi effrénée. Le commandant du guet avoit reçu ordre de garder les avenues du traiteur, & d'empêcher qui que ce soit d'y entrer.

25 *Février* 1776. Hier le Sr. Valade interrogé sur l'auteur & le censeur de l'ouvrage remis aux mains des gens du roi, a dit que c'étoit un sieur Bonserf du contrôle-général, qui lui avoit remis le manuscrit, & le Sr. Pidansat de Mairobert qui l'avoit approuvé. En conséquence ils ont tous deux été décrétés d'assigné pour être ouï pardevant M. Berthelot, conseiller, nommé rapporteur dans cette affaire.

25 *Février* 1776. La Dlle. d'Ervieux, en sa qualité de surintendante présidant au repas, d'après les défenses du roi, a fait porter tout le festin au curé de St. Roch, pour être distribué aux pauvres malades de la paroisse. On nomme plaisamment ce repas *le repas des chevaliers de St. Louis*, à cause des cinq louis d'écot que chacun payoit.

25 *Février* 1776. L'ouvrage condamné à être brûlé par le parlement, toutes les chambres assemblées, les princes & pairs y séant le vendredi 16, étoit déja ancien & connu; on en a parlé dans le temps : mais la cupidité de quelque colporteur clandestin en avoit

fait faire une nouvelle édition en France, avec des augmentations, fous le titre de *Théologie portative, ou Dictionnaire abrégé de la religion chrétienne, par l'abbé Bernier, licencié en théologie. Nouvelle édition, revue, corrigée & augmentée par un disciple de l'auteur. Imprimée à Rome avec permission & privilege du conclave,* 1776, *en deux volumes.* Cette brochure est déclarée par la cour, scandaleuse, impie, blasphématoire, tendant à anéantir, s'il étoit possible, les fondements de la religion, & conséquemment à détruire les principes de la sûreté & honnêteté publiques, &c.

Rien de plus capucinal que le requisitoire de l'avocat-général Seguier, qui fait aujourd'hui la cour au clergé, & en veut beaucoup aux philosophes.

26 *Février* 1776. Chaque jour voit éclorre de nouvelles représentations de la part des arts & métiers. Un plaisant a parodié toutes ces requêtes dans une prétendue, adressée au roi pour les lapins, à l'occasion de l'arrêt du conseil qui permet & ordonne leur destruction.

28 *Février* 1776. M. l'évêque de Beauvais est chargé depuis quelque temps de prononcer dans l'église des invalides, suivant l'usage, l'oraison funebre de M. le maréchal du Muy, ministre de la guerre, mort en fonctions.

28 *Février* 1776. C'est à demain 29 qu'est enfin fixée la réception de M. l'archevêque d'Aix à l'académie Françoise. La haute opinion que beaucoup de gens ont pris de l'éloquence de ce prélat, par son discours du sacre, excite une grande fermentation parmi

les amateurs, & les billets sont recherchés avec un empressement qui fera beaucoup de mécontents à coup sûr.

29 *Février* 1776. La fureur effrénée des auteurs criminels des couplets redouble, & ils en ont enfanté contre la reine de plus affreux encore, s'il est possible. M. le lieutenant de police est de nouveau aux aguets de ces abominables chansonniers.

29 *Février* 1779. On doit donner aujourd'hui d'autres fragments, composés de *l'acte de la Sybille* de Moncrif, de celui de *Vertumne & de Pomone*, tiré du ballet des *Elémens*, & de celui de *la Provençale* de la Font.

1 *Mars* 1776. On peut juger à quel degré les têtes du parlement sont exaltées par le parti violent qu'ils ont pris contre la brochure dont on a parlé, intitulée *les inconvénients des droits féodaux*. On ne conçoit pas comment ils ont flétri de la lacération & de la brûlure ce petit écrit, tout au plus dans le cas d'être supprimé, ou, pour mieux dire, ne contenant que des raisonnements fort sensés, des réflexions, des opinions, un système toujours soumis respectueusement à la sagesse & aux lumieres du législateur, qu'on invoque sans cesse. Quelque sec & ennuyeux qu'il soit, cet événement lui donne de la vogue, le fait renchérir & soutient le courage du lecteur.

1 *Mars* 1776. Messieurs les économistes prêchant la liberté pour tout ce qui les concerne, ne se soucient pas que leurs adversaires en usent; en conséquence ils ont provoqué un arrêt du conseil qui supprime les mémoires

dont on a parlé en faveur des six corps, & plusieurs autres publiés par diverses communautés, quoique signés d'avocats.

2 *Mars* 1776. L'arrêt du conseil, dont on a parlé, est du vingt-deux février; il supprime les réflexions de monsieur Linguet, annoncées précédemment, ainsi que le mémoire de M. la Croix & le supplément; un autre imprimé, ayant pour titre: *Réflexions des maîtres tailleurs de Paris sur le projet de supprimer les jurandes*, signé de M. Dureau avocat, & suivi d'une consultation du 17 février, signée Saulnier; enfin un autre imprimé, ayant pour titre: *Observations présentées par les maîtres composant la communauté des graveurs-ciseleurs de la ville & fauxbourgs de Paris sur l'édit de suppression des corps des marchands & des communautés des arts & métiers*, signé M. le Roi de Montecli, comme contraires au respect dû à l'autorité de sa majesté, en se permettant de discuter d'avance l'objet ou les dispositions de ses loix, d'opposer, pour ainsi dire, un sentiment isolé à l'autorité de sa majesté & de chercher à prévenir ses sujets contre des loix émanées de sa sagesse, de sa justice & de son amour pour ses peuples.

2 *Mars* 1776. La brochure intitulée: *les Inconvénients des droits féodaux*, est condamnée, comme injurieuse aux loix & coutumes de la France, aux droits sacrés & inaliénables de la couronne, & au droit des propriétés des particuliers, comme tendant à ébranler toute la constitution de la monarchie, en soulevant tous les vassaux contre leurs seigneurs & contre le roi même, en leur présentant tous les

droits féodaux & domaniaux comme autant d'usurpations, de vexations & de violences également odieuses & ridicules, & en leur suggérant les prétendus moyens de les abolir, qui sont aussi contraires au respect dû au roi & à ses ministres, qu'à la tranquillité du royaume.

Tout cela est précédé d'un requisitoire à grandes phrases de l'avocat-général Seguier, fort verbeux, fort emphatique, où, sous prétexte d'avoir à peine eu le temps de lire cet écrit, il le discute peu, mais se perd en déclamations & en injures contre les économistes, qu'il désigne sans les nommer, pour des perturbateurs de l'état, pour un parti méditant secrétement sa subversion, y travaillant sans relâche, & dont il faut réprimer les écarts & les excès.

2 *Mars* 1776. On a fait, sur la tragédie du *Connétable de Bourbon*, une chanson un peu meilleure que celles qui paroissent depuis quelque temps; elle en contient la critique, sans avoir cependant rien de bien saillant, de bien fin ou de bien gai. On en va juger:

Le connétable me plaît fort:
Comme on y rit, comme on y dort,
C'est une bonne piece,
Eh bien!
Qu'on joue à nos princesses,
Vous m'entendez bien?

François premier est un faquin,
Angoulême est une catin,

Et le dire à Versailles,
Eh bien !
C'étoit une trouvaille,
Vous m'entendez bien.

Bourbon pour nous faire enrager
Déserte en pays étranger,
Puis il nous fait la nique,
Eh bien !
Aidé de la tactique (*a*),
Vous m'entendez bien.

Parmi les glaives, les mousquets,
Adelaïde court après,
Lui dire l'amnistie,
Eh bien !
Que Saint Germain publie,
Vous m'entendez bien.

En vain Stuart, son chevalier,
La couvre de son bouclier ;
Mais une balle adroite,
Eh bien !
Vous la tue en cachette,
Vous m'entendez bien.

Enfin meurent tous ces héros,
Implorons Dieu pour leur repos,
Prions-le qu'il nous laisse,
Eh bien !
Siffler un peu la piece,
Vous m'entendez bien.

(*a*) L'auteur, M. de Guilbert, a fait un traité sur la tactique.

3 *Mars* 1776. L'affaire concernant le livre *des inconvénients des droits féodaux*, se suit avec acharnement. M. de Mairobert a subi son interrogatoire pardevant M. Berthelot de Saint-Alban, & a prouvé qu'il n'avoit eu aucune connoissance de l'ouvrage, que son examen n'étoit pas de son ressort, & que le libraire s'étoit trompé en l'indiquant. De son côté, le libraire est convenu que c'étoit par erreur qu'il avoit nommé monsieur de Mairobert. Pour motiver cette étourderie de Valade, il faut savoir qu'au moment où il parut devant le parlement, garni de princes & pairs, monsieur le prince de Conti, voyant qu'on le traitoit avec douceur, & qu'on paroissoit disposé à le renvoyer sur la preuve qu'il donnoit qu'il étoit en regle & muni d'une permission tacite : *Messieurs*, dit son altesse, *pressez-le davantage ; c'est un coquin, c'est lui qui imprimoit toutes les brochures du chancelier*...... A cette apostrophe le libraire a perdu la tête, craignant des suites fâcheuses d'une pareille dénonciation trop vraie. Heureusement on n'y a pas eu égard.

Depuis monsieur de Mairobert, on a décrété monsieur le Roi de Senneville, cet avocat voué au parti économique : il s'est encore trouvé innocent. Le véritable censeur est *Coqueley de Chaussepierre*, avocat qui, de son propre mouvement, est allé trouver monsieur le procureur-général & le premier président : il leur a dit qu'il étoit inutile d'inquiéter les censeurs, ses confreres ; qu'il étoit le seul coupable, le seul approbateur de l'ouvrage ; mais il ne l'a fait que sur une lettre de monsieur Turgot, qu'il n'a pourtant pas entre les mains.

3 Mars 1776. Messieurs de l'académie, pour se disculper cette fois du reproche de n'admettre que des grands seigneurs, des membres nuls, ont voulu choisir un homme de lettres pour succéder au duc de Saint-Aignan; deux sont sur les rangs, monsieur Colardeau, & un abbé Millot. Le premier est connu pour le meilleur versificateur que nous ayons à présent : il vit chez une marquise de la Vieuville, qui l'a répandu parmi des gens de qualité, & le pousse de son mieux. D'ailleurs c'est un garçon doux, point cabaleur, qui, s'il ne devient un partisan de la secte encyclopédique, ne lui sera pas du moins contraire, & laissera le sieur d'Alembert exercer son despotisme tant qu'il voudra; enfin un sujet valétudinaire, pouvant bientôt laisser la place vacante. Quant à l'autre, il est connu par un abrégé de l'histoire de France, un de l'histoire d'Angleterre, tous deux estimés, & par plusieurs autres ouvrages d'un mérite académique. Il a plus d'entregent, & le secretaire le préféroit comme plus propre à grossir & à seconder le parti. Tels sont les deux concurrents entre lesquels la compagnie se partage aujourd'hui.

4 Mars 1776. Le livre qu'on a annoncé sous le titre *des quatre âges de la pairie de France*, est attribué aujourd'hui au sieur Goezman, dont en effet le mot *Zengamno* est l'anagramme. Cet ex-magistrat, tant bafoué lors de son procès contre le sieur Caron de Beaumarchais, a cru devoir se déguiser pour empêcher les préventions que son véritable nom pourroit élever. La misère où il est tombé, l'a réduit à son pre-

mier métier d'auteur : on ne sait si ce traité volumineux aura beaucoup de vogue.

4 Mars 1776. On a fait une troisieme épitaphe à l'abbé de Voisenon, plus courte que les autres, & non moins bonne :

>Ici gît un prêtre égrillard,
>Gai quelquefois & faisant rire;
>D'ailleurs ami de la Favart:
>C'est tout ce que l'on en peut dire.

4 Mars 1776. Le sieur Bonserf s'avoue assez ouvertement pour l'auteur du livre qui scandalise si fort nosseigneurs du parlement, & semble ne rien craindre; son ouvrage est rempli de citations d'un mémoire fait par monsieur Cristin, avocat de St. Claude, dans le fameux procès des habitants de ce lieu contre le chapitre.

5 Mars 1776. Les comédiens François annoncent *Abdolonyme, ou le Roi Berger*, qu'ils avoient d'abord qualifié de comédie en trois actes & en vers, imitée de Métastase, & qu'ils n'appellent plus aujourd'hui que *piece*. Elle est d'un monsieur Collet, qui, en 1758, a donné *l'Isle déserte*. L'autre étoit depuis long-temps sur le répertoire, mais l'auteur avoit négligé de reprendre son rang. Les comédiens, déja vexés par divers poëtes, n'ont pas voulu en ameuter tant contre eux ; ils ont paru se piquer de générosité, & lui rendent justice aujourd'hui.

6 Mars 1776. La suite des couplets *sur l'air la*, &c. est encore plus infame, en ce qu'on y nomme sans pudeur monsieur le baron de Besenwald, le lieutenant-colonel du régiment des gardes-suisses, honoré de quelque confiance de la reine, comme en abusant de la façon la plus criminelle ; on le peint en outre des couleurs les plus affreuses. Ceux-ci ne sont pas aussi bien faits que les autres, ne partent pas de la même plume, & pourroient être des auteurs de ceux sur la cour.

On en a fait d'autres sur l'air, *vous qui du vulgaire stupide*, moins atroces & aussi plats. On y censure les aimables légéretés de la reine, on lui reproche ses bontés pour les gens de talents, sa familiarité avec eux : on y critique son choix pour ses ballets de gens peu distingués par une ancienne naissance, tels que messieurs de *Caraman*, *Galliffet*, *la Vaupalliere*, en hommes ; de mesdames la baronne de Neukerque, de Cassini, de Guibert ; d'Hennery, sur-tout de la troisieme, petite-fille d'un comédien, &c. Tout cela est sans sel & sans finesse.

7 Mars 1776. Le goût des exercices semble reprendre chez nous d'une maniere très-propre à fortifier notre jeune noblesse de la cour, depuis long-temps énervée par une vie molle & futile : non-seulement les courses à cheval se multiplient, mais on en fait aujourd'hui à pied : il y en a eu derniérement une au Luxembourg, entre un des fils du duc de Coigny, monsieur de Sezval & le chevalier de Fitz-James.

8 Mars. Le *Roi Berger* n'est autre chose que le commentaire de la fameuse chanson de Henri IV, qui préféroit sa mie à Paris sa grande ville. Cette piece est si contraire à nos mœurs, si monotone, si fade, qu'elle a généralement fait bâiller ou rire, par un amour doucereux qui peut s'admettre dans un opéra tel qu'est la piece de Métastase, dont monsieur Collet a imité la sienne, mais au-dessous de l'héroïsme théatral. D'ailleurs, le caractere d'*Alexandre* est tellement dénaturé, qu'il devient ridicule : rien de plus absurde que d'entendre ce conquérant du monde, vanter les agréments de la vie tranquille & champêtre, célébrer les rois pacifiques. Aucune beauté ne rachete les absurdités & les platitudes de cet ouvrage, qui ne tardera pas à aller rejoindre *Loredan*.

9 *Mars* 1776. On ne peut exprimer la fureur soutenue du public pour le ballet de *Médée & Jason*, depuis qu'on le donne, la recette a constamment passé 5000 livres. La reine & une partie de la famille royale sont venus vendredi à l'opéra uniquement pour ce ballet.

9 *Mars* 1776. Par une singularité fort remarquable, à la derniere assemblée publique de l'académie Françoise du 29 février, pour la réception de monsieur l'archevêque d'Aix, c'étoit un prêtre (l'abbé de Voisenon) dont il s'agissoit de faire l'éloge ; c'étoit un prêtre qui devoit répondre (monsieur l'évêque de Senlis, élu directeur par le sort.) Au moyen de quoi le défunt a été fort mal traité : non-seulement on n'a pas pris son éloge du côté qui prêtoit le plus relativement à la plaisanterie & aux choses d'agrément où il excelloit, mais on a fait la censure de son esprit, qui tournoit en abus ce beau présent de la nature ; on s'est rejeté du côté de son cœur, & l'on a fort appuyé sur son repentir tardif.

Monsieur de Marmontel a lu ensuite un discours en vers sur l'éloquence, où, après avoir passé en revue les divers genres d'éloquence, même celle des missionnaires & du fameux Bridéne entr'autres, après avoir exalté les grands orateurs de l'antiquité, il retombe avec complaisance sur la nôtre, & trouve que cette philosophie, si à la mode aujourd'hui, l'a merveilleusement corroborée, en fait le caractere distinctif, & la rend bien supérieure à l'ancienne. On se doute fort que monsieur de Voltaire n'est pas oublié dans l'énumération de nos orateurs modernes. Ce discours a paru faire une grande sensation sur les auditeurs, quoique long; le poëte l'a débité avec beaucoup d'emphase & de véhémence : l'ayant pris dès le début sur un ton trop élevé, la voix lui a manqué tout-à-fait, il a fallu lui donner un verre d'eau claire & lympide; ce qui a fait dire aux plaisants qu'il se fortifioit d'un coup de l'hippocrene. Monsieur d'Alembert a terminé par l'éloge de l'abbé de Dangeau; ce qui a ramené des digressions sur l'église : on a beaucoup ri d'une espece de prône qu'a fait le panégyriste aux prélats, aux abbés & autres ecclésiastiques là présents en grand nombre, contre la pluralité des bénéfices; & la séance a fini gaiement ainsi.

11 *Mars* 1776. Monsieur l'abbé Eloy est un jeune séminariste de saint Sulpice, qui a eu le premier prix du mérite en licence : il est riche & se dispose à acheter une charge de conseiller-clerc au parlement; en conséquence il a voulu faire sa cour à cette compagnie : ayant été chargé de prononcer le discours des paranymphes, espece de saturnales, de fêtes théologiques qui ont lieu en sorbonne pendant le carnaval, il y a fait venir la phrase suivante : *Sedibus vacuis & pollutis rediit Themis*. Les sages maî-

tres ont été fort scandalisés de l'audace du candidat, insultant ainsi le grand conseil dans une cérémonie publique. On a délibéré sur son compte, & il a été arrêté provisoirement de laisser sa place vacante dans la liste des licenciés, & de prier M. le chancelier de l'université de ne pas lui donner la bénédiction usitée. De son côté, le grand conseil a convoqué les semestres, & a député vers M. le garde-des-sceaux pour se plaindre. L'abbé Eloy s'est mis sous la sauve-garde du parlement. Le procureur-général a mandé le syndic de la faculté, &, en convenant de l'étourderie du jeune homme qui s'excusoit & prétendoit avoir dit *impollutis*, lui a déclaré que cet événement faisoit beaucoup de sensation au palais, qu'il eût à assoupir l'affaire.

M. le garde-des-sceaux & M. de Malsherbes en ont écrit dans le même sens à la faculté, lui ont marqué que le roi vouloit que l'on ne donnât aucun éclat à ce scandale public, qu'on puniroit l'abbé en l'éloignant de Paris : la faculté intimidée a molli, l'abbé Eloy a été réintégré dans la place de licencié ; il n'a point été exilé, & il a même eu depuis le bonnet de docteur. Ce qui désole le grand conseil, & encourage ses ennemis à le vilipender de plus en plus.

12 *Mars* 1776. Le Sr. Freron est mort ces jours derniers. On ne sait encore qui aura le privilege de ses feuilles : on sait que le Sr. Linguet se remue beaucoup pour lui succéder. Mais tel écrivain que ce soit, il y a à parier qu'il ne vaudra pas son prédécesseur. Ce critique avoit le goût sûr & exquis ; il manioit le sarcasme

avec beaucoup de gaieté & de finesse, & s'il n'étoit aussi savant, aussi profond que l'abbé Desfontaines, son prédécesseur, il avoit plus de graces & de légéreté. On ne doute pas que Voltaire & tout le parti encyclopédique ne triomphent de cette perte pour la littérature.

13 *Mars* 1776. L'ouvrage dont on a annoncé le titre, *sur les finances*, devoit paroître au commencement de l'année derniere, & a été retardé suivant une note de l'auteur. On assure qu'il a été composé, imprimé & répandu sous les auspices du ministere actuel. Son objet est d'augmenter l'odieux des impositions & de ceux qui les perçoivent. C'est une diatribe sanglante contre les fermiers-généraux. Pour rendre la chose plus touchante, on anime la scene par un dialogue entre un malheureux, dont les suppôts de la ferme ont ruiné la famille & fait périr le pere de chagrin, & son curé. Le premier se livre à toutes les imprécations que lui doivent naturellement inspirer sa misere & son désespoir; le second tempere sa fougue par un esprit sage & philosophique. Il lui fait voir que cela doit être ainsi, tant qu'il y aura une ferme ou une régie : comment des hommes naturellement cupides ne le deviendroient-ils pas encore plus à la vue des monceaux d'or dont ils sont sans cesse entourés, munis de toute l'autorité, de tout le pouvoir propre à faire trembler, à écraser ceux qui lui résisteroient! Vient une digression sur les chambres ardentes de Rheims, de Saumur & de Valence, où l'on peint des couleurs les plus noires ces tribunaux de la fiscalité, ces inquisitions aussi redoutables dans

leur genre que celles du fanatifme religieux. Il nous apprend que fous l'abbé Terrai, on y a joint encore une quatrieme chambre de cette efpece, établie a Caen. Il s'indigne, qu'au lieu de fonger a détruire ces tribunaux effroyables, on les augmente; il efpere cependant que fous Louis XVI ils feront renverfés.

Enfuite, pour obvier à tant de maux dont il ne releveroit pas les horreurs s'il n'avoit le remede tout prêt, le politique propofe fon fyftême, qui n'eft pas nouveau : ce feroit de divifer la France en portions quarrées, & de former un cadaftre, fur lequel il établit fon plan, fes moyens & fes calculs.

On ne peut s'empêcher de frémir à la lecture de cet écrit volumineux, compofé, ce femble, par un homme très au fait de toutes les manœuvres & extorfions des fuppôts de la ferme. Les défenfeurs de celle-ci l'accufent de partialité, de calomnie & d'ineptie.

14 *Mars* 1776. On a parlé plufieurs fois du procès du docteur Guilbert de Préval contre la faculté, maintenue dans fes droits & fa difcipline par le trpot. Il revient aujourd'hui contre ce jugement, & répand un mémoire préliminaire.

15 *Mars* 1776. On parle d'une nouvelle petite piece en vers de M. de Voltaire, intitulée *Sefoftris* : on dit que c'eft une allégorie fous laquelle il exalte le roi.

16 *Mars* 1776. Outre les *lettres à un Lord*, dont on a parlé, & qui font d'un monfieur de St. Cyr, bâtard d'un monfieur de Nolivos, ancien gouverneur de St.-Domingue, il eft parvenu ici une *relation* détaillée des fêtes qui ont précédé

& suivi la réintégration du parlement de Navarre.

Entre les divers détails dont est chargée cette relation, l'anecdote du berceau de Henri IV est neuve & précieuse. C'est une relique de ce grand & bon roi, qui se conserve au château de Pau. M. le Baron de Capdeville qui y commandoit, permit aux officiers de police, suivis des clercs du palais, de l'emporter, à condition que plusieurs citoyens notables demeureroient au château pour ôtages. On l'éleva sur un arc de triomphe, par où l'on fit passer les commissaires du roi, & l'on leur adressa le discours suivant :

Messeigneurs. : « Suspendez ici votre marche ; voyez, admirez parmi ces lauriers cet objet inanimé, digne de notre vénération comme le temple le plus auguste. C'est le berceau de notre Henri : c'est-là que les destins filerent les premiers jours de ce monarque, qu'ils donnerent à l'univers pour le modele des rois & la félicité des nations. »

Le surplus ne contient qu'un récit d'extravagances patriotiques ou d'un cérémonial usité & rapporté dans toutes les autres relations de cette espece.

17 Mars 1776. Les fonds provenant des contributions mises sur les maisons de jeu autorisées à Paris par la police, sont appliqués par monsieur Albert à l'établissement de quatre maisons de santé, où l'on guérit du mal immonde les femmes de mauvaise vie, dont est remplie cette capitale. Ce projet, en apparence sage & salutaire, ne pouvoit avoir été suggéré que par

la cupidité d'un certain Gardane, médecin de la police, qui préside à ces Lazarets vénériens : 1o. en ce qu'il y a déja des hôpitaux fondés à cet effet, où l'on met les filles lorsqu'on les enleve : 2o. en ce qu'elles sont aussi mal dans ces nouvelles maisons que dans celles-là : 3o. en ce qu'une fois guéries, on les relâche & l'on leur laisse continuer le même commerce, pour ne point laisser manquer de pratiques à ce docteur.

18 *Mars* 1776. La galanterie Françoise a fait prodigieusement dégénérer ici l'institut des franc-maçons ; on ne tient presque plus de loges que pour les femmes ; & tout récemment madame la duchesse de Bourbon ayant désiré jouer un rôle dans cet ordre célebre, a été reçue grande-maîtresse. On a tenu à cet effet une loge extraordinaire dans le wauxhall du sieur Torré, à laquelle ont assisté madame la duchesse de Chartres, madame la princesse de Lamballe & beaucoup de dames de la cour. Il y a eu illumination brillante, proverbe & bal.

20 *Mars* 1776. On a parlé ci-dessus d'un abbé Eloy, qui a occasioné un si grand scandale en sorbonne, & que la cour a protégé si hautement, qu'elle a souffert que pour la premiere fois on insérât dans la gazette de France du lundi 11 le nom & le triomphe de ce candidat ; cependant, pour donner quelque satisfaction à la faculté, & prévenir les plaintes du grand conseil adressées en regle au monarque, il a été exilé à Montmorency, c'est-à-dire, à quatre lieues de Paris.

21 *Mars* 1776. Les discours qu'on lit dans le

procès-verbal du lit de justice tenu il y a quelques jours, ne répondent point à la haute opinion qu'on en avoit donnée. Celui de monsieur le garde-des-sceaux est froid & languissant ; c'est un résumé vague des préambules des édits, & une énumération seche & sans noblesse de ces divers actes de législation.

Le discours du premier président dans sa briéveté manque d'énergie, la marche en est triviale, il présente des images fausses ; & au moment où il peignoit le peuple de Paris consterné, les guinguettes regorgeoient d'ouvriers qui avoient quitté leurs maîtres, avoient pris des carrosses de remise, & offroient par-tout le spectacle d'un vrai délire.

Ceux de monsieur Seguier ont plus d'éloquence, c'est-à-dire, de mots & de phrases, mais peu de logique ; il y a quelquefois du nerf & de la hardiesse ; mais ils n'approchent en rien de ce ton de persuasion & de conviction, que réunissent les préambules des édits, pleins de confiance, de bonté, de popularité & d'une sorte d'enthousiasme qui a entraîné déja beaucoup d'incrédules. Ainsi monsieur l'avocat-général se vante en vain de n'avoir jamais mis tant de force & d'onction dans ses harangues ; celles-ci ne lui donneront point de place parmi nos grands orateurs, nos héros patriotiques.

22 *Mars* 1776. M. l'archevêque de Lyon annonce à l'occasion du jubilé une instruction pastorale formidable contre les incrédules.

22 *Mars* 1776. Il paroît que l'inconduite du Sr. Freron est le principe de sa mort, qu'il étoit abymé de dettes, poursuivi par ses créanciers, que ses meubles étoient saisis, & qu'il

étoit à la veille d'être réduit fur la paille ; que dans le même temps il avoit appris que M. de Malsherbes, harcelé par les ennemis de ce journaliste, par les encyclopédistes & par la cabale de M. de Voltaire, étoit déterminé à supprimer ses feuilles pour 1776 ; que tombé malade dans ces circonstances, le chagrin avoit aggravé son état. Sa femme étoit allée à Versailles solliciter & parer le coup qu'on vouloit porter à son mari ; elle avoit mis ses protections en mouvement & réussi, lorsqu'à son retour elle a trouvé son mari mort. On s'accorde à dire que le privilege est accordé à son fils, âgé d'environ vingt ans, & qui s'exerime déja en littérature ; on a vu de ses contes dans l'almanach des muses ; mais il est hors d'état de remplacer son pere actuellement ; & l'on croit que le sieur Clément tiendra la plume : c'est un critique excellent pour la discussion ; mais long, ennuyeux & sans aucune grace.

22 Mars 1776. Mlle. Rosalie de l'opéra, qui depuis la comédie *des courtisannes*, où une d'elles porte ce nom, l'a quitté & a repris son nom de famille *le Vasseur*, va désormais s'appeller la baronne de…. d'une baronnie de 20 à 25000 livres de rentes que lui a achetée monsieur le comte de Merci-Argenteau, ambassadeur de l'empereur. C'est une chose inconcevable que l'ascendant que cette actrice, laide, seche, mais folâtre & ayant du talent, a acquis sur ce ministre, qu'elle mene à la baguette.

Une autre courtisanne, nommée *Souck*, offre un autre spectacle non moins étonnant. Cette fille obligée de quitter Paris, abymée de dettes, montant à plus de 400,000 livres, est allée faire un tour chez l'étranger ; après avoir rodé dans différents états, elle est tombée à Berlin, où le prince Henri, frere du roi de Prusse, est devenu amoureux d'elle & l'a comblée de biens : mais son excessive magnificence envers elle, ayant excité l'attention du monarque Prussien, ce prince a tremblé pour sa maîtresse ; & craignant que son frere ne la fît expulser ou maltraiter plus durement, il lui a conseillé de retourner en France. Elle est revenue à Paris, chargée des dépouilles des étrangers, & sur-tout de cette altesse.

24 *Mars* 1775. Avant-hier M. de Fenelon & M. de Fontenilles ont fait le pari à qui iroit le plus vîte à Versailles, en partant de la porte de la conférence en cabriolet, & en reviendroit : le cheval du premier est mort à Seve ; celui du second est mort à Paris dans l'écurie.

24 *Mars* 1775. Peu de temps avant la mort du maréchal de Muy, on lui avoit présenté un mémoire, dans lequel *on démontre, par des expériences & des observations, les effets pernicieux qui résultent de l'usage du pain dans lequel on fait entrer une grande quantité de son.* Comme le pain des troupes est fait avec la farine & tout le son des grains qu'on fait entrer dans sa composition, le ministre fut alarmé, quoique les expériences & les observations prétendues ne fussent rien moins que concluantes : en conséquence il remit à M. Sage, membre de l'académie des sciences, de la classe de chymie, ce mémoire, & le chargea de vérifier tout ce qui pourroit éclaircir le fait.

Quoique l'auteur du mémoire contre le pain

de munition se soit retracté depuis, dans un supplément remis au comte de St. Germain, celui-ci a non-seulement ordonné la continuation des travaux de M. Sage; mais afin de dissiper les inquiétudes qu'auroit pu faire naître la publicité de l'écrit en question, il a cru nécessaire de publier également les expériences qui détruisent ce qui est avancé. Elles offrent des découvertes intéressantes, entr'autres un moyen aussi simple qu'ingénieux, par lequel on peut s'assurer si la farine de froment est bonne, médiocre ou mauvaise; elles sont également propres à lever les difficultés qui pourroient se présenter lors de la réception des grains destinés à la consommation des troupes.

L'ouvrage de l'académicien renferme aussi des observations sur les dangereux effets de quelques substances végétales que les soldats & le public peuvent être exposés à manger, & il indique leur antidote : il propose en outre un moyen de remédier à la brûlure de la poudre, à laquelle les soldats sont exposés fréquemment.

Tels sont les motifs qui ont déterminé monsieur le comte de St. Germain à faire publier cette analyse.

25 *Mars* 1776. Il paroît décidé que M. le garde-des-sceaux a conservé le privilege de *l'année littéraire* au fils de Fréron.

26 *Mars* 1776. La piece de *Sesostris*, quoique roulant sur une allégorie triviale, est pourtant très-agréable, par une fraîcheur de coloris, une délicatesse de pinceau, par des vers heureux qui coulent encore de source, & se ressentent du charme inépuisable que le poëte

de Ferney répand sur ses plus vieilles productions.

On parle aussi d'une piece en prose de ce philosophe, intitulée : *Remontrances du pays de Gex au roi.*

27 *Mars* 1776. Les remontrances du pays de Gex au roi, semblent par leur titre un persiflage de celles du parlement : mais elles contienent, au contraire, de véritables actions de graces à l'occasion de la suppression des maîtrises, de l'abolition des corvées, de l'impôt territorial substitué par abonnement à tous les autres sur toutes les terres indistinctement, nobles, ecclésiastiques & autres ; enfin de la liberté du commerce des grains, tous objets qui ont, au contraire, excité les réclamations de nos magistrats, au point de provoquer le dernier lit de justice. Mais ce petit ouvrage de M. de Voltaire, outre l'éloge du roi, contient encore celui de presque tous les souverains de l'Europe, qu'il trouve essentiellement occupés du bonheur de leurs peuples. Il en fait une énumération rapide & mêlée de traits historiques qui rendent l'écrit plus instructif ; il assure que le regne de la raison est venu avec celui de Louis XVI, & c'est à la philosophie si honnie, si calomniée, qu'on a pourtant cette obligation.

28 *Mars* 1776. Il y eut hier encore une course au même lieu, & en présence de la reine & autres personages de la famille royale. M. de Fenelon, qu'on a plaisanté sur sa chûte, & qu'on disoit ne pouvoit manquer de gagner, puisqu'il alloit *ventre à terre*, n'a pas osé se risquer, & ce sont les jackets qui ont

couru. Monsieur de Nassau a gagné ; le duc de Chartres a eu aussi l'avantage contre le duc de Lauzun.

Il y a une course à pied annoncée pour demain entre des officiers aux gardes.

29 Mars 1776. On ne peut exprimer à quel point le François s'enthousiasme pour les gens à talents ; c'est sur-tout lorsqu'ils sont alités, que cet intérêt se manifeste: le Sr. Dauberval, fameux danseur de l'opéra, ayant été dangereusement malade, sa porte s'est trouvée assiégée d'une multitude de visites ; comme si la vie de quelque grand bien important dans l'état eût été en danger : heureusement il est hors d'affaire, & tout Paris revit avec lui.

30 Mars 1776. Il y a eu hier au cours une fameuse partie de barre entre des officiers aux gardes Françoises, Suisses & autres. Les deux partis étoient distingués par des écharpes rouges & par des écharpes jaunes. Ils ont couru depuis neuf heures du matin jusques à deux, & cela a formé spectacle dans ce temps d'oisiveté. Cette sorte d'exercice & l'image simulée de la guerre, est fort en usage dans les garnisons.

31 Mars 1776. Le Sr. Piozzi, fameux chanteur Italien, & le plus célèbre, à ce que bien des gens prétendent, après Cafarelli, est ici depuis quelque temps, & a paru dans différents concerts particuliers. On en a donné hier un pour lui, & il doit débuter aujourd'hui au concert spirituel ; théâtre où viennent briller tour-à-tour les plus grands talents.

2 Avril 1776. M. l'archevêque de Paris,

extrêmement affligé d'avoir vu les spectacles se continuer jusqu'à la clôture ordinaire, malgré le jubilé, s'étoit flatté qu'au moins il pourroit faire interrompre les promenades de Longchamp, ufitées dans la femaine fainte, comme profanes & indécentes, par le concours nombreux des filles les plus élégantes de cette capitale, & des aimables libertins de la cour & de la ville : il avoit propofé au miniftere de faire fermer les portes du bois de Boulogne pendant ces jours religieux ; mais il n'y a pas d'apparence qu'il ait rien obtenu, & ce fpectacle licentieux n'en fera vraifemblablement couru qu'avec plus de vogue & de fureur.

3 Avril 1776. La veille de fon jugement, madame la préfidente de St. Vincent avoit répondu au dernier écrit, en une feuille de quatre pages *in-*4°. intitulé: *Obfervations fommaires*. C'eft fans contredit ce qui a été fait de mieux dans cet immenfe procès. Il eft d'un abbé, qui, touché du fort malheureux de cette dame, & indigné contre la foibleffe ou la timidité de fes défenfeurs, lui a prêté depuis quelque temps fa plume avec beaucoup de fuccès : il fe nomme *Coulon*.

4 Avril 1776. Le Caftrate Piozzi a en effet été couru avec grande fureur le dimanche des Rameaux, où il a chanté au concert fpirituel ; &, comme il arrive fouvent dans ces cas-là, les amateurs ont été partagés : tous s'accordent affez cependant à le trouver excellent pour les *bouffes*, c'eft-à-dire, pour les ariettes gaies & folâtres des opéra bouffons ; mais les critiques lui reprochent de n'avoir pas le ton du sentiment ; ils disent en termes bas, dégoûtants, mais énergiques, qu'il dégueule les sons, c'est-à-dire, qu'il les précipite du gosier, & que rien ne sort de l'ame. Au reste, il doit paroître encore plusieurs fois, & peut-être pourra t on mieux alors apprécier son talent & fixer le jugement du public sur son compte.

5 *Avril* 1776. Me. Linguet, dans un de ses derniers numéros, profitant de l'erreur du public, à l'occasion d'un mémoire signé *Ribault de Nointel*, dont on a parlé, & regardé comme un modele de modération & d'honnèteté, insinuoit qu'il en étoit le véritable auteur. Mais M. de Nointel, avocat lui-même, & fort en état de se défendre, lui donne aujourd'hui un démenti formel, & ne manquera pas, sans doute, de le consigner dans quelque écrit périodique, pour faire connoître de plus en plus avec quelle impudence Me. Linguet ment ainsi à la face de tous les honnêtes gens.

6 *Avril* 1776. *Très-humbles & très-respectueuses représentations adressées à S. M. par Me. Linguet, avocat, sur la défense à lui faite d'imprimer sa requête en cassation contre l'arrêt des 4 février & 29 mars* 1775. Tel est le titre d'un nouveau pamphlet de Me. Linguet ; mais n'osant le produire par lui-même, il le fait précéder d'un *avertissement de l'éditeur*, qui déclare que cet ex-avocat n'a aucune part à la publication de cet ouvrage, qu'il en est tombé une copie manuscrite entre les mains d'un particulier honnête, qui, indigné du complot des ennemis de Me. Linguet, &

de l'impunité dont ils jouissent, a cru devoir, uniquement par amour pour la vérité, faire la dépense d'imprimer une production qui les démasque, & peut contribuer à ouvrir enfin les yeux du gouvernement sur leurs excès.

6 Avril 1776. On peut se rappeller une tragédie du sieur Sedaine, intitulée *Maillard*, dont on a déja parlé. Le roi de Suede, pendant son séjour à Paris, en avoit entendu la lecture; de retour dans ses états, il fit demander le manuscrit de cette tragédie, qui lui fut envoyée. Cet auteur répand la copie d'une lettre qu'il a reçue en remerciement de S. M. Suédoise; elle mérite d'être connue; elle est datée de Stockolm le 28 novembre 1775.

« Monsieur Sedaine, j'ai relu avec le même
» plaisir, & sur-tout avec le même intérêt,
» votre drame de *Maillard* que vous m'avez
» envoyé. Les principes de patriotisme dont
» il est rempli, ne peuvent qu'intéresser vive-
» ment ceux qui savent ce que le mot de
» *patrie* inspire; & sur-tout ceux qui ont vu
» la leur approcher de bien près de l'état
» déplorable où se trouvoit la France au temps
» de *Maillard* & de *Charles cinq*, ne peu-
» vent lire qu'avec attendrissement les ta-
» bleaux effrayants & pathétiques des désor-
» dres civils qui remplissent votre piece. L'hé-
» roïque vertu de *Maillard*, opposée à la
» perfidie de son rival, en élevant mon ame,
» m'a fait le plaisir que j'attends d'une tra-
» gédie. Voilà l'effet que fit sur moi votre
» piece à la premiere lecture que vous m'en

» fîtes à Paris, & celui qu'elle n'a cessé de
» faire sur moi depuis. J'ai ordonné à mon
» ambassadeur de vous témoigner le gré que
» je vous ai su de m'envoyer le manuscrit:
» sur ce je prie Dieu qu'il vous ait, monsieur
» Sedaine, en sa sainte garde. »

8 *Avril* 1776. Il n'y a guere d'apparence que le mémoire de Me. Linguet ait été présenté au roi dans la forme qu'on lui donne : le titre de *Représentations* ne peut appartenir qu'à une cour souveraine, ou au moins à un corps : d'ailleurs il est difficile de croire qu'en s'adressant au souverain, cet écrivain audacieux eût porté la frénésie au point d'attaquer, d'une façon aussi injurieuse & aussi méprisante, M. d'Aiguillon, ministre & parent du comte de Maurepas. On ne peut pas être dupe non plus de cette tournure triviale qu'il prend pour publier son ouvrage par le zele officieux d'un ami, sur-tout après l'ardeur incroyable qu'il montre dans son mémoire d'occuper la renommée. Quant au fond, c'est une répétition fastidieuse de tout ce qu'il a déja écrit sur cette matiere ; & comme il arrive dans ces cas-là, à force de revenir sur les mêmes choses, de les vouloir retourner, il les énerve & les affoiblit. Du reste, un égoïsme encore plus révoltant, au point de prétendre que les innocents & les opprimés n'ont plus de défenseurs au barreau. La piece la plus curieuse est sa lettre qu'il rapporte, écrite à monsieur de Malsherbes le 9 octobre, où il se défend contre le ministre qui regardoit sa réclamation comme une preuve de *méchanceté*, qui croyoit que Me. Linguet

ne vouloit faire que de *l'éclat & un libelle diffamatoire contre le duc d'Aiguillon* ; comme beaucoup de gens le croient encore. Il y avance que son client lui a fait offrir par monsieur le garde-des-sceaux 2000 livres de rentes viageres, s'il vouloit renoncer à toute démarche ; & il l'accuse d'avoir sollicité les magistrats contre lui, & d'avoir engagé le maréchal de Richelieu à se joindre à lui à cette fin.

9 Avril 1776. Le nouvel ouvrage de M l'archevêque de Lyon, que les partisans de ce prélat annonçoient depuis quelque temps à l'occasion du jubilé, commence à paroître, & a pour titre : *Instruction Pastorale de Mgr. l'archevêque de Lyon, sur les sources de l'incrédulité & les fondements de la religion*. On voit à ce titre imposant que si le prélat remplit sa tâche, il est regardé avec raison comme un des coryphées de l'église, & surtout du parti janséniste, qui se glorifie de l'avoir à sa tête.

10 Avril 1776. Les ennemis de M. Turgot ne cessent de chercher à répandre de l'odieux ou du ridicule sur ses opérations, sur ses confidents & ses suppôts ; même sur sa personne. C'est ce qui a donné lieu à une chanson qui pourroit être plus ingénieusement méchante, & plus correcte sur-tout, mais qui résume assez bien les entours du ministre & les inconvénients funestes qui pourroient découler de son système. Madame la duchesse d'Anville, virtuose ayant beaucoup de goût pour la science économique, y est spécialement décriée : le marquis de Condorcet, l'abbé Morellet, l'abbé Baudeau, y figurent d'une maniere aſſez vraie & par fois plaiſante. Cette facétie eſt fort recherchée: le clergé, la nobleſſe, la magiſtrature, la finance ſe trouvent aujourd'hui, d'accord pour déteſter le contrôleur-général.

11 *Avril* 1776. Le garde-des-ſceaux a permis ſeulement au fils de Fréron de tenir les engagements de ſon pere, & de finir *l'année littéraire* de 1775, mais ne lui a point accordé un nouveau privilege. Il eſt aujourd'hui queſtion d'en obtenir un autre, & d'éteindre ainſi 5000 livres de penſion, dont l'eſprit du défunt étoit grevé.

11 *Avril* 1776. Monſieur Colardeau vient de mourir, avant d'avoir pu s'aſſeoir dans le fauteuil académique, & y prononcer ſon diſcours de réception; en ſorte que, par un événement ſingulier, & dont il n'y a peut-être pas d'exemple, le ſucceſſeur aura deux éloges à faire. Monſieur Colardeau, tout jeune encore, ou du moins dans la vigueur de l'âge, périt victime d'une paſſion malheureuſe. On peut ſe rappeller la ſatire ſanglante qu'il publia, il y a deux ans environ, contre une demoiſelle Verriere, dont on a parlé. Outre la douleur d'avoir été trompé par cette courtiſanne ingrate & perfide, il paroît qu'elle lui avoit laiſſé un ſouvenir amer de ſes embraſſements, & que la ſanté délicate du poëte en a été altérée au point de périr inſenſiblement. Il étoit cependant depuis pluſieurs années attaché à une marquiſe de la Vieville, femme donnant dans le bel eſprit & dans la philoſophie, & chez laquelle il vivoit. Comme elle étoit veuve de

puis quelque temps, le bruit couroit qu'elle l'avoit épousé, ou l'épouseroit.

12 *Avril* 1776. Le sieur Buffaut, ci-devant marchant de soie, est un des nouveaux commissaires du conseil pour la régie de l'opéra. Les rieurs se sont exercés sur son compte & l'on cite une plaisante caricature, où il est représenté l'aune à la main, mesurant les bouches des actrices.

12 *Avril* 1776. M. l'évêque d'Alais vient de mourir dans son diocese. Il avoit fait derniérement des écrits qui l'avoient rendu remarquable par un patriotisme peu commun chez nos prélats. On a parlé sur-tout de celui publié à la mort du feu roi. C'etoit un coryphée du parti janséniste ; & en mourant il a recommandé son troupeau à M. l'archevêque de Lyon, son métropolitain, & connu pour penser comme lui.

13 *Avril* 1776. Il y a apparence que les *représentations* de Me. Linguet au roi ne sont qu'un délire de son imagination, enfanté dans son cabinet, & qu'il y a déposé ; mais qu'enragé de ne plus faire de bruit, il se sera fait voler ce manuscrit par un ami officieux, pour qu'il soit imprimé & se répande ainsi dans le monde, aux risques de ce qui en pourroit arriver, c'est-à-dire d'occasioner beaucoup de rumeur sans une grande utilité. Ce qui a sur-tout réveillé son amour-propre dans ce moment-ci, ç'a été de voir son rival Gerbier reparoissant au barreau, & signalant son début par un triomphe dans l'affaire du testament du marquis de Gouverner.

13 *Avril* 1776. Il paroît une longue ordon-

nance du roi, affichée à tous les coins de rues, portant réglement pour l'opéra; elle est datée du 29 mars: elle concerne les entrées à ce spectacle aux premieres représentations; elle regle ce qui regarde les répétitions, les petites loges, la police intérieure, & remédie à beaucoup d'abus; mais contient aussi des dispositions inutiles.

14 *Avril* 1776. M. l'archevêque de Paris, qui a vu avec douleur que, malgré le jubilé, la licentieuse promenade de Longchamp subsistoit pendant la semaine sainte, a encore été plus scandalisé que le vauxhall de Torré se soit rouvert jeudi 2, lorsque tous les autres spectacles vaquent encore, & qu'on ait accéléré la tenue de cette espece de *foire d'amour*, qui n'a lieu ordinairement que vers la pentecôte. Pour appaiser le prélat, on assure que le gouvernement ne permettra aucun spectacle profane les dimanches & fêtes pendant les deux mois du jubilé.

14 *Avril* 1776. La Lettre d'un laboureur de Picardie à monsieur N***, auteur prohibitif à Paris, qu'on attribuoit à monsieur de Voltaire, & fort rare jusqu'ici, commence à devenir plus commune; mais il n'y a pas d'apparence qu'elle soit du philosophe de Ferney.

15 *Avril* 1776. Deux articles qu'on trouve très-ridicule dans le nouveau réglement concernant l'opéra, c'est celui par lequel les auteurs mêmes sont exclus des quatre premieres représentations d'un ouvrage nouveau, sauf ceux de l'ouvrage joué; & l'autre, qui n'admet aux répétitions que cinquante personnes choisies à la disposition des régisseurs parmi les amateurs & gens de

goût ; comme si ces messieurs, qui n'ont jamais couru la carriere du théatre lyrique, étoient en état de faire une distinction aussi délicate & aussi injurieuse pour les exclus.

16 Avril 1776. On croit plus vraisemblable que la *lettre d'un laboureur de Picardie* est une production du marquis de Condorcet. Le ton dur qui y regne, le décele aux yeux des connoisseurs, & l'on sait qu'il a déja manifesté son humeur contre monsieur Necker à l'occasion de l'ouvrage de ce banquier *sur la législation & le commerce des grains*. Son premier écrit à ce sujet n'étoit qu'un pamphlet éphémere : celui-ci, un peu plus détaillé, n'est ni assez profond, ni assez discuté pour renverser le système de son laborieux & savant adversaire. Mais on y jette au hasard beaucoup de sophismes faits pour éblouir les lecteurs superficiels ; d'ailleurs il y domine une infusion d'ironie merveilleusement propre à piquer le goût des amateurs. Les mots de *propriété*, de *liberté* de *justice* y sont fréquemment répétés, comme dans tous les écrits des économistes ; & malheureusement ces attributs ne se réalisent pas toujours dans l'exécution de leur législation pleine, comme toutes les autres, d'inconséquences dans l'application des principes.

Le *laboureur de Picardie*, au surplus, est un homme instruit, & qui veut former ses semblables à raisonner sur les matieres de politique & d'administration. On profite de ce prétexte de réfutation du traité de monsieur Necker, pour publier & répandre les annonces des autres projets bienfaisants pour le peuple de monsieur Turgot, tels que la suppression de la taille arbitraire, des gabelles, de la ferme du tabac, des bannalités, &c.

Afin de rendre l'écrit plus animé & plus sensible, l'auteur met en scene un capitaine des troupes de la ferme, un échevin, un vicaire, qui repréfentent les trois états de la finance, de la magiftrature & du clergé, maudiffant le miniftre qui attaque la fervitude fous laquelle ils font gémir les peuples. L'eccléfiaftique, fuivant le coftume, eft fur-tout le plus violent à déclamer contre lui. Enfin, l'ouvrage fe termine par un épifode contenant l'abrégé fuccinct de la vie du fermier, prétendu auteur de la lettre, qui de riche qu'il étoit, devint pauvre par une multitude de cataftrophes toutes provenantes des ufages abufifs, des loix prohibitives & vexatoires, réformées en partie & à réformer dans le furplus. Ce petit cadre eft déja bien connu dans plufieurs pamphlets du même genre, & il faudroit que les économiftes en inventaffent de nouveaux. Celui-ci cependant fe fera lire par fa rapidité, fon ton de popularité, par de petites anecdotes malignes & piquantes, par des farcafmes irréligieux, que nos philofophes modernes ont mis fort à la mode.

Au furplus, l'auteur a vraifemblablement encore eu moins en vue d'humilier M. Necker, que d'exalter M. Turgot; ce qu'il fait de la maniere la plus flatteufe pour ce miniftre, en faifant connoître au peuple combien il s'occupe de lui & eft fenfible à fes maux, auxquels il veut remédier.

Nota. L'écrivain infinue que l'ouvrage de M. Necker n'eft autre chofe qu'un *dialogue fur le* commerce des bleds, entre M. de Roquemaure & le chevalier Zanobi.

16 Avril 1776. Les ennemis de M. Turgot ne cessent de se déchaîner contre lui ; voici des vers où l'on caractérise, prétend-on, les inconvénients & les maux qui peuvent résulter de ses bonnes vues, mais trop systématiques :

>Inonder l'état de brigands,
>Multiplier les mendiants,
>De malheurs augmenter la somme,
>Et soulever les paysans,
>Sont les résultats effrayants
>Du système de ce grand homme,
>Dont les fous sont les partisans.
>Riez, chantez, peuples de France,
>Vous recouvrez la liberté ;
>Quant à votre propriété,
>Le prince en garde la finance,
>Et de ce fortuné bienfait,
>Zéro sera le produit net.

17 Avril 1776. M. de Voltaire a écrit une lettre au roi de Prusse, en date du 30 mars dernier, sur un prétendu bruit de la mort de l'empereur de la Chine. Il y amene par une assez brusque transition l'éloge du roi & des édits de M. Turgot, qui ont déplu au parlement ; ce qui donne lieu à l'auteur d'indiquer historiquement l'origine des enrégistrements & des remontrances ; ce qui déplaira fort à la compagnie qu'il tourne en ridicule à son ordinaire. Dans le reste de cette épître, il donne rapidement ses vues politiques sur l'état actuel de

l'Angleterre, sur la guerre d'Amérique; il finit par louer sa majesté Prussienne de son humanité envers les jésuites & de sa bonne administration; il ne termine pas sans parler de son âge & sans annoncer qu'il est dans sa 83e. année.

Le philosophe de Ferney a eu peur que cette lettre ne fût pas répandue sans doute aussi-tôt qu'il le voudroit; en conséquence il en a lui-même adressé une copie exacte, *ne varietur*, dit-il, dans une lettre, à un de ses amis, du 7 avril. Il prend pour prétexte une supposition que cette lettre court dans Paris, qu'elle y est défigurée & tout-à-fait infidelle, quoiqu'on puisse juger par la date même qu'il n'est pas possible qu'elle fût encore connue.

18 *Avril* 1776. Il paroît un nouveau réglement pour le théatre lyrique, contre celui dont on a déja parlé: il est en date du 30 mars, & soutenu d'un arrêt du conseil: il est en 42 articles. Messieurs *Papillon de la Ferté*, *maréchaux des Entelles*, *l'Escureut de la Touche*, *Bourboulon*, intendants des menus, *Hébert*, trésorier, & *Buffaut*, ancien marchand de soie, y sont nommés en titre *pour gouverner l'opéra avec l'autorité la plus étendue*, ayant sous eux un directeur-général, deux inspecteurs, un agent & un caissier.

Ce réglement contient des dispositions toutes nouvelles pour l'administration intérieure du spectacle, statue sur les honoraires des auteurs & les gages des acteurs, aiguillonne les uns & les autres, excite leurs talents par des motifs d'intérêt: suivant leurs travaux ils doivent avoir des augmentations. On y remarque en général de bonnes intentions; mais on y trouve encore bien des points à réformer pour porter l'opéra au degré de perfection & de splendeur dont il est susceptible.

19 *Avril* 1776. Les frondeurs de la cour & du ministere s'encouragent par l'impunité, & répandent de nouveaux couplets intitulés, *les étonnements des Chartreux*. M. le comte de Maurepas, M. Turgot, M. de Vergennes, monsieur de Malsherbes, M. le comte de St. Germain, M. de Sartines, y figurent en premier rang; & comme il n'est personne ni ouvrage assez parfait pour ne pas présenter un côté à la critique & au ridicule, on trouve du sel & quelque justesse dans certains endroits du vaudeville, où d'ailleurs on accorde des louanges à tous ces messieurs, pour mieux faire passer la satire. Monsieur de Guibert & les nouveaux régisseurs des vivres y sont attaqués en sous-ordre, & traités plus durement. Cette facétie est d'un bon faiseur pour la fabrique; elle est assez gaie, & montre plus de malice que de méchanceté.

20 *Avril* 1776. *Alceste*, le nouvel opéra du chevalier Gluck, est affichée pour mardi, pour la premiere représentation de cette nouveauté, qu'on annonce comme d'un triste, d'un lugubre d'un noir épouvantable.

21 *Avril* 1776. Le mandement de M. l'archevêque de Lyon, tant attendu dans ce saint temps du jubilé, paroît enfin ; il est volumineux & effrayant par son étendue ; il a 464 pages, & porte le titre imposant *d'Instruction pastorale de monseigneur l'archevêque de Lyon, sur les sources de l'incrédulité & les fondements de la religion*. Malgré les découvertes qu'annonce le prélat, son ouvrage n'est rempli que de lieux communs.

Il est foible de preuves, mais d'un style magnifique; & cette partie le fait lire avec plaisir de ceux mêmes qu'il ne sauroit convaincre par sa logique peu pressante. On assure que monsieur l'archevêque de Paris s'est piqué d'émulation, & doit publier un traité sur la même matiere; il est actuellement occupé à le faire composer.

22 *Avril* 1776. On annonce, de l'infatigable monsieur de Voltaire, un nouvel ouvrage ayant pour titre: *Lettres Tartares & Chinoises*. C'est tout ce qu'on en sait.

22 *Avril* 1776. *Mandement de monsieur l'évêque de* * * * *pour la publication du jubilé*. Il ne faut pas s'en laisser imposer par ce titre, qui n'est qu'une facétie très-irréligieuse contre la sainte fête de l'église qui occupe aujourd'hui les fideles. Elle est en vers. On sait que le François rit de tout, même de ses maux les plus présents: est-il surprenant qu'un plaisant, quoique bon catholique, tourne en dérision les courses augustes que font aujourd'hui toutes les paroisses, tous les couvents, tous les corps ecclésiastiques, & la multitude immense des pénitents de cette capitale corrompue? Excepté le sujet très-condamnable, cette satire impie, gaie & libertine contre les prélats & les promenades du clergé, est fort approuvée des beaux esprits; elle est recherchée & lue avec avidité, d'autant qu'elle est toujours manuscrite. Sans doute, si elle tombe entre les mains de quelque ex-jésuite, prédicateur de Paris, aussi fameux & aussi zélé que le pere Wagner à Coblence, il ne manquera pas de suivre ses erremens, & d'anathématiser le poëte, qui est

monsieur *Dulondet*, secretaire des commandements de son altesse sérénissime monseigneur le duc de Penthievre.

23 *Avril* 1776. La tragédie-opéra d'*Alceste*, qui doit se jouer aujourd'hui sur le théatre lyrique, est une espece de traduction : quant au poëme de monsieur Cazabigy, monsieur le bailli du Rollet, l'auteur des paroles françoises annonce, dans son avertissement, que non-seulement il a suivi en partie le plan de l'Italien, mais qu'il en a encore emprunté plusieurs détails, afin de conserver un grand nombre de morceaux de la musique *la plus passionnée, la plus énergique, la plus théatrale qu'on ait entendue sur aucun théatre de l'Europe, depuis la renaissance de ce bel art.* Il en cite pour garant le chevalier *Planelli*, un des plus grands connoisseurs qu'ait aujourd'hui l'Italie, dans son traité *del opéra in musica*, imprimé à Naples en 1772. Nous verrons si les connoisseurs François seront du même avis. Quant aux répétitions, qui ne se sont pas réduites à cinquante gens de goût, comme le veut le réglement, mais qui ont déja été presque aussi nombreuses que de coutume, le jugement général a été que les deux premiers actes étoient fort beaux, mais que le dernier ne valoit rien.

24 *Avril* 1776. On raconte un propos de la reine au roi, qu'il faut prendre pour ce qu'il est, c'est-à-dire, pour une gentillesse que se permettent deux époux dans leur intimité, mais précieux, comme établissant le caractere des deux augustes personnages, & l'idée que la premiere a du ministere actuel. Cette majesté revenoit de l'opéra de Paris. Le roi lui demanda com-

ment elle l'avoit trouvé ? Elle répondit *froid*. Il voulut s'informer si elle avoit été bien reçue des Parisiens, si elle avoit eu les acclamations ordinaires ? Elle ne répondit point à cette question, & le roi comprenant ce que cela vouloit dire, repliqua : « c'est qu'apparemment, madame, vous n'aviez pas assez de plumes. *Je voudrois vous y voir*, SIRE, *vous avec votre Saint-Germain & votre* Turgot, *je crois que vous y seriez rudement hué* » repliqua la reine avec une aimable vivacité qui fit rire le monarque.

24 *Avril* 1776. Le spectacle a été hier des plus brillants. La reine, madame, la comtesse d'Artois, monsieur & le comte d'Artois l'ont honoré de leur présence. Sa majesté a fait de son mieux pour soutenir le chef-d'œuvre prétendu du chevalier Gluck ; mais tous les efforts des partisans de cet Allemand n'ont pu garantir le mauvais effet du troisieme acte, qui n'a reçu aucun applaudissement. On a trouvé de la force, du pittoresque & beaucoup d'énergie dans la musique des deux premiers ; mais l'autre n'étant qu'une continuation de la même situation du second, n'a pu paroître que monotone & ennuyeux.

La demoiselle Rosalie, qui, comme l'on a dit, a changé de nom depuis la piece des *Courtisannes*, où l'une d'elles s'appelle *Rosalie*, & qui, dans le livre, s'est fait intituler *le Vasseur*, a rendu le rôle d'*Alceste* avec beaucoup de sentiment, d'expression & de vérité; il est fâcheux que la noblesse de sa figure ne réponde pas à celle du personnage. Le rôle d'*Admette* a été exécuté par le sieur Gros ; il est fort inférieur au premier, & cet acteur n'a pas brillé ; il a beaucoup crié, ce qui a gâté la beauté de son organe. Gelin a rempli les fonctions du *grand prêtre*, le troisieme rôle du poëme, très simple, où il n'y a d'amour qu'un amour conjugal peu chaud au théatre de l'opéra, & ressemblant beaucoup à celui d'*Orphée*.

Il y a tout à parier que ce chef-d'œuvre prétendu de monsieur Gluck ne prendra pas dans ce pays-ci, & que les nouveaux régisseurs auront débuté sous de sinistres auspices. Les ballets même sont misérables ; point d'air de violon, rien de gai, & d'ailleurs un décore très-mesquin ; cependant la décoration du dernier acte, faite d'après les desseins de monsieur Machy, & exécutée par lui, s'annonce comme l'œuvre d'un grand maître ; elle représente un site affreux : le fond est rempli par des arbres desséchés & brisés. Sur un des côtés on voit des rochers suspendus & menaçants ; de l'autre, une caverne d'où il sort de temps en temps un feu obscur ; c'est l'entrée des enfers : en avancement, des arbres, & un peu de côté est l'autel de la mort. Il est de pierre brune, & paré d'une faux. Tout cet ensemble fait honneur à l'artiste, par des effets de perspective, propres à faire illusion, par des détails d'une grande vérité. Mais, en général, le peintre est plus propre à rendre la magnificence & le luxe des grands monuments, que la simplicité & le terrible des objets tristes de la nature.

25 *Avril* 1776. Monsieur l'archevêque ayant été inflexible, il n'y a point eu de spectacle dimanche, pas même de Torré, ce qui a fait refluer tous les oisifs sur les boulevards, où

deux files de carroffes régnoient depuis les boulevards Montmartre jufqu'à la porte Saint-Antoine, d'où il réfultoit une pouffiere effroyable qui a beaucoup fait crier contre meffieurs de la ville, dont l'incurie eft très-répréhenfible, fous prétexte qu'ils n'ont fait leur marché d'arrofage qu'à commencer du premier mai.

26 Avril 1776. L'oraifon funebre de monfieur le maréchal de Muy, que monfieur l'évêque de Senez devoit prononcer dans l'églife des Invalides, a eu lieu en effet mercredi 24, en préfence d'une affemblée nombreufe & diftinguée, & le prélat a paru répondre à l'opinion qu'on a conçue de fes talents pour ce genre oratoire. La force & la véhémence paffent pour les qualités dominantes de fon dernier difcours.

26 Avril 1776. On n'a pas été peu furpris de voir mademoifelle Rofalie le Vaffeur faire le rôle d'*Alcefte* au préjudice de la demoifelle Arnoux, à laquelle il auroit mieux convenu comme actrice, & d'ailleurs ayant droit de le réclamer par fon ancienneté. Mais quand on faura que la demoifelle Rofalie eft maîtreffe de M. le comte de Mercy-Argenteau, ambaffadeur de l'empereur & de l'impératrice reine, qu'elle le mene avec le plus grand empire, que le chevalier Gluck doit être tout à la dévotion de ce miniftre, qu'il eft logé chez cette courtifanne, on concevra pourquoi elle a remporté ce triomphe fur fa rivale. Celle-ci n'en a pas moins eu d'humeur, elle a plaifanté fur l'autre, elle a ameuté toute fa cabale contr'elle, & c'eft ce qui a enfanté, du côté de Rofalie, une fatire atroce & dégoûtante contre la demoifelle Arnoux, qui ne mériteroit pas de produire la moindre fenfation

dans un autre lieu que les foyers de l'opéra, & entre deux autres émules que deux catins. Mais les nombreux partisans de ces *impures* donnent de la vogue à cette facétie pitoyable, encore comme ouvrage d'esprit, & qui n'est que d'un mince écolier ; cependant, comme elle contient des anecdotes relatives à l'histoire du jour, les amateurs la recueillent. M. Linguet y joue aussi un rôle.

27 *Avril* 1776. L'opéra d'*Alceste* est très-simple, il est dans le genre des tragédies Grecques, on n'y trouve qu'un amour conjugal, en général peu chaud, sur-tout à ce théâtre. Ce mérite, grand aux yeux de certains connoisseurs, ne l'a pas paru à la multitude, qui, pleine du poëme plus intrigué de Quinault, préfere les galanteries fades de celui-ci à l'ennui majestueux de l'autre. Dans l'ouvrage Italien, le premier acte consiste en l'exposition de l'état déplorable du roi mourant : pleurs & gémissements du peuple qui l'adore & le regarde comme son pere. La reine vient joindre sa douleur à la sienne & ne voit d'autre ressource qu'en la bonté des dieux. Ils vont tous invoquer Apollon dans son temple. Son grand-prêtre annonce que la divinité va s'expliquer : l'oracle prononce que rien ne peut sauver le roi, si quelqu'un ne s'immole pour lui. Tout fuit à cette terrible sentence. *Alceste* reste seule, & se dévoue à la mort pour son époux. Le grand prêtre lui annonce que son sacrifice est agréé, & lui prescrit la maniere de le consommer.

Le peuple ouvre encore le second acte ; mais transporté de joie du retour d'*Admette* à la santé, ce prince vient jouir des acclamations &

participer au bonheur de ses sujets ; ce qui est bientôt su d'*Alceste*, accourant aussi à la fête générale : la douleur de cette princesse, qui perce malgré elle, trouble bientôt. Son époux veut en savoir la cause & l'apprend. Ce prince, déja très-touché qu'un de ses sujets ait racheté sa vie aux dépens de la sienne, qui veut connoître ce mortel généreux, & ne peut consentir à son échange, est dans le plus grand désespoir de la résolution de la reine. Combat entre ces deux augustes personnages à qui appaisera la colere céleste. Le chœur étourdi d'une résolution qu'il ignoroit, retombe dans la tristesse & dans l'abattement.

Alceste, au troisieme acte, arrive la premiere au lieu du sacrifice : les démons lui déclarent que l'heure de son trépas n'est pas encore venue : *Admette* survient, & le combat recommence à qui périra pour l'autre. L'épouse expire d'abord, l'époux se tue, le peuple revient encore & gémit sur leur sort & sur le sien ; Apollon paroît dans un char de gloire avec *Admette* & *Alceste*, qu'il rend à leurs sujets.

28 *Avril* 1776. Le problême qui divisoit depuis long-temps cette capitale, au sujet des *Lettres de Ganganelli*, est enfin résolu. Une lettre du cardinal Antonelli déclare qu'elles ne sont point de ce pontife, que la plupart sont controuvées, & que celles mêmes qui pourroient avoir été traduites, sont absolument altérées, falsifiées. Par conséquent tout le mérite de l'ouvrage, qui sembleroit devoir rester à l'éditeur, tombe avec cette imposture ; car il consistoit uniquement dans le contraste nouveau

d'un Italien, d'un moine & d'un pape, dégagé de préjugé fur tout, & même fur la religion, ne refpirant qu'humanité, douceur, tolérance. Du refte, une morale affez triviale, nuls faits, nulles anecdotes, nulles vues politiques, point de difcuffion, rien d'approfondi dans la critique : c'eft, en un mot, un livre digne de l'écrivain, de l'aventurier Caratcioli, qui, après avoir donné, dans la vie de ce faint pere, une grande idée de lui, quoique beaucoup de gens ne le regardent encore que comme très-médiocre, a voulu l'accréditer par ces prétendues épîtres, où d'ailleurs elle eft affez bien confervée relativement au caractere établi, & d'un ftyle plus naturel & plus coulant que ne l'eft celui du fieur Caraccioli dans fes autres productions. En un mot, il a profité adroitement de la premiere illufion facile à produire ici fur tout : par un retour d'amour-propre, par le goût particulier qu'il infpiroit à fon héros pour les François, il a gagné beaucoup d'argent, & il a bien droit de fe moquer du public crédule, qui a adopté avec avidité une erreur dans laquelle cependant les gens qui ont du tact n'ont jamais donné.

28 *Avril* 1776. Les cenfeurs de l'adminiftration de monfieur Turgot ne ceffent d'enfanter des fatires contre lui. Il court encore un nouveau vaudeville, intitulé : *Prophétie Turgotine*. Il attaque cependant moins le miniftre même que fon fyftême & fes confeillers : c'eft à proprement parler une parodie affez ingénieufe de la doctrine des économiftes, dont on fait voir le ridicule & les abus dans les conféquences ultérieures de leurs principes : elle eft d'ailleurs affez gaie,

gaie, d'un bon faiseur, & supérieur à tout ce que la licence a enfanté à cet égard. Le dernier couplet, qui pour faire revenir le roi des idées chimériques que son attrait lui a fait adopter trop aveuglément, le compromet & s'écarte du respect profond dû à ce maître auguste, est vraiment condamnable, & mériteroit au chansonnier une correction sévere.

29 Mars 1776. On n'a pas manqué de faire contre l'opéra nouveau quelques plaisanteries. Voici une épigramme moins mauvaise que le reste :

>Pour jubilé l'on représente *Alceste* :
>Les confesseurs disent aux pénitents,
>Ne craignez rien, à ce drame funeste,
>Pour station, allez tous, mes enfants :
>Par-là bien mieux dans ce temps d'abstinence
>Mortifierez vos goûts & vos plaisirs;
>Et si par fois vous avez des desirs,
>Demandez *Gluck* pour votre pénitence.

Le bailli du Rollet n'est point exempt de la censure : on critique beaucoup ses paroles peu lyriques, où il y a pourtant de la force & des images : il se défend en disant qu'il a été gêné par la musique, & qu'il lui a fallu conformer absolument le sens, la mesure & la rime à celle-ci, qu'autrement on auroit dû refondre.

29 Avril 1776. Outre le vaudeville dont on a parlé, il s'agit d'une autre facétie intitulée *les trois Maries*, dont on ne connoît encore que le titre & le sujet. L'idée de l'auteur est d'y tourner en ridicule trois virtuoses du parti économiste, fort liées avec le contrôleur-général, & chez lesquelles il tient des comités avec les coryphées de la secte : ce sont madame la duchesse d'Anville, madame Blondel, & madame Marchais : cette derniere sur-tout prête infiniment à la censure.

30 *Avril* 1776. Les principes sur l'usure établie dans la requête des usuriers d'Angoulême au conseil, adoptés, ce semble, par ce tribunal, puisqu'il les a favorablement accueillis & leur a donné gain de cause, étant ceux de la secte économiste qui ont dirigé M. Turgot dans son avis donné comme intendant de Limoges, méritent d'être résumés en peu de mots ; ils sont *qu'il ne peut y avoir d'usure dans le commerce, que le taux de l'escompte ne peut être fixé, & que c'est encore un effet de l'ancienne barbarie ou de l'ancienne ignorance que de prétendre qu'un taux plus haut exigé par le prêteur le rend usurier, & l'expose à des poursuites criminelles & à des pertes capitales.*

Au contraire, Me. Drou, auteur de la défense des usures, prétend *qu'on appelle usure mordante celle qui excede le taux du prince & le taux du commerce.* Or, le premier est à cinq pour cent, & le second à six. Celui-ci est réglé d'après des certificats qu'attestent toutes les places de commerce. Cette explication donne lieu à une digression historique & intéressante que fait l'avocat sur l'usure, qui est toujours la suite & la preuve infaillible d'un mauvais gouvernement, le fléau le plus redoutable du commerce, qu'il détruit & ruine sans ressource. Il s'appuie de l'autorité des plus grands publicistes, des politiques les plus profonds, des plus habiles législateurs, même des auteurs protestants les plus favorables au prêt à intérêt, tels que Wolf, Puffendorf, Barbeyrac, la Placette. Les cours souveraines ont une jurisprudence conforme : il n'est que les économistes qui se soient avisés de penser différemment. L'orateur peint ces docteurs modernes *comme des hommes sans aucun caractere public, entraînés par l'amour des nouveautés, séduits par l'espérance de se faire un nom & une fortune, se faisant un honneur d'attaquer comme des préjugés ridicules, des maximes de législation, de politique & de morale, aussi anciennes que la formation des sociétés.....* Ces détails rendent son ouvrage curieux, instructif & amusant.

1 *Mai* 1776. Le Sr. Torré, pour engager le public à se rendre à son Wauxhall, peu agréable par un froid trop rigoureux pour la saison, a annoncé pour samedi dernier un concert au profit du sieur le Brun, premier hautbois de l'électeur Palatin ; ce qui a en effet attiré du monde.

1 *Mai*. La demoiselle Dumesnil se retire enfin du théatre François après vingt-neuf ans de service. On ne connoît point d'acteur ni d'actrice qui ait resté aussi long-temps sur la scene, & se soit conservé des partisans & des admirateurs ainsi presque dans la décrépitude du talent, car on ne peut disconvenir que celui de cette Melpomene n'eût étrangement baissé. C'est la Dlle. Sainval qui prend ses rôles.

1 *Mai*. Dimanche dernier, au moyen de la cessation des spectacles profanes à cause du jubilé, il y a eu un concert spirituel

extraordinaire au château des Thuilleries, au profit de quatre gens à talents qui s'y distinguent le plus & le soutiennent, savoir les sieurs *Bezozzi*, *Jarnowick*, *Duport*, & *le Brun*.

2 *Mai* 1776. Il y a eu plusieurs comités particuliers entre les docteurs de Sorbonne relativement à la nouvelle caisse d'escompte, aux arrêts du conseil concernant l'affaire d'Angoulême, & aux vues reconnues du ministere d'établir sur l'usure des principes contraires à ceux des théologiens. Il paroît que ces rigoristes voudroient en conséquence prémunir les fideles par des décisions réitérées, en manifestant dans ce moment de crise la doctrine de l'église sur cette matiere.

3 *Mai*. 1776. Un livre dont on annonçoit le titre depuis long-temps, propre à exciter la curiosité du public, mais saisi & confisqué par la police, ce qui en avoit suspendu le dépit, commence à percer : c'est *le parfait Monarque*. Il est en trois volumes.

3 *Mai*. On travaille à réparer les défauts d'*Alceste* ; & pour jeter dans le troisieme acte plus de variété, il est question d'y introduire un *Hercule*, personnage nécessaire à l'action, suivant la fable : mais il sera difficile que cette interpollation s'accorde avec les deux premiers actes ; &, en général, tout ouvrage ainsi refait de pieces & de morceaux est toujours médiocre.

4 *Mai* 1776. Le ballet de *Médée & Jason*, qui se donne depuis plus de trois mois avec un concours continuel & l'admiration toujours soutenue du public, est sans doute le plus

beau spectable en ce genre qu'on puisse trouver dans l'Europe entiere, non-seulement par le génie de l'invention, mais encore par la richesse des accessoires, & sur-tout par une exécution complete. Le départ de Mlle. Heinel, sur le point d'aller faire sa tournée ordinaire en Angleterre, va seul suspendre cette pantomime, qui mérite quelques détails avant qu'elle disparoisse tout-à-fait. Elle dure trente-cinq minutes; & pendant toute cette action il n'y a pas un instant où l'intérêt ne croisse & n'augmente la curiosité du spectateur. La premiere imagination en est due au Sr. Noverre, qui avoit le plus grand talent pour ce genre de composition. En 1770 on l'enchâssa dans le ballet d'*Ismene & d'Ismenias*, où, quoi qu'elle fût amenée, elle déplut par sa longueur, & comme formant un autre drame dans le drame même. Aujourd'hi qu'elle est isolée & compose un tout, qu'elle a été perfectionnée par le Sr. Vestris, il en résulte un plaisir général, & elle est, ce semble, hors de la critique.

Tout le monde connoît le sujet. Le ballet commence par la réception de *Médée* & de *Jason* à la cour de Corinthe, honneurs qu'on leur rend, danses & festins, où il n'y a encore que de la galanterie; quadrille entre les deux époux nouvellement arrivés, & *Créuse* fille du roi, qu'un prince étranger recherche & courtise. La sympathie se fait sentir entre *Jason* & la jeune princesse; *Médée* ne tarde pas à s'en appercevoir; l'amant rejeté disparoît, & il se forme un trio entre les trois personnages restants: efforts de l'épouse pour ramener *Jason*, qui semble revenir, puis retombe dans son ivresse. La jalousie croît au cœur de *Médée*, elle combat contre la fureur qui s'y éleve, elle se fait amener ses enfants, elle roule dans sa tête un dessein de vengeance affreuse, elle ne la satisfait pas, & la juge imparfaite : *Jason* survenant, elle tente un dernier effort auprès de l'infidele par le spectacle & les caresses de ces gages chéris de leur union ; il ne peut y résister & revient à elle ; mais la vue des charmes de son amante le trouble & l'enchante de nouveau. *Médée*, voyant qu'il n'y a plus de ressource, évoque les enfers & forme ses enchantements. Cependant *Jason* enivré de son amour, conclut l'hymen. *Créon* lui remet le sceptre, & le fait reconnoître pour son successeur par les peuples ; ce qui repose délicieusement le cœur du spectateur, serré jusques-là par les passions dont il a été agité avec la magicienne. Au milieu de la joie générale qui regne à Corinthe durant la fête solemnelle qui s'y célebre, *Médée* semble revenir à sa tendresse pour *Jason* ; elle la porte au point de se conformer à ses volontés, d'offrir ses présents ; ils consistent sur-tout dans un bouquet, dont elle orne le sein de sa rivale; puis elle se retire. Le poison opere bientôt son effet : tourments de *Créuse*, désespoir de *Jason*, qui arrache le bouquet & reconnoît la vengeance de *Médée*. Désordre général dans le spectacle. *Médée* vole dans les airs sur un char traîné par des dragons ; elle est avec ses enfants, elle les égorge aux yeux de leur pere, & lui jette le poignard dont il se tue à son tour ; lorsqu'elle a bien assouvi ses regards par la vue de tous les maux qu'elle a causés, elle fait sortir les démons, derniers exécuteurs de sa colere, qui embrasent & réduisent le palais en cendre.

Sans doute *Médée*, poignardant ses enfants publiquement, est contre le précepte d'Horace, qui dit *nec coram populo pueros Médea trucidet* : mais cette horreur est adroitement préparée par le premier combat dans le cœur de *Médée* ; qui, le poignard levé sur les victimes innocentes, revient à la pitié, & s'efforce d'attendrir *Jason* par eux : d'ailleurs, l'action se passant dans les airs, elle est comme hors de la scene & dans un autre monde.

Le sieur Gardel, qui fait le personnage de l'amant de *Créuse* dédaigné, le plus court & le plus foible de la pantomime, le remplit de son mieux & aussi bien que le comporte son rôle. Celui de *Créuse* rendu par mademoiselle Guimard, a toutes les graces, tous les charmes, tout le plaisir naïf d'une jeune personne, dont le cœur s'ouvre pour la premiere fois à l'amour : les dégradations de sa danse, lorsque le poison agit, sont bien marquées, & ses accès convulsifs exprimés avec précision & noblesse. Le rôle de *Jason*, assez sot en lui-même, est relevé par la majesté des gestes, des attitudes, par les regrets, les combats & les remords dont est agité le sieur Vestris. Mais tout est subordonné, comme il doit l'être, à l'actrice principale, à *Médée*, dans laquelle se transforme Mlle. Heinel, avec une vérité qu'on ne sauroit surpasser. Cette danseuse, la plus belle créature qu'on ait vue au théatre, de la taille la plus imposante & la plus majestueuse, éprouve dans son visage une continuation d'altérations rapides & variées, telles que l'exigent les passions diverses dont elle est agitée. Ce ne sont pas de simples nuances, ce sont les impressions vives & profondes de la douleur, les fureurs, les emportements de la jalousie; c'est le sombre d'une joie forcée, d'une dissimulation violente; enfin c'est la rage du désespoir parvenu à son comble. Toutes les descriptions, au surplus, ne peuvent fournir qu'une idée, une esquisse foible de ce drame fait pour les yeux, mais dans le tableau duquel il y a plus d'expression, de sublime, de génie, que dans les plans embrouillés & compliqués de nos tragédies modernes, & dont le jeu même est plus intelligible & plus propre à pénétrer l'ame que les façades d'une versification tonnante.

5 *Mai* 1776. Depuis peu les marchands de nouveautés en tabatieres, pour exciter le goût des amateurs par la variété, ont imaginé des boîtes plates, qu'ils ont par cette raison appellé des *platitudes* : elles sont de carton & à très-bon prix. Madame la duchesse de Bourbon est allée ces jours derniers à l'hôtel de Jaback; & quand on a demandé à son altesse ce qu'elle desiroit ? elle a répondu, *des turgotines*. Le marchand a paru surpris & ignorer ce qu'elle vouloit dire : « oui, a-t-elle » ajouté, des tabatieres comme celle-là, » en montrant la forme moderne. —— » Madame ce sont des *platitudes*, a-t-il ré- » pliqué. —— Oui, oui, a riposté la princesse;

» c'est la même chose. » Le nom leur en est resté, & cette gentillesse occupe Paris pour le moment ; il n'est personne qui ne veuille avoir sa *turgotine*, ou sa *platitude*.

6 Mai 1776. Le parlement, trouvant que le livre qu'on a annoncé ayant pour titre *le parfait Monarque*, respiroit le système des économistes, l'a jugé digne d'anathême, & a ordonné vendredi qu'il seroit lacéré, brûlé, &c.

6 Mai. C'est demain qu'on attend les changements d'*Alceste*. Au surplus, le chevalier Gluck est dans la plus parfaite sécurité ; il assure que si sa musique ne prend pas aux premieres représentations, elle prendra aux dernieres ; que si ce n'est cette année, ce sera l'année prochaine, ce sera dans dix ans, parce que c'est la musique la plus analogue à la nature, & qu'il n'en connoît pas de plus vraie. Cette confiance, qui seroit ridicule & folle dans un homme médiocre, doit être regardée, de la part de ce grand homme, comme une conviction intime de son mérite, comme cette noble audace du génie qui sent ses forces & sa valeur, & qui se juge avec la même impartialité que s'il étoit étranger à lui-même.

7 Mai 1776. Monsieur Séguier a fait un grand requisitoire aux chambres assemblées contre le livre annoncé, intitulé : *le Monarque accompli, &c. par monsieur de Lanjuinais, principal du college de Moudon, en trois volumes*, avec cette épigraphe : *narrando laudare & laudando monere, novum scribendi genus hactenus intactum*, imprimé à Lausanne en 1774. Il paroît par l'analyse vague de l'avocat-général, que l'auteur trouve son héros existant dans la personne de l'empereur actuel. En souscrivant à l'éloge de ce prince, & en y ajoutant du sien, il reproche au prétendu principal de college de prêcher la sédition, la guerre civile, la vengeance contre les tyrans, & de mettre ses projets sanguinaires dans la bouche de sa majesté Impériale. De-là une excursion violente contre les économistes, contre les philosophes, que le magistrat inculpe de détruire tous les gouvernements, sous prétexte de les réformer.

En conséquence, le parlement a proscrit la brochure comme séditieuse, tendante à la révolte, & à soulever les esprits contre toute autorité légitime, attentatoire à la souveraineté des rois, & destructive de toute subordination, en cherchant à anéantir, s'il étoit possible, dans les cœurs des peuples, les sentiments d'obéissance, d'amour & de respect qu'ils doivent à leurs souverains, &c. Tout cela donne un merveilleux véhicule à l'ouvrage qu'on n'osoit ouvrir à cause de sa longueur.

8 Mai 1776. Un drame lu dernièrement à l'assemblée des comédiens, y a causé les plus vifs transports ; les cœurs de ces messieurs & de ces dames ont été tellement émus de sensibilité, qu'ils ont arrêté par acclamation de le recevoir, & de le mettre tout de suite à l'étude, persuadés qu'un chef-d'œuvre de cette espece devoit être au-dessus des regles, & que les auteurs en rang ne s'opposeroient point aux plaisirs du public. Il a pour titre :

le Prisonnier. A la chaleur du style, les histrions l'ont jugé de Jean-Jacques Rousseau; mais l'auteur s'est fait connoître. Pour accorder son travail profane avec le saint temps du jubilé, il en a fait hommage au pape, qui lui a répondu par le bref le plus flatteur, en lui envoyant la patente de membre de l'académie des arcades de Rome, & une belle médaille d'or accompagnée d'une magnifique chaîne garnie de diamants. Le nonce a été chargé de lui remettre lui-même les présents de sa sainteté. Le poëte, déja triomphant, est fils naturel d'un homme estimé dans la carriere dramatique, de feu Boissi.

12 *Mai* 1776. On a enfin introduit vendredi à l'opéra un rôle d'*Alcide* dans *Alceste*. La chambrée étoit nombreuse relativement à ce changement qu'on attendoit depuis plusieurs représentations. Le parti du chevalier Gluck avoit amené un renfort d'auxiliaires; mais le poëme ni la musique n'y ont rien gagné au gré des adversaires, & les admirateurs sinceres de l'ouvrage de cet Allemand le préferent dans l'ancien costume.

12 *Mai*. Un monsieur d'Aucourt, fermier-général, se piquant de bel esprit, avoit composé il y a long-temps, c'est-à-dire, du temps où l'ambassadeur Turc étoit à Paris, des mémoires en roman, relativement aux aventures de ce Musulman & de sa suite, dans cette capitale, avec les filles qui se trouvoient très-bien de cette nation. Il vient d'en faire faire une nouvelle édition, sous le titre de *Mémoires Turcs, par un auteur Turc, de toutes les académies Mahométanes*, licencié on

droit Turc & maître-ès-arts de l'univerſité de Conſtantinople, &c.; & pour donner de la vogue à cette brochure, il l'a dédiée à la demoiſelle *Duthé*, la plus fameuſe courtiſanne du jour. Le perſiflage de l'épître a fait fortune, & toutes les *impures* de la capitale ont voulu acheter l'ouvrage.

12 *Mai* 1776. Le nouvel ouvrage de monſieur de Voltaire eſt un gros livre, intitulé: *Lettre Chinoiſes, Indiennes & Tartares*; mais ce n'eſt, à proprement parler, qu'un point de ralliment, ſous lequel il a raſſemblé une quantité de facéties déja connues, & ſur des objets qu'il a rebatus cent fois.

13 *Mai* 1776. Il ſe répand une épigramme dure contre monſieur de la Harpe: ſans avoir infiniment de ſel, elle eſt remarquable par les anecdotes qu'elle renferme concernant ce poëte, dont la morgue déplaît à beaucoup de monde. Pour la bien entendre, il faudroit ſavoir ſon hiſtoire, & connoître ſa figure: en général, il eſt d'une extraction très-obſcure, & paſſe pour bâtard. Dans ſa jeuneſſe, ayant été élevé par charité au college d'Harcourt; il fit une ſatire, encore écolier, contre le principal qui l'avoit recueilli, ſi horrible qu'il fut mis en priſon. L'auteur, par une licence poétique, ſuppoſe que c'eſt à Bicêtre; ce qui n'eſt pas conſtaté. Il eſt d'une petite taille, & a l'air aſſez inſolent. On peut ſe rappeller ſa querelle avec le ſieur Blin, qui le traîna dans le ruiſſeau, & dont on a parlé, ſon dévouement à la clique moderne, &c.

Enfant trouvé de la philoſophie
Dont il feint d'être poſſédé,

Fantoccini (a) fougueux, bravement secondé
 Par les brigands de l'encyclopédie,
 Lâche rimeur par Blin intimidé,
De médailles chargé, mais couvert d'infamie,
 A Bicêtre il a préludé
 Aux honneurs de l'académie.

13 Mai 1776. Epigramme.

Sur les genoux de Perette, sa femme,
Un menuisier mangeoit sa soupe un jour;
Un sien ami l'apperçoit & l'en blâme,
Eh! qui pourroit s'attendre à pareil tour,
Comment chez toi point de table, compere?
Un menuisier..... Eh! pourquoi t'étonner,
Dit l'artisan, voici tout le mystere :
 Dès que j'ai fini de dîner,
 Je n'ai que la nappe à lever,
 Et je f... la table par terre.

13 Mai. Outre la plaisanterie des *trois Maries*, on parle d'une autre, intitulée: *les Mannequins*. La disgrace de monsieur Turgot fera percer plus aisément ces satires contre lui, accompagnées sans doute de plusieurs autres.

14 Mai 1776. Il commence à se répandre très-clandestinement un livre qui alarme beaucoup la police; il a pour titre : *Mémoires concernant l'administration des finances sous le ministere de monsieur l'abbé Terrai, contrôleur général,* avec cette épigraphe : *illi robur & œs triplex circa.*

―――――――――――――――――――――

(a) Espece de marionettes d'un théâtre des boulevards.

pectus erat. On ajoute qu'on voit à la tête de l'ouvrage un portrait de ce ministre, qui n'est pas sûrement le fruit des soins officieux de la reconnoissance ou de l'amitié : on en juge par le quatrain qui est au bas, dont on trouvera les vers un peu durs, mais analogues à sa physionomie, au caractere, & à la conduite du personnage :

> Le seul aspect d'un tel ministre,
> De sa vie offre le tableau :
> A cette figure sinistre,
> France, reconnois ton bourreau !

15 *Mai* 1776. La faculté de médecine n'est pas restée sans replique au mémoire du docteur Guilbert de Préval ; elle en publie un où elle démontre que cet accusé a tort de se plaindre des décrets rendus dans son affaire, puisqu'ils n'ont pas la sanction nécessaire pour leur donner caractere de jugement, & qu'il déclamoit prématurément contre son corps, n'ayant pas encore déterminé ce qu'il devoit penser sur son compte.

15 *Mai.* La cabale encyclopédique a tellement intrigué pour monsieur de la Harpe dans le sein de l'académie Françoise, qu'il en a été enfin élu le lundi treize. Comme le mot du roi qu'on a rapporté l'année derniere pouvoit occasioner quelque crainte que sa majesté ne voulût pas confirmer ce choix, on avoit pressenti ce monarque, & on l'avoit disposé plus favorablement pour le candidat.

16 *Mai* 1776. Au début du ministere de monsieur Turgot, comme ce ministre commen-

çoit à annoncer son esprit de réforme, & surtout de liberté dans le commerce des denrées, que la caisse de Poissy excitoit de vives réclamations de la part des marchands forains, des bouchers & des citoyens de la capitale, cette compagnie crut devoir gagner les devants, & faire revenir le ministre & le public prévenus contr'elle. Un de ses faiseurs fut chargé de son apologie, présentée au contrôleur-général, sous le titre de *Réflexions sur l'établissement de la caisse de Poissy*. On s'y plaignoit que les gens qui vouloient exciter l'administration à supprimer cette caisse, n'ont pas bien connu la nature de son établissement, le but qu'on s'est proposé en le formant, & les effets qu'il peut avoir ; l'auteur leur reproche la fatalité, ou plutôt, dit-il, la négligence qui leur a fait ignorer ou méconnoître les faits constatés indubitables.

Un économiste, un membre de la secte qui s'élevoit le plus contre les gens de ladite caisse, partit des faits établis dans ce mémoire même pour y riposter par une brochure ayant pour titre : *Bilan de la caisse de Poissy*, avec cette épitaphe : *habemus confitentem reum*, où d'après les propres calculs du défenseur de la caisse, & ses exposés, il en résulte que les habitants de Paris paient 2,760,000 livres, pour une imposition qui n'en rapporte au fisc que 750,000 livres; ou autrement, que les fermiers retiroient un intérêt de 92 livres & un peu plus d'un tiers pour cent de leurs fonds : usure excessive & ruineuse que les plus fameux *Gribelins* ne désavoueroient pas.

Ce bilan de la caisse de Poissy étoit anonyme ; mais l'abbé Baudeau l'a malheureusement avoué en l'inférant au tome second des *nouvelles Ephémérides* de 1776, journal dont il est auteur. Les fermiers diffamés par cette brochure, & excités sous main par le parlement, ont fait un *mémoire à consulter & consultation* sur la question de savoir s'ils ne sont pas en droit d'attaquer en réparation le coryphée économiste ? En conséquence de la réponse favorable des jurisconsultes, l'abbé Baudeau a été assigné au châtelet samedi 11 de ce mois, & le voilà tourmenté d'un bon procès de Dieu, qui le guérira vraisemblablement de la rage d'écrire.

Ce qui démontre la collusion du parlement avec les fermiers, c'est que les remontrances de cette compagnie, contre les édits derniers, sont en grande partie de monsieur d'Outremont fils, conseiller au parlement, & que le mémoire est de monsieur d'Outremont pere, avocat.

16 *Mai* 1776. Il paroît que les *Mannequins* ne sont point une chanson, comme on l'avoit cru, mais une brochure satirique & infernale, puisqu'on s'y permet de s'exprimer sur le compte du roi même d'une façon peu respectueuse & punissable ; c'est ce qui rend le pamphlet très-rare. On dit cependant que sa majesté n'y est désignée que sous le nom vague de *Sophi* ; au lieu que les ministres y sont nommés, mais par anagramme seulement.

17 *Mai* 1776. Le tripot du théatre lyrique, malgré les nouveaux réglements, est en plus grand désordre que jamais : tout y est en fermentation. Les coriphées de la danse y sont sur-tout offensés, de n'être pas traités avec autant de considération que ceux du chant : ils prétendent

que leur talent vaut bien l'autre, sur-tout en France, où il soutient souvent des ouvrages qui ne rapporteroient rien sans cet accessoire. Ils ont en conséquence présenté un mémoire très-bien fait, dit-on, pour justifier leurs plaintes. Les administrateurs semblent déja fatigués de ces désagréments. Le sieur Bourboulon a déclaré qu'il se démettoit : le sieur Buffau menace d'en faire autant : ils se plaignent qu'un certain Mesnard de Chouzi, sans aucun caractere, s'est immiscé dans leurs comités, y jette le trouble, & fomente les divisions parmi les inférieurs pour obliger la régie actuelle à se dissoudre & élever sur ses débris une autre compagnie.

17 Mai 1776. L'abbé Eloy, ainsi qu'on le présumoit, n'a été exilé que pour la forme, & est déja de retour dans cette capitale. Le parlement ne témoigne aucune répugnance pour le recevoir en cas qu'il se présente, quoique son extraction ne soit pas brillante.

18 Mai 1776. On commence à voir des chapeaux à quatre cornes, & les petits-maîtres ont adopté le matin en déshabillé cette coëffure grotesque. On la dit excellente pour le soldat, en ce que de la façon dont il se couvrira le chef, les cornes latérales ne le gêneront point du côté du fusil ; le bord du côté du front sera plus large, & se rabattra comme un abat-jour pour garantir les yeux de la poussiere, du soleil & le devant du corps de la pluie.

19 Mai 1776. Mademoiselle la Guerre a pris vendredi le rôle d'*Alceste* à l'opéra, & l'a exécuté, au gré de ses partisans, aussi bien que Mlle. Rosalie ; elle a sur celle-ci l'avantage d'être jolie :

cela ne peut que redoubler la rage de mademoiselle Arnoux.

Le chevalier Gluk, mécontent du peu d'accueil qu'on fait à son ouvrage, regardé ailleurs comme son chef-d'œuvre, est parti le cœur navré de douleur d'avoir perdu sa niece dont il a appris la mort : c'étoit un sujet doué des plus rares talents pour la musique & le chant.

20 *Mai* 1776. D'après les citations de la consultation pour les fermiers de la caisse de Poissy, il faut conclure que le mémoire inféré aux *Ephémérides* est autre chose que le bilan, quoique le résultat en soit le même, c'est-à-dire, une accusation contre les premiers de gagner plus de 92 pour cent sur une vente d'environ 90,000 bœufs ou vaches par an aux marchés de Sceaux & de Poissy : mais on articule en outre d'autres inculpations plus directes ; on leur y suppose une cupidité qui marchoit de prévarications en prévarications, qui saisissoit tous les moyens de dévorer la subsistance des peuples. Un sage, comme l'abbé Baudeau, dit-on, devoit-il enflammer la fureur naturelle des sujets contre les impositions & ceux qui les perçoivent, en peignant les fermiers plaignants comme des exacteurs, qui ajoutoient encore aux rigueurs de l'impôt tout ce que l'avarice a de plus bas & l'oppression de plus cruel ?

Quoique, suivant la consultation du 24 avril, les consultants puissent prendre la voie criminelle, on estime qu'ils doivent préférer la voie civile, comme plus modérée & conduisant au même but.

De son côté, l'abbé Baudeau se dispose à répliquer, c'est-à-dire, à comparoir, à plaider lui-même fa caufe, & à prouver ce qu'il a avancé ; cet événement retarde fon départ.

20 *Mai* 1776. Le clergé feroit défolé par l'apparition d'une nouvelle brochure, intitulée : *Suite du Dialogue fur les mariages des Proteftants*, ou *Réponfe de M. le Curé de* * * * *à l'auteur d'une brochure* intitulée : *les Proteftants déboutés de leurs prétentions*, fi la difgrace de M. Turgot ne le confoloit de tout en ce moment.

20 *Mai*. Un abbé Faucher, jeune homme, qui commençoit à prêcher, fe vouloit diftinguer, & fe vouant à la fecte à la mode, commençoit à faire bruit par fon affectation de glisser la morale économique avec la morale évangélique, & de faire venir adroitement des tirades & des éloges étrangers au fond de fon fujet. Monfieur Turgot étoit un des faints que cet orateur célébroit le plus. Les dévots ont été outrés d'un zele de cette efpece ; ils ont peint l'abbé Faucher à M. l'archevêque comme un prédicateur profane & fcandaleux, & le prélat l'a interdit au milieu de fa ftation à Saint Germain-l'Auxerrois, fans que depuis on l'ait pu faire revenir fur le compte de l'eccléfiaftique.

20 *Mai*. A la fuite des mémoires concernant l'adminiftration & le miniftere de monfieur l'abbé Terrai, on trouve *la relation hiftorique de l'émeute arrivée à Paris le 3 mai 1775, & de ce qui l'a précédé & fuivi.* Cette collection eft terminée par 14 *Lettres d'un actionnaire à un autre actionnaire fur la diffolution de la compagnie des Indes, & fur les caufes de cet événement défaftreux.*

21 *Mai* 1776. Il eft fort queftion de dreffer un

second théatre François, sous le nom de *comédiens de monsieur*. Plusieurs auteurs se sont réunis pour solliciter cet établissement, duquel il résulteroit une émulation utile entre les deux troupes.

22 Mai 1776. *Epître aux calomniateurs de la philosophie*. Cet ouvrage en vers, précédé d'une épigraphe tirée de monsieur d'Alembert, quoique vendu sous le manteau, a certainement été fait sous les auspices du ministere. Par malheur tous les éloges prodigués à monsieur Turgot & à ses opérations ne lui peuvent aujourd'hui servir de passe port ; & il faudra comme ci-devant, suivant l'expression de l'auteur, faire encore entrer la raison en contrebande dans Paris. Les prêtres y sont fort maltraités, ainsi qu'on s'en doute bien. Pour mieux en entendre le but, il faut savoir que dans ce temps du jubilé, les prédicateurs dans leurs chaires, les évêques dans leurs mandements, les curés dans leurs prônes, ont affecté à l'exemple du pape, dans sa bulle, de s'élever contre les philosophes. Il est juste que ceux-ci prennent leur revanche. Au lieu de répondre par quelque dissertation en forme, & de ressasser tout ce qui a été dit à cet égard, ils ont confié leur défense à un poëte qui la rend ainsi plus transmissible & plus piquante, en lui donnant un air de fraîcheur & de nouveauté.

23 Mai 1776. Le colisée s'est rouvert le 19 mai, non encore avec beaucoup d'affluence à cause du froid qu'il continue de faire.

23 Mai. On avoit gravé le portrait de madame la présidente de Saint-Vincent, devenue si fameuse depuis son procès. Elle étoit repré

sentée en buste, fort décoletée, & de la manniere aussi lascive que le peut permettre cette forme. On s'étoit contenté de mettre au bas son nom de famille, *Julie de Vence*, *femme du président de Saint-Vincent*; on y avoit ajouté *petite-fille de madame de Sevigné*. La famille n'a pas trouvé à propos que cette estampe se vendît, & en a fait enlever tous les exemplaires.

24 Mai 1776. On attribue l'*épître aux calomniateurs de la philosophie* à M. de Marmontel, ou à M. de la Harpe : elle est dans la maniere dure, rocailleuse & obscure de ces deux poëtes. On croit pourtant plus aisément qu'elle est du dernier, que c'est une espece de chef-d'œuvre qu'il a dû faire, un hommage qu'il a voulu rendre à la secte encyclopédique, avant d'être admis à l'académie Françoise. Au surplus, il y a de la force, des images & de la raison dans cet ouvrage, où la poésie embellit la derniere sans lui faire tort. Le syndic de la faculté, *Riballier*, & l'ancien évêque du Puy, le Franc de Pompignan, aujourd'hui archevêque de Vienne, sont les coryphées du parti contraire qu'on attaque le plus; on accuse surtout le dernier d'avoir fait publier au prône que *tout philosophe étoit ennemi des mois*. C'est particuliérement à cette accusation renouvellée avec affectation par le clergé, lorsque M. Turgot & M. de Malsherbes étoient dans le ministere, qu'on répand, en faisant voir que le fanatisme seul est le véritable ennemi du trône, qui prétend ôter & donner les sceptres à son gré au nom de Dieu. Il est fâcheux que des plaisanteries trop burlesques ou des impiétés un peu outrées déparent le total de l'épître, où l'on apprend aux monarques qu'ils ne peuvent mieux faire que de faire gouverner les sages sous eux, que d'éclairer leurs peuples, dont ils n'auront jamais rien à craindre tant qu'ils les régiront par la raison ; qu'au contraire, une nation stupide, asservie sous le joug des prêtres, n'agit que par eux, & a été souvent l'instrument dont ils se sont servis pour détrôner les princes qui vouloient se soustraire à leur domination. On félicite Louis Seize d'avoir pris la philosophie pour mentor ; on désigne sensiblement ainsi M. de Maurepas, le seul aujourd'hui des dieux tutélaires qu'invoque & préconise le poëte.

24 *Mai* 1776. Le pere Richard, jacobin, est l'écrivain fanatique, auteur de la brochure intitulée : *les Protestants déboutés de leurs prétentions*. C'est un gagiste du clergé, que celui-ci met en œuvre, mais qui paroît avoir plus de zèle que de bon sens. L'auteur de la réfutation le lui prouve à merveille, de façon à lui ôter toute replique.

25 *Mai* 1776. Il y a un concours ouvert au Colisée pour les feux d'artifice : il doit avoir lieu pendant les trois fêtes, entre le sieur *Squaglia*, artificier de la république de Lucques, qui commencera à déployer ses talents le jour de la Pentecôte : le lendemain ce sera le tour du sieur *Furth*, artificer de Munster ; & enfin, le mardi le sieur *de la Variniere*, artificier du roi, luttera contre ces rivaux étrangers.

25 *Mai*. L'auteur de la réfutation du livre du pere Richard, à l'occasion des bruits répandus que le gouvernement alloit faire une

loi pour valider les mariages des protestants, fait voir d'abord à ce fougueux adversaire que son zele n'est rien moins que charitable; il lui prouve ensuite que ses raisonnements ne valent rien; il établit que le mariage est avant le sacrement, qu'il est dans l'ordre social sans lui; que c'est une ignorance de proscrire l'un, une hérésie de rejeter l'autre, un défaut de jugement de les identifier; que s'ils sont séparables, dans le mariage tout le civil est du for extérieur, tout le spirituel dans le sacrement est du for intérieur; que le premier appartient au corps politique, & le second est tout entier au corps ecclésiastique: or, l'église étant dans l'état, & non pas l'état dans l'église, il est évident que le prince, à la tête de l'état, étend sa jurisdiction sur tous les intérêts du corps civil, & que l'église doit borner la sienne au rit établi pour l'administration des sacrements. Nul doute donc que le roi très-chrétien ne puisse, sans compromettre la religion, autoriser l'union matrimoniale des protestants, par telle forme civile & judiciaire qu'il voudra introduire : mais le doit-il ? Le redoutable adversaire détruit également les raisons du moine, qui prétend que non, & lui fait voir qu'il ne s'entend pas mieux en politique qu'en théologie. Tout ce traité est rempli de sagesse, d'érudition & de logique; il est diffus, comme la premiere partie. On y trouve un morceau philosophique sur la liberté de la presse, nécessaire du moins à l'égard des livres de controverse, d'autant meilleur que c'est un point de liberté sur lequel ses partisans modernes n'ont pas encore insisté, & d'autant plus nécessaire qu'il est le plus propre à contribuer à la destruction des préjugés auxquels ils font la guerre.

26 *Mai 1776.* On n'a pas manqué de lâcher des quolibets contre monsieur Turgot. Le bon mot le plus plaisant est celui de madame la marquise de Fleuri ; elle étoit dans une société où monsieur d'Alembert témoignoit ses regrets sur la perte de ce ministre, en s'étendant sur la multitude de bonnes choses qu'il avoit faites. On le contrarioit à cet égard : « au moins, s'écria-t-il, ne peut-on nier qu'en peu de temps il n'ait fait un furieux abattis dans la forêt des préjugés : *c'est donc pour cela*, a repris avec vivacité la marquise, *qu'il nous a donné tant de fagots.* »

26 *Mai. Les Mannequins* ne sont que manuscrits ; & comme ils ont une certaine étendue, les copies s'en multiplient lentement, & rendent l'ouvrage difficile à avoir. On ne peut asseoir de jugement précis concernant cette satire, sans l'avoir lue, tant les avis sont différents : les uns la trouvent pleine de sel & de finesse, les autres dure & grossiere ; tout le monde s'accorde seulement à la décider fort condamnable. Quant aux *trois Maries*, on les connoît encore moins.

27 *Mai 1776.* Mlle. l'Espinasse, très-connue dans le monde par l'asyle qu'elle donnoit à monsieur d'Alembert, par sa passion pour l'encyclopédie & les encyclopédistes, ainsi que pour les économistes, vient de mourir. Les coryphées de ces deux cabales la regrettent par cette raison ; elle tenoit un de ces bureaux de philosophie substitués aujourd'hui à ceux du bel esprit. Monsieur de la Harpe étoit un de ses nourrissons : elle

ouvroit

ouvroit depuis quelque temps les portes de l'académie par son crédit sur le secretaire qui mene la compagnie. Ce poëte est le dernier qu'elle y aura fait entrer. Le domaine a mis le scellé chez elle, ce qui confirme sa bâtardise.

28 *Mai* 1776. Depuis le 1 avril il a commencé à Paris un journal, ayant pour titre le *nouveau Spectateur, ou Examen des nouvelles pieces de théatre, servant de répertoire universel des spectacles, rédigé par* M. *le Fuel de Méricourt*. On sent que cet ouvrage pourroit être très-bon, s'il étoit pris & suivi dans son vrai point de vue; mais celui-ci n'est qu'une rapsodie, une compilation de beaucoup de choses anciennes & connues : ce qu'on y trouve de mieux, c'est une grande hardiesse à s'expliquer sur le compte des histrions; sacrilege littéraire, dont ceux-ci se plaignent hautement, & qui pourra bien mériter au critique la suppression de son journal.

29 *Mai* 1776. *Alceste* ne prenant point, les directeurs de l'opéra reviennent au goût de la nation, & font répéter actuellement *l'union de l'Amour & des Arts*, du Sr. Floquet.

30 *Mai* 1776. Un *mannequin* est une figure factice & mobile au gré du peintre, pour modeler tous les mouvements qu'il veut donner à son original : c'est de-là que la satire dont on a déja parlé plusieurs fois, a pris son titre *les Mannequins, conte ou histoire, comme l'on voudra*. L'auteur suppose que tout est *Mannequin* dans le monde, c'est-à-dire, suit volontairement, ou sans le savoir, une impulsion étrangere. Le roi, suivant lui, est le premier des mannequins ; & en donnant une idée favorable des

bonnes dispositions du jeune prince, il le peint comme propre à se laisser conduire tant à raison de sa jeunesse, que de la flexibilité & du peu de consistance de son caractere. Le mannequin qui dirige ce chef des mannequins, est le comte de Maurepas : le ministre est mené par sa femme ; celle-ci par l'abbé de Veri, auditeur de Rote ; l'abbé de Veri étoit engoué de monsieur Turgot ; voilà comment il est parvenu au ministere. Le surplus est une histoire détaillée de toutes ses opérations, qui se termine au lit de justice, faute de matiere ; mais l'écrivain annonce une suite. On voit qu'il en veut beaucoup à ce ministre, à ses opérations & sur-tout aux économistes. Pour rendre son ouvrage plus intéressant, il transforme le systême économique en un monstre, qu'il anime & qu'il représente avec tous les attributs qui peuvent le rendre odieux ou ridicule. C'est dans un songe qu'a M. de Maurepas, sous le nom d'*Alibey*, au moment où S. M. le consulte sur le genre d'administration qu'il introduira pour remédier aux maux de l'ancienne, que lui apparoît ce phantôme sous des dehors imposants ; il lui fait accroire être la divinité tutélaire qui va rendre au royaume sa splendeur. Le vieux ministre, tout émerveillé de ce rêve, consulte sa femme, celle-ci l'abbé de Veri, &c. On trouve peu d'anecdotes nouvelles dans cette espece de roman allégorique, assez bien fait dans son genre, & point aussi méchant qu'on l'avoit annoncé. Il est bien écrit, il y a du sarcasme, des portraits bien frappés ; il sent l'homme de cour : il y a des idées creuses & obscures, des métaphores trop outrées, & l'on seroit tenté de l'attribuer au comte de Lauraguais, s'il y avoit moins d'ordre & de méthode : le plan en est trop soûtenu d'un bout à l'autre pour appartenir à ce seigneur.

31 *Mai* 1776. On sait aujourd'hui que Mlle. Lespinasse étoit bâtarde du cardinal de Tencin, comme monsieur d'Alembert est bârard de madame de Tencin ; identité d'origine & espece de parenté, premieres causes des liaisons de ces deux personnages qui s'étoient connus chez madame Dudeffant, où la Dlle. Lespinasse avoit fait son apprentissage de bel esprit.

1 *Juin* 1776. Me. Linguet, outre ses représentations au roi, a fait imprimer *consultation de Me. Linguet, avocat, en réponse à la consultation sur la discipline des avocats, imprimée chez Knapen en mai* 1775. Il faut se rappeller ce dernier ouvrage, dont on a parlé dans le temps, contre un nommé *Roblein*, que les avocats de Poitiers refusoient d'inscrire sur le tableau, qui s'est pourvu au parlement, & qui a gagné, un arrêt du 18 juin 1775 ayant ordonné qu'il fût inscrit. La consultation faite à cette occasion, sembloit en effet moins regarder cet étranger que Me. Linguet ; aussi en a-t-il pris sa part, & il la réfute article par article, quelquefois bien & plus souvent mal. Comme la premiere, c'est-à-dire celle pour Me. Roblein, est souscrite de quatorze avocats de Paris les plus célebres, & la seconde, en date du 12 août 1775, n'a pour souscrivant que Me. Linguet, il ajoute : « si l'on trouve ce
» nom ainsi isolé incapable de contrebalancer
» le poids de ceux qui chargent la colonne
» ci-contre, on peut ajouter dans celle-ci

» l'honneur, la *justice*, la *raison*, la *vérité*,
» la *délicatesse*, toutes *vierges* qui certaine-
» ment sont de l'avis de la consultation de
» M^e. Linguet, & mettront au moins l'équi-
» libre. »

2 *Juin* 1776. Les comédiens Italiens se proposent de donner incessamment *les Mariages Samnites*, piece de M. Durosoy, qui, absolument livré
à ce théatre, veut bien renoncer au François,
plus propre à la solide gloire, pour avoir celle
de faire révolution au premier, d'y ramener le
sentiment qu'on y avoit perdu : tel est le grand
projet de cet auteur dans ses drames lyriques.
La musique est du Sr. Gretry. Comme la reine
prend goût aux premieres représentations, c'est-
à-dire, aux chûtes, car S. M. n'a guere vu que
de cela, le jour dépendra de son choix.

3 *Juin* 1776. M. l'abbé Roubaud, chargé de la
rédaction de la *Gazette d'agriculture, commerce, arts & finances*, devoit suspendre ses
fonctions pour vaquer à son voyage d'Italie;
mais dégoûté des changements survenus dans
le ministere, il paroît qu'il y renonce tout-
à-fait.

3 *Juin* 1776. Il étoit réservé à nos jours de
voir la plus brillante actrice de la comédie Françoise pour la stature & la noblesse théatrale,
assez dénuée de ressources pour faire banque-
route. La demoiselle Raucoux vient de disparoître par cette raison. Sa luxure immodérée,
son goût pour l'art des Tribades l'a empêchée
de trouver parmi notre sexe les secours qu'elle
s'y seroit ménagés ; il est vrai qu'il n'est pas
moins étonnant qu'elle en ait manqué dans l'autre genre de plaisir auquel se livrent des dames

du plus haut parage. On sait que ce vice est fort en vogue, & sûrement nous ne serons pas privés long-temps de la comédienne qu'on regrette.

3 Juin 1776. Comme l'on est sans cesse à retoucher le troisieme acte d'*Alceste*, que le chevalier Gluck est trop éloigné pour qu'on reçoive ses corrections, les régisseurs actuels ont eu recours au *Sr. Gossec*, musicien renommé dans l'harmonie d'église, genre triste & lugubre, analogue à celui du nouvel opéra.

4 Juin 1776. M. de Maurepas, par une perfidie de courtisan, quoiqu'auteur en partie de la disgrace de M. Turgot, au moment de son départ de la cour lui écrivit pour lui faire son compliment de condoléance; celui-ci sentant à merveille ce que signifioit ce persiflage, en fut piqué, & fit sur le champ une réponse ferme, noble & mordante par la censure indirecte de la conduite du mentor. On a recueilli l'une & l'autre lettre, bonnes à conserver comme anecdotes. Voici d'abord le court billet du comte.

« Je m'empresse, Monsieur, à vous témoi-
» gner la part que madame de Maurepas &
» moi avons pris à l'événement qui vous est
» arrivé. J'ai l'honneur d'être, &c....... 12
» mai 1776. »

Réponse. « Je ne doute pas, Monsieur, de
» la part que madame de Maurepas & vous
» avez pris à l'événement qui vient de m'arri-
» ver : mais quand on a servi son maître avec
» fidélité, qu'on a fait profession de ne lui taire
» aucune vérité utile, & qu'on n'a à se repro-
» cher ni foiblesse, ni fausseté, ni dissimula-

» tion, on se retire sans honte, sans crainte
» & sans remords.

» J'ai l'honneur d'être, avec les sentiments
» que je vous dois, &c. »

4 *Juin* 1776. M. le chevalier de Berainville, dont on a déja célébré le zele patriotique à l'occasion de son dessin allégorique relatif au retour du parlement, & de ceux en l'honneur du roi & de la reine, en ayant fait un en l'honneur de l'impératrice-reine, a reçu en reconnoissance de cette souveraine cinq médailles des plus belles & des plus riches du cabinet de S. M. impériale ; l'une représentant d'un côté le portrait de cette princesse, & de l'autre celui de l'empereur régnant ; la seconde représentant le portrait de l'impératrice d'une part, & celui du feu empereur de l'autre ; la troisieme, frappée lorsqu'elle prit possession du royaume de Boheme ; la quatrieme frappée lorsqu'elle fut reconnue reine de Hongrie ; enfin la cinquieme relative à la réunion de tous les états héréditaires dans sa main. En outre, l'ambassadeur de cette souveraine lui a délivré une copie de l'article qui le concerne dans la lettre de sa maîtresse, qui est tout-à-fait honnête & flatteuse pour ce chevalier.

5 *Juin* 1776. Extrait d'une lettre de Gênes, du 20 mai.... Madame la duchesse de Chartres a d'abord désolé ici toutes les femmes qui se piquent de se parer à la Parisienne ; cette princesse qui voyage sous le nom de comtesse de Joinville, n'a paru les premiers jours qu'en demi-grand bonnet : ce qui a fait triompher les maris, ennemis des coëffures hautes & des panaches ; ils ont représenté à leurs moitiés

qu'elles ne pouvoient mieux faire que de se conformer à la façon de se coëffer de notre premiere princesse du sang. Mais celle-ci s'étant mise *in fiocchi* & ayant arboré les plumes, l'alégresse a été universelle chez les Dames; & dès le lendemain les banquiers ont eu pour 50,000 livres de commission en plumes à faire venir de France. Cette anecdote futile en elle-même, prouve le goût des étrangers pour nos modes, & que nous régnons encore par elles, si nous sommes d'ailleurs déchus de notre prépondérance dans les opérations politiques.

6 Juin 1776. Il y a de grands projets chez nos jeunes seigneurs pour des courses de chevaux qui doivent avoir lieu cette automne: on parle d'un coureur que M. le comte d'Artois a fait acheter 1700 louis: il est gardé & ne peut être vu jusqu'au moment où il sera mis en fonctions: il est toujours couvert & masqué. le gouvernement prend à cœur cet amusement frivole pour ceux qui s'y livrent, mais qu'il a sérieusement envie de tourner à l'amélioration de nos haras.

7 Juin 1776. L'affaire de madame de Saint-Vincent n'avance point par les délais & empêchements qu'y met le maréchal duc de Richelieu; ce qui confirme de plus en plus son tort: il est d'ailleurs furieux contre le défenseur de la présidente, qu'il redoute & qu'il avoit voulu s'attacher. C'est l'abbé Coulon, qui, avant de rien faire pour ce seigneur, a désiré voir la partie adverse, & connoître la nature du procès. Il s'est pris de zele pour cette derniere; il a trouvé sa cause si bonne qu'il a refusé sa plume au maréchal, & l'a employée pour la présidente : procédé d'autant plus favorable à cette accusée, que l'abbé, s'il eût été susceptible d'être mené par l'espoir du lucre ou de la faveur, n'auroit pu balancer : c'est lui qui a fait les derniers mémoires de cette dame, & a donné au procès une tournure nouvelle.

8 *Juin* 1776. Extrait d'une lettre de Genes, du 22 mai 1776.... Nous avons été à la suite de madame la comtesse de Joinville voir le palais du doge ; nous n'avons pu le voir lui-même, parce qu'il étoit malade. Il y a une superbe & immense salle, où sont les statues en marbre de tous les grands hommes de la république qui l'ont illustrée ou défendue : le maréchal de Richelieu se trouve au milieu d'eux en cette qualité. Il est bardé de tous les cordons, chargé de tous les bâtons, &c. ; mais les Génois sont si indignés de son procès, qu'ils le voient avec peine en pareil lieu, & seroient bien tentés de l'en faire ôter, s'ils ne craignoient de déplaire à la cour de France : mais si ce seigneur vient à perdre son procès, son affaire est faite, il sera expulsé de la place honorable qu'il tient ici, & son nom sera biffé sur le livre d'or.

8 *Juin* C'est demain décidément que l'on remet à l'opéra *l'Union de l'Amour & des Arts*.

9 *Juin* 1776. On peut se rappeller qu'on a parlé précédemment d'un *commentaire de la Henriade*, fait par la Beaumelle & mis au jour par Freron ; en conséquence on voyoit à la tête le portrait de M. de Voltaire, accollé

de droite & de gauche de ses deux éditeurs. Un partisan de ce grand homme a fait le quatrain suivant, où le madrigal est si finement enveloppé dans l'épigramme, qu'on a peine à l'y trouver : l'idée est prise du parallele naturel que l'estampe présente avec la figure de Jesus-Christ au milieu des deux larrons :

 Entre la Beaumelle & Freron
Un graveur a placé Voltaire :
  S'il s'y trouvoit un bon larron,
 Ce seroit sans faute un calvaire.

9 Juin 1776. Les Mariages Samnites sont toujours en suspens, relativement à la reine : comme sa majesté fait son jubilé, on a agité à la cour s'il convenoit que sa majesté fût au spectacle pendant ce temps-là : on dit cependant que les casuistes de ce pays-là ont décidé qu'elle pouvoit aller à la comédie les jours où elle ne feroit pas de station. On veut que sa majesté, plus rigoriste, ait *préféré de les faire toutes* avant de venir au spectacle.

10 Juin 1776. C'est jeudi 10 qu'est fixé le jour de la réception de monsieur de la Harpe à l'académie Françoise ; c'est monsieur de Marmontel qui doit lui répondre en qualité de directeur, & tout le parti encyclopédique est déja sur pied pour ameuter ses admirateurs.

10 Juin. Les mémoires, concernant l'administration des finances sous le ministere de monsieur l'abbé Terrai, coutrôleur-général, commencent à se répandre un peu plus. A en croire l'éditeur, la premiere partie seroit de monsieur

Coquereau, jeune avocat, très-attaché au parlement, & qui, dans un excès de zele patriotique, s'eft brûlé la cervelle, ainfi qu'on l'a raconté autrefois : mais on eft fi fort en garde contre tous ces traveftiffements depuis que monfieur de Voltaire les a mis à la mode, qu'on n'y ajoute pas beaucoup de foi d'ailleurs. La feconde partie de la même plume en apparence, n'eft certainement pas du même auteur, puifque les événements en font poftérieurs à fa cataftrophe. Quoi qu'il en foit, le héros de l'ouvrage y eft peint fous les couleurs les plus odieufes & les plus vraies. On l'y repréfente comme un homme fans vertus, mais non fans talents. Différentes anecdotes de fa vie jette de la variété dans ce tableau de fon adminiftration, par lequel on juge qu'il l'emporte de beaucoup en horreurs & en atrocités fur fes prédéceffeurs. On n'eft pas fâché de voir percer le livre dans ce moment, où certains ennemis du bien public, fans doute, affectent de le prôner, & d'affurer que c'eft le feul homme en état de réparer les maux qu'il a faits, quelque décrié qu'il fût déja ; c'eft un dernier coup porté à fa réputation par l'hiftoire des faits, qui la rend à jamais exécrable.

11 *Mai* 1776. Monfieur Robé ayant autrefois fait une fatire contre le comte de Biffy, on en parla à celui-ci, qui, fans fe fâcher, dit : *eh bien ! amenez-le dîner chez moi, qu'il me la life.* Ce poëte, confondu par cette générofité, ne fait plus de fatires contre le comte, mais lui en adreffe. C'eft ainfi qu'il vient de lui offrir une diatribe contre les auteurs du jour, dans le

genre de celles de messieurs Clément & Guilbert. Il y passe en revue ceux les plus à la mode entre ces messieurs, & les peint presque tous de couleurs qui leur sont propres; il leur donne quelquefois des louanges, mais souvent pour mieux asséner ses coups. On sait que monsieur Robé est vraiment original, qu'il a une manière à lui; sans doute elle n'est pas la meilleure; il affecte trop de chercher la richesse de la rime: pour former des images, il en emprunte de toutes parts; elles ne sont pas toujours nobles & bien choisies; son érudition les lui fait revêtir des termes les plus techniques des arts, ce qui jette de l'obscurité, de la dureté dans sa poésie, toujours forte & énergique, & point assez proportionnée à la variété des sujets qu'il traite. Messieurs Linguet, la Harpe, Dorat, Durosoi, Beaumarchais, sont les personnages les plus ressemblants dans cette galerie de portraits satiriques.

12 *Mai* 1776. L'évasion de mademoiselle Raucoux, qui devoit jouer dans la tragédie de *Zuma* annoncée, empêche que cette tragédie n'ait lieu à présent. Comme cette actrice est au temple, qu'on travaille, ainsi qu'on l'avoit prévu, à l'arrangement de ses affaires, on ne doute pas qu'elle ne reparoisse bientôt.

12 *Juin* 1776. M^e. Falconnet, toujours plus furieux de n'avoir pas été inscrit sur le nouveau tableau des avocats, se barbouille avec son ordre; il veut le forcer à prématurer son admission, & l'on craint qu'il ne se fasse des affaires comme M^e. Linguet, dont l'exemple devroit bien le rendre sage.

13 *Juin* 1776. Ce qui a fait présumer avec raison

que l'état de monsieur le comte d'Artois n'étoit pas satisfaisant hier, c'est que la reine, qui devoit venir à la comédie Italienne, a envoyé un contre ordre. On a joué à ce spectacle *les Mariages Samnites*, drame lyrique en trois actes & en prose, mêlé d'ariettes. Ce drame est tiré d'un conte de Marmontel assez bizarre, mais susceptible cependant d'être ajusté au théatre. Malheureusement monsieur Durosoy n'y entend rien ; il en a fait une piece bien fade, bien langoureuse, bien hétéroclite, & sur tout bien boursouflée & bien absurde, car il y a de tout cela. C'est d'autant plus fâcheux que le sieur Gretry a travaillé d'excellente musique sur ce mauvais fonds, & que les comédiens ont fait une dépense pour embellir la scene par une grande pompe & magnificence de cortege considérable. Le sieur Clairval y a paru, & les demoiselles Trial & Colombe y font assaut de talent pour le chant.

13 *Juin* 1776. Le sieur Caraccioli, pour embrouiller davantage le problème concernant les *lettres* prétendues de *Ganganelli*, a rassemblé dans une lettre qu'il s'est adressée à lui-même toutes les objections les plus fortes, pour les résoudre ensuite dans une réponse. La premiere est signée L... M... B..., & datée ce.... février 1776. Dans une pareille matiere on sent que l'éditeur ne pouvoit mettre trop de clarté & de bonne foi, & que ce personnage anonyme ne peut que rendre les sceptiques plus difficiles à convaincre : ils le sont davantage encore, en lisant la réponse datée de Paris le cinq mars 1776 ; réponse très-foible & qui

ne détruit pas à beaucoup près les objections qu'il s'est mal-adroitement adressées.

14 *Juin* 1776. Un des soins qui agitoient le plus monsieur Turgot durant son ministere, étoit de trouver les moyens d'extirper l'usure; car en la regardant comme une chose légitime, il n'en connoissoit pas moins les inconvénients & le danger pour ceux qui en étoient les victimes. En conséquence, plusieurs faiseurs de projets avoient tourné leurs spéculations de ce côté-là. Un de ces auteurs est M^e. *Prévôt de Saint-Lucien*, avocat au parlement, qui, s'abstenant de ses fonctions durant le sommeil des loix, a employé son temps à méditer sur un point d'utilité publique aussi considérable. Il en a résulté un ouvrage *concernant le projet d'établissement d'une caisse de prêt public*; caisse plus avantageuse que les monts de piété & lombards, en ce que, 1°. il n'en a point fait un objet de finance : 2°. qu'il ne l'a point restreinte à donner des secours sur des seuls gages mobiliers : 3°. en ce qu'il l'a mieux balancée, combinée que les autres, & qu'elle est beaucoup moins onéreuse.

14 *Juin*. On ne sauroit omettre un mot du roi à monsieur de Malsherbes, lorsque ce dernier, résistant à toutes les instances que lui faisoit sa majesté pour l'obliger à lui continuer ses services, elle s'écria : *que vous êtes heureux ! que ne puis-je aussi quitter ma place !* Preuve combien ce monarque en sent l'importance & en même-temps la difficulté.

15 *Juin* 1776. Le *Catéchisme du citoyen*, brûlé il y a quelque temps, perce enfin; & malgré la vigilance du gouvernement, on en voit quel-

ques exemplaires. Quand on l'a lu, on n'est pas surpris que les partisans du despotisme aient fait de si grands efforts pour l'anéantir. Cet ouvrage, quoique court, traite des objets les plus importants ; savoir, du droit public en général, de la constitution & des fins des sociétés politiques, de la puissance législative & de l'exécutive parmi les François, du roi, du parlement, cour de France ou cour des pairs, des droits communs à tous les membres de l'état, de ceux du clergé, de la noblesse, du tiers-état, de la religion de l'état ; & enfin, dans une récapitulation, l'auteur revient encore sur les grands principes, & les expose de nouveau sous un seul & même point de vue. Du reste, il remplit à merveille son titre, c'est-à-dire, qu'il met à la portée des plus simples & des plus ineptes une doctrine que l'*Esprit des Loix* & le *Contrat social* avoient noyée dans une métaphysique fort difficile à entendre. La clarté, la précision & la vérité sont les qualités dominantes de ce catéchisme, écrit avec dureté & sévérité, où l'on apprend, avec la même impartialité, leurs devoirs aux sujets & aux souverains. L'article de la *liberté de la presse sur les objets d'administration*, y est spécialement traité ; & l'empêcher, suivant le publiciste, c'est attaquer la liberté civile, affoiblir le patriotisme qui est le nerf de l'état, & se rendre violemment suspect de projets contre les loix & la constitution.

16 Juin 1776. Monsieur de Voltaire, qui se rend volontiers le Dom Quichotte de tous les illustres scélérats, depuis long-temps a pris la défense du comte de Lally, condamné à avoir la tête tranchée, il y a quelques années, pour raison de haute-trahison contre l'état, lors de son commandement dans l'Inde durant la derniere guerre. Jusqu'à présent ses efforts n'avoient pas eu de succès, mais avoient seulement contribué à ébranler beaucoup de têtes foibles qui se laissent volontiers entraîner par celui qui parle le dernier. L'entreprise prend plus de consistance aujourd'hui que les Dillons, parents du supplicié, sont en faveur auprès de la reine ; on veut que sa majesté prenne la chose à cœur, & alors elle ne peut manquer de réussir.

16 Juin 1778. Il paroît une brochure concernant le différend élevé entre les Espagnols & les Portugais au sujet de leurs possessions dans le Nouveau-Monde ; c'est une traduction de l'Espagnol sur le méridien de démarcation entre les domaines des deux nations : on croiroit y trouver une exposition claire de l'état de la question & la solution de leurs droits respectifs ; mais c'est une confusion de faits cités & contestés, qui jette, au contraire, sur la question l'obscurité la plus grande.

16 Juin. L'art de la filouterie se perfectionne tous les jours, & enfante des chef-d'œuvres propres à étonner les plus habiles. Derniérement un *Quidam* vint au corps-de-garde du pont-neuf au milieu de la nuit, se dit locataire d'une des nouvelles boutiques établies sur ce pont, demande de la lumiere & une escorte, sous prétexte qu'il étoit pressé de partir le lendemain matin, plutôt qu'il ne comptoit, pour une foire, & qu'il étoit obligé de préparer sur le champ ses marchandises. Le sergent ne forme aucun doute sur ce rapport, détache deux fusiliers pour escorter le prétendu marchand : avec de fausses clefs il ouvre la boutique & les armoires, il prépare ses ballots ; les soldats même l'aident, & transportent à sa priere lesdits ballots au corps-de-garde, où il ne les laisse pas long-temps. Le vrai possesseur, arrivé le lendemain à l'heure ordinaire, trouve la boutique vuide, se plaint, & apprend le stratagême.

17 Juin 1776. L'union de l'amour & des arts a été bien accueillie par les partisans de la musique Françoise, mais on ne peut disconvenir qu'elle ne paroisse extrêmement foible aux oreilles habituées depuis quelques temps à la grande & riche harmonie du chevalier Gluck.

17 Juin. Histoire de messieurs Paris, par monsieur de L****, ancien officier de cavalerie : ouvrage dans lequel on montre comment un royaume peut passer dans l'espace de cinq années de l'état le plus déplorable à l'état le plus florissant. Ce volume de 160 pages, est précédé d'un discours préliminaire qui en a 16. Tout le monde sait que les quatre freres dont il est ici question, ont eu grande part aux affaires de finance sur la fin du regne de Louis XIV, sous la régence & sous le feu roi. On sent combien l'ouvrage pouvoit être intéressant par le parallele de la conduite & de la fortune de ces illustres parvenus, qui, chargés de la plus importante gestion pendant plus d'un demi-siecle, ont fait une fortune considérable, mais bien inférieure à celle des la Borde & des Beaujon, qui n'ont eu la confiance de la cour que peu d'années, & qui, au contraire, ont fait passer la France de l'état le plus florissant à l'état le plus déplorable. On voit malheureusement que l'auteur du livre en question n'est qu'un adulateur outré de la famille des *Paris*, sans vues, sans talent & incapable de traiter cette matiere sous le point de vue intéressant où elle auroit dû être présentée.

28 Juin 1776. On commence à débiter sous le manteau un ouvrage, dont le titre s'annonce comme intéressant ; il porte : *Histoire du Procès du chancelier Poyet, pour servir à celle du regne de François I, roi de France*, avec un chapitre préliminaire sur *l'antiquité & la dignité de l'office de chancelier, & sur les vicissitudes qu'il a éprouvées : par l'Historiographe sans gages & sans prétentions.*

Un autre livre pique la curiosité à raison de son auteur, qu'on annonce être le marquis de Condorcet : *de l'importance & de la nécessité des chemins publics en France, ainsi que des moyens les plus propres à leur exécution, avec un Précis historique de l'état actuel des Ingénieurs des Ponts & Chaussées & de leurs diverses fonctions. Amsterdam*, 1777. Cette date prématurée sembleroit annoncer que le livre ne doit pas se répandre si-tôt : on présume qu'il y a beaucoup de critique dans cet ouvrage sur notre administration, & que l'auteur, sur-tout depuis l'expulsion de monsieur Turgot, n'a osé l'avouer.

29 Juin 1776. M. le chevalier d'Oisy, capitaine des vaisseaux du roi, est mort il y a déja quelque temps fort regretté du ministere à raison de ses talents. C'étoit un officier de la marine très-appliqué à son métier, & qui y avoit acquis des connoissances distinguées; il est d'autant plus fâcheux qu'il ait péri aussi prématurément, qu'il étoit à la veille d'exécuter une mission secrete en Angleterre & sur nos côtes, dont on ne dit pas conséquemment l'objet, mais qui ne pouvoit être qu'importante dans la position critique où sont les choses: aussi monsieur de Sartines a-t-il envoyé, dès qu'il a su l'événement, un premier commis de confiance pour retirer tous les papiers relatifs à l'administration & aux diverses expéditions dont ce militaire avoit été chargé. Son inventaire est extrêmement curieux, par la quantité de choses rares qui s'y trouvent en tous points d'histoire naturelle: on vante sur-tout une table de bois de vigne, qui a plusieurs siecles, & des planches de *bois de Camphre*, les seules existantes dans Paris, le réceptacle de tant de merveilles.

17 *Juin* 1776. On peut se rappeller qu'une fameuse prêtresse de Vénus a été décrétée de prise de corps l'année derniere; cette prêtresse, la dame *Gourdan*, ou par sobriquet *la Comtesse*, étoit impliquée dans une affaire criminelle dont on n'étoit pas trop instruit. Un mémoire de la dame d'Oppy, femme d'un ancien grand-bailli d'épée de Douay, accusée d'avoir été chez l'entremetteuse, & en conséquence enfermée à sainte Pélagie, se publie depuis quelques jours, & met au fait de ce procès curieux & intéressant.

10 *Juin* 1776. C'est en 1768 que madame d'Oppy fut trouvée chez madame Gourdan, où elle prétend n'avoir été que par la perfidie d'un homme qui l'y introduisit sous prétexte de la mener chez une femme de condition comme elle : en conséquence elle fut conduite & enfermée à sainte Pélagie. Son mari, après quelque temps, vint la prendre, la ramene à sa terre, parut se réconcilier avec elle, & reconnoître la vérité de la surprise annoncée ci-dessus. Madame d'Oppy, suivant sa relation, vit bientôt que cette réconciliation simulée n'étoit qu'un piege de son époux ; elle sut qu'il travailloit à la faire enlever une seconde fois irrévocablement : elle fut effrayée de la découverte & passa en Angleterre, d'où elle écrivit à son mari. Loin de lui répondre, celui-ci, foible & subjugué par des collatéraux, a fait procéder contre son épouse par contumace, & l'a fait condamner aux peines de *l'authentique*. C'est contre ce jugement que madame d'Oppy revient ; elle s'est rendue en France, elle s'est mise en regle, & publie sa justification : elle répond d'une maniere assez satisfaisante, non-seulement au premier grief, mais à d'autres dont l'accuse son mari pendant qu'elle a séjourné chez l'étranger. Elle établit l'insuffisance des preuves de l'accusateur, & son mémoire adroitement fait lui gagne le suffrage des lecteurs : elle rejette le plus grand tort sur des freres & sœurs de son mari, qui l'obsedent & voudroient la priver des avantages considérables qu'il lui a faits par son contrat de mariage. Ce procès doit être jugé incessamment.

21 *Juin* 1776. M. de la Harpe a été reçu hier à l'académie Françoise avec un concours de monde prodigieux. Son discours fort long, fort égoïste, fort emphatique, fort ridicule, a été suivi d'une replique de monsieur de Marmontel dans le même genre, non moins bavarde & non moins impertinente. Ensuite le récipiendaire a fait lecture du septieme chant de *la Pharsale*, dont il entreprend une traduction libre ; où l'on a trouvé de beaux vers, mais beaucoup d'inégalité, de dureté & de prosaïque. M. d'Alembert a terminé par l'*Eloge de M. de Sacy*, dans lequel il a fait venir celui de l'héroïne qu'il vient de perdre, de mademoiselle l'Espinasse, qu'il n'a eu garde de nommer, mais dont tout le monde a senti l'allusion.

21 *Juin*. C'est monsieur Doyen qui est chargé du tableau du Sacre : il a choisi le moment où le roi prête le serment comme grand-maître des ordres de saint Michel, du saint Esprit & de saint Louis. On espere qu'il sera fait pour le sallon de 1777, & que les amateurs pourront l'admirer.

L'académie de peinture regrette le Sr. Drouais, artiste attaché au portrait & qui s'y étoit distingué à certains égards.

22 *Juin* 1776. Il paroît un *Essai sur le Despotisme*, l'ouvrage le plus fier qui ait encore été écrit sur cette matiere ; il est dédié à M. le dauphin ; il devoit, selon l'avertissement d'un éditeur, s'imprimer lorsque Louis XV est mort ; mais l'auteur espérant que Louis XVI répareroit les maux du regne de son aïeul, avoit suspendu son projet. Il est daté de 1775 : mais la difficulté de trouver des presses pour de pa-

reils livres, de les faire parvenir enfuite en France & de les y diftribuer, en a vraifemblablement retardé la publicité. Il eft encore fort rare & mérite d'être plus connu.

22 *Juin* 1776. Il court un jeu de mot qu'on appelle *Les Tout*, qui fous le quolibet caractérife affez bien les auguftes perfonnages dont il eft queftion ; on dit *que le Roi épargne tout, que la Reine dépenfe tout, que* MONSIEUR *achete tout*, & que *le comte d'Artois fe moque de tout.*

23 *Juin* 1776. Le bailliage du palais, devant lequel madame d'Oppy avoit été renvoyée, a prononcé avant-hier un plus amplement informé, & ordonné fon élargiffement provifoire : le mari a fur le champ interjeté appel de cette fentence. Des trois maquerelles impliquées dans cette affaire, deux font condamnées à être renfermées à fainte Pélagie, & la fameufe *Gourdan*, contumace, à être promenée fur un âne, le vifage tourné vers la queue, fuivant le fupplice ordinaire.

23 *Juin.* On a depuis plufieurs mois annoncé le mémoire que les magiftrats expulfés du parlement de Pau devoient préfenter, où ils vouloient établir qu'eux étoient les vrais membres de cette compagnie, & que les autres fiégeant aujourd'hui étoient les intrus ; que leur pofition étoit tout-à-fait différente de celle des autres compagnies. Ils ont éxécuté leur projet, ont traité la matiere judiciairement, & ont préfenté requête à fa majefté, où ils développent leur plainte. On dit que c'eft Me. Linguet qui leur a prêté fa plume, & l'on affure que fon éloquence rend cet écrit fort intéreffant. Du

reste, ces messieurs sont fort mal dans leur province, ils ont été obligés de se retirer de la capitale pour se souftraire aux mauvais traitemens qu'ils essuyoient journellement.

24 Juin 1776. Les Mariages Samnites, restent toujours suspendus depuis la premiere représentation. Un jour où la reine avoit décidé d'y venir, la piece n'a pu avoir lieu même, dit-on, une seconde fois, à raison de l'indisposition du sieur Clairval ; ce qui a donné de l'humeur à sa majesté, qui a dit : *on a bien de la peine à avoir ce monsieur.* Cette exclamation mortifiante a piqué l'histrion, qui menace de ne plus jouer & de se retirer tout-à-fait. On espere pourtant qu'il fera un effort & reparoîtra quand sa bouderie sera passée.

25 Juin 1776. On n'a parlé jusqu'ici qu'en substance du discours de M. de Nicolaï, prononcé le 24 mai à la prestation de serment du nouveau contrôleur-général à la chambre des comptes ; il est toujours bon de conserver le texte même de ces formulaires oratoires : celui-ci est curieux par une satire indirecte, mais sensible, du ministere de monsieur Turgot, par les grands éloges que ce chef donne à sa compagnie, & par l'importance qu'il met à ses fonctions. On en va juger.

« Monsieur, le roi vous éleve au ministere des finances pour le bonheur de ses peuples. Sa bienfaisance vous appelle à cette honorable fonction ; mais son choix, en faisant votre éloge, vous impose de grands devoirs.

Il faut, sans doute, tout votre zele & tous vos talents pour la place que vous allez remplir : puisqu'il faut répondre aux vœux & aux besoins du public, il feroit difficile de vous diffimuler leur vérité & leur étendue.

On vous propofe, Monfieur, pour modeles & pour guides les miniftres habiles & fages qui, toujours amis des propriétés, de l'ordre & de l'état des perfonnes, n'eurent jamais d'ambition que d'être utiles : ils firent le bien fans fafte, fans étonner par des opinions nouvelles, fans alarmer par des fpéculations hardies ; leur méthode, conforme aux principes, eut la juftice & l'économie pour bafe : ils furent fideles aux engagements ; ils ranimerent le commerce, ils firent fleurir l'agriculture, & porterent, dans toutes les parties du royaume, l'abondance & la vie.

La faveur de leur maître, l'affection de leurs concitoyens, ont été leur récompenfe, & la poftérité, juge équitable de leur adminiftration, a confacré leurs noms à la reconnoiffance des fiecles à venir, & leur exemple à l'émulation de leurs fucceffeurs.

Ils favoient, Monfieur, que cette *illuftre compagnie* eft le dépôt effentiel des loix & de la furveillance de la comptabilité : c'eft ici qu'on leur faifoit découvrir les abus & leurs remedes ; c'eft ici qu'ils aimoient à trouver, pour le bien qu'ils vouloient faire, des coopérateurs & des *confeils*.

La nation efpere de vous, Monfieur, tout ce qu'elle a droit d'en attendre ; elle mefure aujourd'hui les obligations du miniftre des finances fur les intentions de fon augufte monarque : Louis XVI eft notre roi, Monfieur, vous favez qu'il veut être notre pere.

25 *Juin* 1776. A fa réception, M. de la Harpe

avoit pour parrains, suivant l'usage, deux confreres ; c'étoient MM. Suard & l'abbé Arnaud. La fonction de ces parrains est d'être à la droite & à la gauche du récipiendaire, de diriger ses mouvements, de lui apprendre quand il doit ôter ou remettre son chapeau, &c. Un plaisant a jugé à propos de faire une épigramme contre le nouvel admis, & de lui associer les deux membres, qui, par leur position, se trouvoient plus exposés aux regards du public.

Soit que l'on ait placé dans notre académie,
Suard, Arnaud, la Harpe & gens de ce renom ;
   Mais pourquoi, diable ! trouve-t-on,
   En aussi bonne compagnie
   Voltaire, Gresset & Buffon,

25 *Juin* 1776. On desireroit dans *l'Essai sur le Despotisme* un plan mieux déterminé, plus d'ordre & d'enchaînement dans les idées, plus de correction dans le style : on juge à la fin de l'ouvrage qu'il avoit été composé durant les dernieres années d'oppression du regne de Louis XV, & que l'auteur se proposoit de le publier pour ranimer, s'ils étoit possible, les restes d'une liberté mourante, pour opérer une révolution contre le ministere, dont il dépeint les injustices & les vexations avec une plume de fer, mais d'autant plus énergique. Tacite est l'auteur qu'il semble avoir cherché le plus à imiter. Malheureusement il n'a point, à l'exemple de l'historien, mêlé assez de faits aux vérités hardies & utiles qu'il vouloit énoncer, qui, en leur prêtant plus de force & de clarté, auroient en même temps jeté plus d'intérêt dans
son

son traité, & soutenu davantage la curiosité du lecteur. Le grand mérite de ce philosophe patriote consiste donc moins dans les choses qu'il dit, que dans la maniere courageuse de les dire. Au moyen de quelque note & de certains indices, on seroit tenté de croire que l'auteur est ou a été dans le corps de l'épée de la marine. Du reste, quoique l'éditeur le suppose mort prudemment, on sait qu'il ne faut pas prendre à la lettre ces discours préliminaires, & que cette tournure est en outre pour la paresse une excuse qui dispense l'écrivain de limer & perfectionner un livre, autant que le mérite tout ce qu'on offre au public.

26 *Juin* 1776. La *Requête au roi*, des magistrats remerciés du parlement de Pau, paroît imprimée; elle est souscrite de dix-huit signatures, & n'a point été travaillée par M^e. Linguet; elle est l'ouvrage de l'un d'entr'eux: ils ont cru avoir à se défier du garde-des-sceaux, qu'ils ont regardé comme partie dans cette affaire; en conséquence, quoique la voie naturelle de la faire parvenir au roi eût dû être de s'adresser à ce chef actuel de la magistrature, ils ont eu recours au capitaine des gardes, qui s'en est chargé. On juge combien monsieur de Miromesnil a dû être piqué de cette démarche, & surtout de l'exception injurieuse qui a été faite de son ministere.

27 *Juin* 1776. *Vers au fauteuil académique, où a été installé monsieur de la Harpe le 20 juin.*

Funeste & glorieux fauteuil,
Toi, du talent le trône & le cercueil,
De ta vertu soporifique

Sur le pauvre *Bebé* répands l'heureux effet ;
Endors-le-moi d'un sommeil léthargique,
Pour être plus sûr de ton fait,
Avec *Gustave*, *Mélanie*,
Et des *conseils* la froide rapsodie.

Il faut rembourrer ton coussin ;
Apprête-toi, voici le petit nain !
On le passe de main en main,
Il est niché ! gloire à l'académie.
Là du fauteuil l'assoupissant génie,
Vient d'opérer ; il saisit le Bambin.
Ah ! n'allez pas troubler sa paix profonde :
N'est-il pas juste, amis, qu'il dorme enfin,
Après avoir endormi tout le monde !

Pour entendre cette facétie, il faut se ressouvenir du petit nain du roi de Pologne, qu'on appelloit *Bebé*, & auquel Freron a souvent comparé monsieur de la Harpe, à cause de sa petite stature, de son petit orgueil & de ses petites coleres, tous défauts qu'avoit aussi son modele.

27 *Juin* 1776. *Les Lettres Chinoises, Indiennes & Tartares* sont un peu plus répandues ; elles sont adressées à monsieur Pauw, ce chanoine de Breslau, qui a publié des idées si nouvelles & si étranges sur la Chine & les Egyptiens. C'est d'un bénédictin dont monsieur Voltaire emprunte aujourd'hui le froc, & il observe en cela le costume, attendu le scientifique de la matiere : mais il ne le suit pas long-temps, car il effleure dans quelques pages des sujets qui auroient fourni au moins des in-folio.

Pour grossir le recueil, on y a joint plusieurs autres pieces intéressantes, c'est-à-dire, qui sont de monsieur de Voltaire ou le concernent: il y a entr'autres des lettres de monsieur le chevalier de Boufflers pendant son voyage en Suisse en 1764, qui sont délicieuses, mais avoient été déja imprimées, ainsi que divers rogatons du philosophe de Ferney.

La seule piece vraiment neuve, est celle intitulée : *les Finances* ; elle est en vers, & présente rapidement l'esquisse du roman politique que les économistes ont mis depuis plusieurs fois en œuvre, pour peindre en action & plus énergiquement les suites affreuses du systême actuel des finances, dans la perception des impôts.

29 *Juin.* 1776. La premiere des *Lettres Chinoises, Indiennes & Tartares*, roule sur un poëme de l'empereur Kien-long, souverain actuel de la Chine ; il a pour titre *Moukden*, & est en vers. Dans la seconde, on rapporte des prétendues réflexions d'un autre bénédictin, nommé dom Ruinart, auteur des *Actes sinceres*, recueil de contes miraculeux fort singuliers, & qui ne trouve point mauvais conséquemment que Kien-long se dise descendu d'une vierge. La troisieme est adressée à M. Pauw, sur l'atheïsme de la Chine, & l'auteur penche pour l'affirmative. La quatrieme est une plaisanterie sur l'opinion que l'ancien christianisme n'a pas manqué de fleurir à la Chine. La cinquieme regarde les loix & les mœurs de cet empire, que l'écrivain admire. Les disputes des révérends peres jésuites à la Chine fournissent matiere aux plaisanteries de la sixieme, continuées

dans la septieme sur la fantaisie qu'ont eu quelques savants d'Europe de faire descendre les Chinois des Egyptiens, & mieux encore dans la huitieme sur les dix anciennes tribus Juives qu'on dit être à la Chine. L'auteur parle un peu plus sérieusement dans la dixieme, où il s'étend sur le *Shasta-bad*, livre des brachmanes, le plus ancien qui soit au monde. Il parle aussi du *Veidam*, dont il rapporte des impertinences. Le paradis terrestre de l'Inde est fort exalté dans la dixieme, & le grand Lama réputé immortel, & la métempsycose, sont les objets de la onzieme. Enfin la douzieme se rapproche de nous ; il est question du Dante & d'un pauvre homme nommé *Martinelly* ; c'est un traducteur de l'Italien que monsieur de Voltaire n'aime pas. Il seroit difficile de trouver un radotage plus complet que ce recueil d'épîtres courtes, pleines d'érudition & de verbiage, & où le fond de la question est souvent la chose dont on s'occupe le moins.

Un dialogue de maxime de Madaure, avec une notice concernant ce philosophe Africain, contemporain d'Apulée, & ami de saint Augustin, vient après ces lettres. C'est un ouvrage philosophique, rempli d'une excellente morale, & où l'on apprend la science difficile de vivre & de mourir. On ne peut que féliciter monsieur de Voltaire sur la découverte de cette maxime, qu'on ne connoissoit guere, non plus que son œuvre.

29 *Juin* 1776. La requête des expulsés du parlement de Pau, au nombre de 30 suivant elle, quoiqu'elle ne soit souscrite que de dix-huit, est très-curieuse par un exposé clair &

étendu qu'elle contient de l'origine des troubles de la compagnie, & de tout ce qui a précédé & motivé les démissions de 1765 ; ils prétendent que depuis ce moment ce sont eux qui sont restés le vrai & le seul parlement ; que ces démissions étant volontaires, libres, soutenues, réitérées, malgré les ordres, les instances & la patience du monarque, les places de ces magistrats étoient vraiment & duement vacantes, & qu'eux-mêmes l'ont reconnu en différents cas, & de la façon la plus caractérisée. Il est singulier de les voir invoquer en leur faveur les loix de la stabilité & de l'inamovibilité des offices, principes du rétablissement des autres, & prouver que ceux-ci ne sont au contraire, aux yeux de la loi, que de simples citoyens, sans caractere, & tous leurs jugements qu'autant d'actes qu'elle réprouve, & dont elle prononce la nullité : qu'enfin les sujets qu'ils se sont associés n'auront jamais le vrai caractere de magistrature, parce que ceux qui doivent les consacrer dans ce sacerdoce, ne l'ont pas même reçu.

Ils exposent ensuite le tableau des mauvais traitements qu'ils éprouvent de leur part ; ils se plaignent qu'on leur reproche & à leur postérité leurs services, pendant ces dix années, comme un acte de bassesse & d'infamie, qu'on leur refuse les qualités de leur état, & que les suppôts du palais osent se porter à cette indignité.

Ils se défendent enfin sur ce qu'on les a attaqués par leur naissance, par leur défaut de fortune, & par celui de lumieres ; ils invoquent l'équité du monarque, & lui citent les exemples de ses prédécesseurs revenus sur leurs pas en pareille circonstance ; exemples qu'ont fait valoir tour-à-tour différents corps de magistrature opprimés.

30 *Juin* 1776. Monsieur Roux, docteur-régent de la faculté, le rédacteur du *Journal de Médecine*, & se livrant plus à la théorie de son état qu'à la pratique, vient de mourir victime de son ardeur infatigable à faire des expériences chymiques ; il étoit occupé à en faire sur l'arsenic, & il s'est empoisonné lui-même.

1 *Juillet* 1776. Le sieur Boucher, procureur au parlement, connu par son zele & par son patriotisme durant la disgrace de cette cour, a employé le temps de l'interruption du service à lire & étudier Tacite ; il s'est tellement pénétré de cet auteur fort connu, qu'il prétend en avoir trouvé la clef, & pouvoir démontrer que tous les traducteurs & commentateurs jusques à ce jour n'y ont rien compris, même le fameux jésuite Brothier, qui en a donné une édition si magnifique & si estimée des savants ; il s'est sur tout attaché à la ponctuation, à laquelle personne n'avoit encore songé, & cependant très-utile ou plutôt très-essentielle pour la pureté & l'intelligence du texte. Outre ce premier travail, il en fait une traduction complete, & depuis peu a donné au public un essai sur son entreprise. Il n'a pas manqué d'en porter des exemplaires aux magistrats du parlement, amateurs de l'histoire en latin, entre lesquels on distingue monsieur Lefevre d'Amécour. Ce conseiller a été si enchanté de voir un suppôt du palais parvenu à ce degré de connoissances & d'érudition, qu'un jour où

se formoit une assemblée de chambres, il a pris monsieur Boucher par la main, l'y a introduit, & l'a proposé à l'admiration de ses confreres, non-seulement à raison de ses talents, mais encore plus de ses sentiments généreux, qui le font regarder dans sa profession, comme aussi vierge que M^e. Target au barreau.

2 *Juillet* 1776. Monsieur l'abbé Coyer, auteur de *bagatelles morales*, dans une d'elles, intitulée *Chinki*, avoit décrit, il y a plusieurs années, les abus des maîtrises & jurandes : il vient de donner une suite à ce petit roman politique par une autre, intitulé : *Narau, fils de Chinki, histoire Cochinchinoise, qui peut servir à d'autres pays, & de suite à celle de Chinki, son pere.* Son héros passe successivement dans différents états, & tous offrent des inconvénients qu'il ne connoissoit pas. Cette critique, fort aisée à faire, n'est pas malheureusement accompagnée de vues plus philosophiques qui trouveroient le remede à ces maux. Ce pamphlet n'est donc qu'un ouvrage futile, dont le cadre est trop usé pour être agréable : il n'a d'autre mérite qu'une sorte de rapidité dans la narration, qui l'empêche d'être ennuyeux : il est facilement écrit.

2 *Juillet*. On annonce une nouveauté grivoise fort rare ; elle est intitulée *Parapilla* : c'est un poëme en cinq chants, prétendus traduits de l'italien, contenant l'histoire d'un membre viril, artificiel, ou du godmiché. On le dit, malgré ce fond très obscene, écrit avec une sorte d'honnêteté.

3 *Juillet* 1776. On a fait une autre épigramme

sur le sieur de la Harpe, nouvel académicien ; elle sert à constater combien il est peu aimé :

> Ce n'est point si mal à propos,
> Que la Harpe à l'académie,
> Malgré toute son infamie,
> Siege, vainqueur de ses rivaux.
> Graces à la vertu magique
> De son fauteuil soporifique,
> Il va nous laisser en repos.

3 *Juillet* 1776. La demoiselle Raucoux n'ayant pas voulu accéder aux arrangements que lui proposoient ceux qui s'étoient entremis d'une négociation avec ses créanciers, a préféré de s'expatrier. On assure qu'elle est partie pour la Russie. Quoi qu'il en soit, les comédiens y renoncent absolument, & ont fait venir de Lyon, pour la remplacer, mademoiselle Sainval la cadette, dont le public s'étoit d'abord engoué ici, & qui avoit ensuite été totalement éclipsée par mademoiselle Raucoux : elle aura tout de suite la demi-part de celle-ci.

4 *Juillet* 1776. Un jurisconsulte très-peu financier, vient d'écrire, comme beaucoup d'autres, sur une partie qu'il n'entend pas : il donne un ouvrage, intitulé : *la Finance Politique*. D'après son système, tout doit prendre une face nouvelle, & il détruit les différents vices de l'administration. L'auteur de *l'Ami des François* vient de disséquer les idées de cet écrivain politique, & de renverser son système, portant sur des bases données, dont il démontre la fausseté.

5 *Juillet* 1776. C'est demain dans *Zaïre* que reparoît mademoiselle Sainval la jeune. Ses nombreux

partifans fe difpofent à l'aller applaudir, & cela occafione une grande fermentation parmi les amateurs.

5 *Juillet* 1776. Il paroît une fatire fort longue contre grand nombre des membres de la faculté de médecine : elle occafione une fermentation confidérable parmi les docteurs : quoiqu'imprimée, elle eft encore fort rare, elle eft très-méchante. Bordeu, qui a les idées les plus fortes & les plus énergiques de ce corps, mais non le mieux famé, y eft un des plus maltraités.

6 *Juillet* 1776. M. le chevalier de Berainville fe difpofe à préfenter à S. M. une eftampe allégorique, intitulée : *le Sacre de* Louis XVI, fervant de fuite à celles dont on a parlé il y a dix-huit mois. Voici l'explication de la nouvelle : Louis XVI eft couronné par la religion, gardé par la juftice & comblé des dons du ciel. Tenant d'une main le gouvernail du royaume, de l'autre il commande ; & fa vigilance éclairée, défignée fous l'emblême d'un confeil, embraffe la furface du globe de la France, dont l'horizon repréfentant l'efpoir eft foutenu par la févérité, la récompenfe, la vertu pacifique & la valeur. La prudence, fous la figure d'un ferpent, réunit ces quatre fuppôts, divifant l'horizon en quatre points cardinaux, marqués V. (*Vertu*), Z. (*Zele*), F. (*Félicité*), & G. (*Gloire*), fruit précieux d'un gouvernement fage.

Le vice confondu fe précipite ; fon flambeau n'exhale plus qu'une noire fumée, & l'hydre, agent de fes forfaits, tourne contre une même son dard empoisonné. Au bas on lit ces vers:

> Des mains de la Divinité,
> Louis, tu reçois la couronne ;
> Le sceptre, la loi te le donne,
> Tu dois le glaive à l'équité ;
> Mais tes vertus & ta bonté
> Dans nos cœurs t'assurent le trône.

On lit autour *Religio stabilit imperium, justitia servat* ; & au bas, LUD. XVI. *coronatur Remis* 11 *junii* 1775.

7 Juillet 1776. Mlle. Saïnval la jeune a débuté hier dans *Zaïre* pour sa rentrée à la comédie. L'affluence étoit immense : la reine y est venue avec M. le comte d'Artois. Malheureusement l'actrice n'a pas répondu à l'attente du public ; c'est un sujet toujours médiocre : loin d'avoir la figure convenable au rôle qu'elle a joué, elle est laide & sur-tout affreuse quand elle pleure. Elle est petite, sans graces, & n'a pas de poitrine : elle montre quelque sensibilité ; elle a mis de la chaleur & de l'onction dans certains endroits ; mais ses chûtes sont détestables, elle se ressent des leçons de sa sœur, & a son ton dolent & monotone.

7 Juillet L'immense dictionnaire de l'encyclopédie se trouvant encore défectueux à bien des égards ; on vient d'en donner deux volumes de supplément : ils seront suivis dans peu de deux autres & d'un cinquieme ensuite contenant les gravures. Au lieu d'étendre cet ouvrage que la cupidité des libraires & la prolixité des auteurs ont trop alongé, il faudroit qu'une compagnie de gens de lettres s'occupât à en resserrer les articles ; ce qui ne manquera pas d'arriver quelque jour : mais il faut des siecles pour voir une pareille entreprise conduite à sa perfection.

8 *Juillet* 1776. Les Italiens ont donné hier la premiere représentation d'une parodie d'*Alceste*, ayant pour titre : *la bonne Femme* ou *le Phénix*. Elle est en deux actes & en vers mêlés d'ariettes & de vaudevilles. C'est la production de trois auteurs, dont un plus connu est M. Auguste. Cet ouvrage a eu du succès : on y a trouvé de la gaieté, des saillies, de la finesse, des sarcasmes, & l'intrigue en est calquée ingénieusement sur celle de l'opéra. La critique tombe principalement sur le poëme de l'original ; car on sent que la musique ne pouvoit guere y prêter ; il y a cependant quelques endroits où l'on s'apperçoit que les auteurs ont en vue le chevalier Gluck.

9 *Juillet.* Dom Martin, le bénédictin dont on a ci-devant parlé, a fait imprimer son plaidoyer intitulé : *Plaidoyer fait & prononcé au grand-conseil pendant cinq audiences par l'abbé Joseph Martin, prêtre, intimé & défendeur, ci-devant bénédictin de la congrégation de St. Maur : contre dom Mené Gillot, supérieur général de ladite congrégation, appellant comme d'abus d'un bref de dispense ou indult de sécularisation accordé par notre saint pere le pape le 5 janvier 1772.*

Le religieux se propose d'y établir, 1°. l'existence trop réelle de sa maladie, huit ans même avant l'époque de sa sécularisation ; ce qui doit empêcher de soupçonner raisonnablement, moins encore d'assurer hardiment, comme l'ont fait ses adversaires, qu'elle ait été controuvée & fabriquée à plaisir pour servir de prétexte à son nouvel état.

2°. Que, victime continuelle des souffrances & des douleurs, une persécution de dix années n'a pas peu contribué à les aggraver au point de le conduire infailliblement au tombeau, s'il eût persisté à dérober à l'obscurité du cloître une infinité de misères dont le détail est essentiel à sa cause.

3°. De démontrer la vérité de sa supplique au pape, la justice de l'indult que S. S. lui a accordé, l'existence légale de son enrégistrement au parlement de Toulouse, la sagesse, la régularité de la procédure faite à Montauban pardevant l'official : enfin, en réfutant les faussetés, les principes erronnés, les sophismes & le sermon, plutôt que le plaidoyer de ses adversaires, son objet est de prouver invinciblement le droit éternel du souverain pontife, & que l'usage qu'il en a fait à son égard, ainsi qu'à l'égard de bien d'autres avant lui, s'accorde parfaitement avec nos libertés, & se trouve évidemment autorisé de la volonté de nos augustes monarques.

Ce qu'il y a de plus remarquable dans cet écrit, c'est une lettre de cachet dont s'autorisent ses supérieurs pour vexer dom Martin, ainsi que la maniere dont elle est mise à exécution. Un pareil incident auroit pu donner lieu à un autre tribunal, moins asservi que le grand-conseil au despotisme, à s'élever contre cet abus d'autorité : mais celui-ci n'a pas paru y faire la moindre attention.

Le plaidoyer n'est point mal écrit, quoique lourd cependant & à la bénédictine, c'est-à-dire, très-verbeux & très-embarrassé de quantité de superfluités.

9 *Juillet* 1776. Les vapeurs étant plus que jamais le tic des jolies femmes, on a fait une chanson sur ce ridicule ; elle est assez bien faite & fort à la mode ; elle a pour titre *la Vaporeuse*, sur l'air, *toujours, toujours, il est toujours le même.*

J'ai des vapeurs quand un galant soupire,
De déplaisir
L'amour me fait mourir :
Ne pouvez-vous languir,
Messieurs, sans me le dire ?
Epargnez la fadeur,
Treve de vive ardeur,
J'ai des vapeurs quand un galant soupire.

A ma toilette un abbé me fait rire ;
Mon perroquet
Retient tout son caquet ;
Mon singe est plus coquet,
Depuis qu'il vient m'instruire.
Mais s'il m'offre son cœur,
Percé d'un trait vainqueur,
J'ai des vapeurs quand un galant soupire.

Certain Robin s'en vint un jour me dire,
Dieux ! que d'appas !
On n'y résiste pas ;
Et puis, d'un ton plus bas,

Aimez, belle Thémire ;
Un peu de volupté,
Sied bien à la beauté.
J'ai des vapeurs quand un galant soupire.

Un beau marquis, que tout Paris admire,
Me divertit ;
Il chante, il danse, il rit,
Il pétille d'esprit,
Il folâtre, il soupire ;
Quelquefois tout-à-coup,
Il tombe à mes genoux.
J'ai des vapeurs quand un galant soupire.

Un financier, n'allez pas en médire,
Me traite au mieux ;
Ses soupirs sont des dieux,
Son champagne mousseux,
En pétillant m'inspire ;
Mais dès qu'il s'attendrit,
Tout son feu me transit.
J'ai des vapeurs quand un galant soupire.

Il est charmant, par-tout on le desire,
Mon médecin,
C'est un homme divin ;
Ses doigts d'un blanc satin,
S'exercent sur ma lyre,
Puis il touche mon bras,
Un jour il le serra.
J'ai des vapeurs quand un galant soupire.

9 *Juillet* 1776. On a oublié de parler de la mort de M. l'abbé de Gouré, décédé il y a environ deux mois. C'étoit un savant très-versé dans la partie géographique : il se mêloit aussi de la connoissance des médailles, & composoit des inscriptions, comme Desfontaines, où il s'étoit permis des digressions très-satiriques contre lui ; ce qui avoit donné lieu à un procès criminel entr'eux, décidé par le chancelier, comme toutes ces espèces d'affaires entre auteurs, c'est-à-dire, en mettant les deux parties hors de cour. Il étoit fort cynique & vivoit isolé. Quoique prêtre & disant la messe tous les jours, il est mort sans avoir voulu entendre parler de confession. Il avoit près de 80 ans.

10 *Juillet.* 1776. Quelques particuliers s'étant réunis en compagnie, avoient obtenu une permission de M. de Malsherbes pour construire un nouveau théatre forain sur les boulevards, & y jouer des pieces analogues au lieu : M. le Noir, architecte très-entendu dans son art, étoit à la tête des travaux, & M. de Pleinchesne, ci-devant attaché à Audinot, l'alimentant de ses pieces, recrutoit des acteurs & s'occupoit de toute la partie littéraire. La jalousie des comédiens François & Italiens a fermenté ; ils ont mis en mouvement le maréchal duc de Duras, qui a fait retirer le privilege & suspendre les travaux, quoique très-avancés. Le bruit avoit couru que la nouvelle troupe devoit s'intituler *Troupe de Monsieur* : on en a parlé à ce prince ; & S. A. R. piquée qu'on la mît en jeu, n'a pas peu contribué à ce changement du ministere.

10 *Juillet* 1776. Le poëme de *Parapilla* est tiré en effet de l'Italien, l'original est intitulé *il Cazzo*; on l'avoit d'abord traduit en prose, & enfin le voici en vers. Par une singularité assez remarquable, quoiqu'il roule sur le sujet le plus obscene, il n'y a pas un mot de ce genre; & la fiction, soutenue d'un bout à l'autre sur le même ton, présente des images très-licencieuses, toujours gazées sous des expressions honnêtes. Dans le premier chant, il est question de son origine; elle est due à la maniere brusque dont un pauvre diable, Rodric, accueille l'ange Gabriel, qui le vient visiter, comme il plantoit dans son jardin; il jure par ce mot si usité en Italie, & dont Benoit XIV faisoit souvent usage. *Vous en plantez, eh bien! il en viendra*, lui répond l'inconnu qui disparoît. L'impie est désolé de l'accomplissement de la prédiction; il s'en repent : l'esprit céleste, plaisant de son naturel, lui pardonne, & lui montre la maniere de faire fortune avec cette nouvelle production : qu'il en prenne une tige, & l'aille vendre, mais non moins de cent mille écus. Sa propriété sera de sauter à la femme qui marquera la premiere son admiration en la voyant, & de lui procurer des plaisirs indicibles : elle ne s'arrêtera qu'au seul mot *Parapilla*, Rodric trouve bientôt marchande; une madame Capponi, ayant éprouvé la vertu du bijou, l'achete; ce qui fournit la matiere du 2e. chant, terminé par l'épisode de sa sœur l'abbesse, qu'elle instruit de sa découverte, & qui desire y prendre part. Les ravages de cette racine merveilleuse dans le couvent, sont peints au troisieme chant avec un pinceau léger, vif, volup-

tueux : mais un laquais de la maîtresse impatiente, vient reprendre le bijou au grand regret des nonnains : il étoit tard, il le rapportoit dans la nuit ; il est arrêté par la garde. Le prévôt se saisit d'une cassette que le fuyard abandonne. Ni l'un ni l'autre n'en connoisse le mérite. Le dernier marioit sa fille le lendemain ; par hasard elle trouve la boëte, l'ouvre, & éprouve la vertu de l'instrument, qui épargne bien des peines au mari ; elle le conserve quelques temps, jusqu'à ce que la suivante de madame Capponi, instruite qui possédoit le trésor, & aux aguêts, trouve le moyen d'en devenir propriétaire. Tout cela occupe le quatrieme chant. Enfin la suivante chassée, au cinquieme chant, de chez madame Capponi, parce qu'elle néglige tout son service pour s'entretenir avec le bijou, mourante de faim, & n'ayant pas d'autres ressource, le vend à une femme courtisanne, maîtresse du saint pere. Celle-ci le préfere, comme de raison, à sa sainteté, elle s'en amuse, persifle le vieux pontife, qui invoque le secours de saint Pierre pour être débarrassé d'un rival aussi incommode ; on l'exauce, on apothéose le bijou, il est placé au ciel.

Rien de plus gai, de plus lestement écrit que ce petit poëme, d'un genre fol & d'un goût exquis.

11 *Juillet* 1776. M. de Voltaire, accusé de tourner à tout vent, & d'oublier facilement ses bienfaiteurs disgraciés, a voulu prouver le contraire, ou du moins se corriger : il vient d'adresser une épître à M. Turgot, dont on parle avec beaucoup d'éloge.

12 *Juillet* 1776. *Lettre d'un Cultivateur de*

Province à un citoyen de Paris. Tel est le titre d'une petite brochure datée du 29 avril 1776, où l'on fait l'apologie des opérations de M. Turgot & de celles du comte de Saint-Germain. On ne peut qu'applaudir au zele de l'écrivain très-judicieux dans ses raisonnements & très-modéré dans son style.

12 Juillet 1776. Depuis long-temps on s'étonnoit que les Anglois, si curieux des papiers publics de toute espece, n'eussent pas, à l'exemple des autres nations étrangeres, une gazette écrite en François, qui s'imprimât à Londres, à l'instar de celles de Hollande, d'Allemagne, &c. Ce projet se réalise aujourd'hui : on annonce une feuille périodique, y prenant naissance sous le titre de *Courier de l'Europe*. Elle est en grand papier, ainsi que les autres gazettes Angloises, caractere fin & serré, traitant de toutes sortes de matieres : elle paroîtra deux fois par semaine. Il faut convenir que l'essai n'est pas piquant, &, quoiqu'on la prétende composée par une société des gens de lettres, elle est peu littéraire, d'un très-médiocre style & d'un mauvais goût. Il faut, pour l'avoir, s'adresser à Londres chez E. Cox, *Printer*, N°. 73, *Great Queen Street, Lincoln s-inn-fields*. Le prix est de six sous monnoie de France, par nombre ou numéro.

13 Juillet 1776. Suivant la brochure annoncée justificative des opérations de monsieur Turgot, & même de quelques-unes du comte de Saint-Germain, on ne peut réparer la situation d'un état obéré que de trois manieres, ou en augmentant la recette, ou en diminuant la dépense, ou en cessant les paiements, pour se mettre au pair.

La recette peut s'augmenter de trois manieres, ou en mettant de nouveaux impôts, ou en simplifiant & diminuant les frais de perception, ou en créant quelque branche de revenu public qui ne soit pas un impôt, ou en améliorant un objet de revenu déja existant.

Le gouvernement actuel n'a point voulu de la premiere méthode. M. Turgot a employé la seconde par la réunion des deux charges de receveur des tailles en une; & il pouvoit encore mieux l'appliquer par la suppression des receveurs-généraux des Finances, & par la réduction des fermiers-généraux & de leur sequelle, de leurs commis, &c.

La nouvelle régie des messageries doit être comprise dans la troisieme méthode, ainsi que l'encouragement de l'agriculture & ses défrichements, & l'amélioration des domaines & bois du roi, ainsi que des revirements faits, des commutations à l'égard de certains excédents d'impôt, moins gênants, moins dispendieux &c.

La dépense se diminue, 1°. en réglant le nombre des agents qu'on croit nécessaire d'employer; 2°. en ne les payant qu'avec justice, sans mesquinerie & sans profusion.

La réduction du nombre des grades de la maison du roi est de la premiere espece, ainsi que la suppression de quantité de gouvernements, &c. La réduction des appointements de certaines places est de l'autre. Tout cela est du ministre de la guerre, de même que la nouvelle forme donnée à l'établissement de l'école militaire, d'où résulte une grande économie & la nouvelle régie des vivres, &c.

Quant à la cessation de paiement, c'est une ressource extrême, par laquelle on se *remet au courant*, comme disoit le cardinal Dubois : elle deviendra nécessaire si l'on ne soutient pas les premieres opérations du regne, si l'on n'en fait pas de semblables : l'auteur, en conséquence, donne déja un modele d'édit effrayant & bien propre à faire rentrer en eux-mêmes ceux qui crient contre la besogne des deux ministres.

Cette brochure, simplement, clairement écrite, très-propre à faire toucher au doigt & à l'œil, la bonté de toutes les opérations qui ont eu lieu depuis quelque temps, contient une anecdote difficile à croire. L'auteur prétend que le peuple Anglois a été si enchanté de ce qu'il a appris de nos derniers édits & de nos nouvelles ordonnances, qu'il a fallu les lui traduire, & qu'il y en a eu cinq ou six éditions ; que dans plusieurs villes principales, à Bristol sur-tout, on a bu des *tostes*, on a fait des danses, on a célébré des fêtes en l'honneur de notre jeune roi & de son ministere.

15 *Juillet* 1776. L'ouvrage qui occupe beaucoup la faculté de médecine & l'agite, a pour titre : *l'Art Yatrique, poëme en quatre chants, ouvrage posthume de* M. L. H. B. L. J. *docteur régent de la faculté de médecine en l'université de Paris ; recueilli & publié par* M. de L. *membre de plusieurs académies*. Il est précédé d'un avertissement, où l'on annonce que l'auteur, M. Bourdelin le jeune, est mort : il est daté du 30 septembre 1775, d'Amiens, où l'écrit est supposé imprimé. Mais peu de gens sont dupes de cette tournure, & l'attribuent plutôt

au docteur le Preux : en général il est méchant, mais les portraits en sont vrais, bien frappés : cette satire n'est point sans sel & sans mérite.

15 Juillet 1776. L'affaire du colysée se continue pardevant le lieutenant de police, elle a déja occasioné une multitude de mémoires immense.

16 Juillet 1776. L'abbé Beaudeau a commencé à plaider sa cause au Châtelet contre les fermiers de la caisse de Poissy. Il y a eu vendredi & samedi un concours prodigieux de spectateurs. L'orateur a été extrêmement applaudi. C'est Gerbier qui est pour les parties adverses ; il n'a pas réussi dans son attaque ; il a encore la replique.

17 Juillet. 1776. On prétend que la place devant le Palais-Royal, au moyen de l'étendue qu'on vient de lui donner par la démolition de beaucoup de maisons sur la droite, & le réculement projeté du château d'eau, aura le double de la surface qu'elle avoit : en conséquence on doit ouvrir une rue perpendiculaire à la grande porte du château ; des arcades masqueront les rues Froidmanteau & saint Thomas-du-Louvre, & il régnera ainsi un colonnade sur toute la façade, qui répondra à celle du palais : mais il faut beaucoup d'argent pour ces embellissements, & il n'y a pas d'apparence qu'on y travaille de plusieurs années.

17 Juillet. Mademoiselle Sainval la jeune, n'a pas eu plus de succès les jours suivants de son début, que la premiere fois, & l'on décide de plus en plus qu'elle ne sera jamais qu'un pauvre sujet.

Le sieur le Kain vient de partir pour aller à

Geneve & prendre ses vacances ordinaires. Cette fois ci les gentilshommes de la chambre avoient eu le courage de lui refuser ce congé : mais la reine, enchantée de cet histrion dans la tragédie de *Tancrede*, n'a pu lui résister, & a ordonné qu'il fût maître d'aller où il voudroit.

18 Juillet 1776. Le poëme de *l'Art Jatrique*, est précédé *d'une épitre à ma tante*, servant comme d'introduction. L'auteur lui demande pardon d'avoir refusé jusques ici ses conseils, de s'être imaginé que la science & la probité seules devoient être les moyens du médecin pour arriver à la fortune & à la célébrité. Il en va prendre de meilleurs, il deviendra courtisan des belles & des grands, faux, méchant, imposteur, intriguant sur-tout; & il espere réussir ainsi comme tant d'autres. Ce premier essai, en vers de dix syllabes, est foible, prosaïque, à quelques endroits près, où il y a des images & des expressions poétiques & heureuses.

Ce n'est point une fiction qui fait la base du poëme, il n'y en a aucune. Il n'est pas non plus didactique : ce ne sont pas des préceptes monotones & arides. Le but du poëte est de décrire les travers, les ridicules & les vices de nos modernes disciples d'Hyppocrate. Il en fournit des exemples dans chaque genre, & prend tous ses modeles dans la faculté, sans nommer personne ; en un mot, c'est un code, un manuel de conduite à l'usage des jeunes médecins. Il y a cependant un ensemble, un plan sous lequel il réunit ses portraits.

Dans le premier chant il montre l'excellence

de la médecine, malgré tout ce qu'on a dit & écrit contr'elle; il s'éleve contre l'audace des chirurgiens & des apothicaires, qui voudroient s'égaler aux disciples d'Hyppocrate, il détruit les prétentions des autres facultés de droit, des arts, de la théologie. Description des honneurs rendus à Esculape dans Epidaure. Paris, rivale de cette ville à cet égard, offre aussi la même vénération pour la médecine & une école florissante en ce genre. C'est là que l'auteur se propose de choisir ses héros.

Ce second chant est rempli des principes que doit se faire un jeune médecin pour parvenir. L'égoïsme est l'unique; il ne doit s'occuper que de lui, & ne se faire aucun scrupule de décrier ses confreres pour s'exalter sur eux, soit par des remedes exclusifs, soit par des méthodes nouvelles, ou par des découvertes prétendues.

Les mœurs occupent le troisieme chant: l'ambition, la luxure, l'hypocrisie doivent être les passions du docteur candidat; & il les mettra en œuvre suivant que les circonstances l'exigeront ou que son caractere le lui permettra.

Les ruses, les tours, l'adresse, les artifices, les prestiges des grands maîtres d'aujourd'hui occupent & égaient le quatrieme & dernier chant.

Telle est l'esquisse du poëme assez long, d'environ 2400 vers. L'auteur annonce du talent, quoique sans beaucoup d'imagination; mais il a le pinceau sûr & fidele; il a des tournures ingénieuses; & cette causticité, qui fait l'ame de la satire, & réussit toujours lorsqu'elle est appliquée adroitement & avec justesse. Au style, où les expressions scientifiques sont prodiguées à propos, & dans la plus grande énergie, & sur-tout à une foule de détails concernant la vie intérieure des médecins de Paris, on juge impossible que l'ouvrage ne soit pas d'un de leurs confreres.

Les docteurs Bouvard, le Thieullier, Gardanne, Vallin, Guilbert de Préval, Poissonnier, Bordeu, Lory, Petit, sont les plus maltraités. Les gens au fait de ce qui concerne la faculté les reconnoissent aisément, mais non beaucoup d'autres, trop obscurs pour faire sensation.

19 *Juillet* 1776. C'est un monsieur André qui a cette année le prix de l'académie Françoise : son sujet est *les adieux d'Hector & d'Andromaque*. Il est fort lié avec monsieur de la Harpe; & celui-ci ayant déclaré l'année derniere qu'il ne concourroit plus, il y a apparence que ce nouvel intriguant va lui succéder aux palmes littéraires. Monsieur Doigny du Ponceau a un *accessit*.

Monsieur l'abbé Beaudeau écrase absolument Gerbier, au point que celui-ci est hué dès qu'il ouvre la bouche. Il est vrai qu'il a le beau rôle : il fait des explosions terribles contre les financiers, & l'on juge combien il doit être applaudi. Il se permet des déclamations très fortes contre les ministres précédents, & sur-tout contre Colbert ; il exalte monsieur Turgot, & à son occasion il disoit ces jours derniers qu'on étoit trop heureux d'avoir un ministre honnête homme dans un siecle :

ses plaidoyers font tant de sensation qu'il y a défense chez les imprimeurs de rien imprimer pour cet abbé ; ce qui paroît d'autant plus injuste, que le mémoire de ses adversaires est publié depuis trois mois.

20 *Juillet* 1776. C'est pour l'ouverture du nouveau théatre que monsieur de Voltaire a fait construire à Ferney, que le Kain est parti. Il doit être un des acteurs concourant à l'inauguration du spectacle.

21 *Juillet* 1776. Les promenades nocturnes du Palais-Royal recommencent, mais elles dégénerent souvent en bacchanales, & il en résulte des rixes & querelles qui forceront monsieur le duc d'Orléans à les interdire. Une de ces nuits un auteur s'étant permis en ce lieu des plaisanteries contre des personnes qui s'en sont trouvé offensées, a été batonné très-cruellement : par bonheur il a tourné la chose en plaisanterie, il s'en est vengé par un petit poëme adressé à l'académie des arcades de Rome, dont il est membre depuis peu. Il y fait récit de son aventure, avec des accessoires très-piquants sur des anecdotes du jour, & qui font vaudeville pour le moment. Ce poëte est l'auteur du drame dont on a parlé, ayant pour titre *le Prisonnier*. Il a fait depuis une petite comédie, ayant pour titre *la Course*; elle est relative aux courses des chevaux à la mode depuis quelques temps.

22 *Juillet* 1776. L'affaire du sieur Luneau contre les libraires imprimeurs de l'encyclopédie, reprend vigueur ; il faut se rappeller qu'elle a été appointée sous le tripot Maupeou ; elle

est portée à la grand'chambre, qui s'en occupe.

La piece de monsieur de Voltaire à monsieur Turgot, est intitulée : *Epitre à un homme*. Elle n'a de rare que la singularité du philosophe encensant un ministre disgracié, même deux ; car il dit des douceurs à monsieur de Malsherbes. Du reste, une déclamation cent fois répétée contre la légéreté, l'oisiveté, l'incurie des habitants de Paris, & un égoïsme non moins fréquent qui manifeste l'amour-propre de l'auteur, toujours chagrin qu'on ne s'occupe pas de lui autant qu'il desireroit, font ce qu'on y remarque. Malgré ces retours fastidieux, on lit & l'on veut lire tout ce qui vient de ce vieillard bavard, & dont on préfere les vers à ceux de nos petits poëteraux.

13 Juillet 1776. Monsieur l'abbé Beaudeau ne pouvant, à raison des défenses dont on a parlé, répandre ses plaidoyers imprimés, a été obligé de se contenter d'un bout de consultation qu'il distribue aujourd'hui. Elle est datée du 16 juillet, & signée de la Croix, appuyée par Elie de Beaumont, Target, Charpentier de Beaumont, Ader, Jabineau, tous avocats, hommes de lettres, qui décident les adversaires de l'économiste non recevables à former la demande intentée contre lui.

14 Juillet 1776. Monsieur Rimbert est un un jeune avocat de mérite, mais qui a travaillé avec ardeur sous le tripot. Cette conduite l'a rendu peu agréable aux magistrats, & il en a essuyé des mortifications en plusieurs cas. De son côté, il a conçu la plus belle haine contr'eux, & même contre ſes confreres, dont le zele trop auſtere, à ſe conformer aux grands principes, étoit une cenſure indirecte de ſa défection. Samedi dernier, comme il plaidoit à la grand'chambre à l'audience de ſept heures, il a trouvé occaſion de gliſſer une phraſe relative aux circonſtances d'alors, de louer ſes confreres qui s'y ſont aſſujettis, & d'improuver hautement les autres; il a même dit des choſes injurieuſes au parlement. Il en a réſulté une grande chaleur parmi les magiſtrats; monſieur Paſquer vouloit qu'on rendît arrêt ſur le champ pour interdire cet audacieux: monſieur de Challerange a paré le coup, & a prétendu qu'il falloit laiſſer à l'ordre la liberté de les venger. Ce dernier avis a été ſuivi; il y a eu déja quelques mouvements de la part du bâtonnier & des anciens, des conférences avec l'avocat-général: on eſpere cependant que monſieur Rimbert trouvera quelque tournure pour ſe diſculper, ſon diſcours n'étant pas écrit.

25 Juillet 1776. Le gouvernement mécontent des plaidoyers de l'abbé Beaudeau, trop critique du miniſtere, & faiſant un éclat ſingulier, en a non-ſeulement arrêté la publicité par l'impreſſion; mais monſieur le garde-des-ſceaux a écrit, de la part du roi, une lettre au Châtelet, pour qu'on terminât promptement le procès: en conſéquence le jugement a eu lieu mardi Les deux contendants ont parlé pour la derniere fois; mais Gerbier a été hué continuellement, & ne pouvoit pas ſe faire entendre; ſon adverſaire, au contraire, a reçu de nouveaux applaudiſſements.

Enfin, le prononcé de la sentence porte, qu'il sera donné acte à l'abbé Beaudeau de la déclaration par lui faite qu'il n'avoit point entendu attaquer les fermiers de la caisse de Poissy, & qu'il les reconnoissoit pour gens d'honneur; sur le reste, les parties ont été mises hors de cour, & dépens compensés.

L'abbé a déclaré, dans son plaidoyer dernier, que pour ne pas succomber au crédit de ses ennemis qui le noircissoient dans l'esprit du gouvernement, & mettoient continuellement sa liberté en péril, il alloit s'expatrier & se retirer en Pologne; ce qui a causé une scene pathétique de sa part, & un grand attendrissement de celle des spectateurs.

26 *Juillet* 1776. Il paroît un *commentaire sur la bible*, qui ne ressemble point à ceux qu'on connoît jusqu'à présent. On l'attribue à monsieur de Voltaire. Malheureusement cette matiere est épuisée, le procès est jugé pour ceux qui veulent se servir de leur raison & de leurs lumieres, & les autres ne liront pas plus ce commentaire que le reste.

27 *Juillet* 1776. La gazette Françoise, imprimée à Londres, dont on a annoncé le premier numéro, est déja proscrite ici. Dès le second on a trouvé qu'elle faisoit des critiques indécentes, insolentes, même de notre ministere; qu'on n'y épargnoit ni la reine, ni son auguste époux. La police a fait retirer ce papier de tous les lieux publics où il étoit, & vraisemblablement il y a eu ordre à la poste de n'en plus permettre l'introduction.

27 *Juillet* 1776. Il paroît une nouvelle *Requête*,

préfentée au roi & à noffeigneurs de fon confeil pour les fieurs Nouel, pere & fils, négociants à Angoulême & affociés, contenant de plus amples moyens fur l'oppofition qu'ils ont formée à l'arrêt du confeil, furpris le 16 janvier 1776, par les héritiers de feu Cheneufac ; & de refpectueufes repréfentations au roi fur l'arrêt du confeil du premier avril fuivant, qui caffe les plaintes rendues en ufure par les fieurs Nouel, contre les fieurs Marot, Robin & Defeffart, tant pardevant Me. Michel, commiffaire au châtelet de Paris, qu'en la fénechauffée d'Angoulême, & la tournelle du parlement de Paris, enfemble l'arrêt intervenu en ladite tournelle, le 13 mars précédent. Tel eft l'énoncé de cette nouvelle requête dans l'affaire d'ufure dont on a parlé, & qui vraifemblablement va prendre une tournure plus favorable depuis la difgrace de monfieur le contrôleur-général, dont elle compromettoit le fyftême & les décifions.

27 *Juillet* 1776. Depuis peu monfieur de Maurepas a fait favoir au prieur des chartreux que fa majefté defiroit faire l'acquifition des tableaux de la vie de faint Bruno, qui décorent leur cloître. On fait que ces chef-d'œuvres font du fameux le Sueur. Le miniftre engageoit en même-temps le fupérieur à prendre le vœu de fa communauté, & à venir lui en rendre compte. Le religieux s'eft rendu à Verfailles, a vu M. de Maurepas, & lui a fait part des difpofitions où étoit la maifon de faire au roi le facrifice qu'il exigeoit. Les conventions ont été que fa majefté paieroit chaque tableau fur le pied de 6,000 livres. Il y en a vingt-

deux, ce qui fait 132,000 livres. En outre, elle s'est engagée à leur laisser des copies des originaux : ce travail a été estimé à raison de 2,000 livres chaque copie ; ce qui forme encore un objet de 44,000 livres. On est convenu décidément de ce dernier point. Quant au surplus, sur ce que le comte a paru desirer savoir quel emploi les chartreux feroient de la somme accordée, le prieur a déclaré que si le roi vouloit se charger des réparations assez considérables à faire à leur église, la communauté consentoit à ne rien toucher, & qu'il en coûteroit moins à sa majesté. Cette demande a été accordée. Reste à savoir ce qu'on veut faire des peintures ; c'est encore un mystere.

28 *Juillet* 1776. L'académie royale de musique annonce pour vendredi *les Romans*, en trois actes, de la bergerie, de la chevalerie & de la féerie.

29 *Juillet* 1776. On parle d'un almanach particulier, où l'on a mis des notes à côté des noms de ceux qui y figurent, à commencer par les têtes couronnées. On sent bien qu'une pareille production ne peut être qu'infernale ; cependant elle doit être fastidieuse en grande partie, nombre de ceux qui y figurent étant des êtres obscurs, indifférents ou méritant peu qu'on s'en occupe.

30 *Juillet* 1776. La licence d'écrire augmente journellement, & l'on abuse de la douceur du nouveau gouvernement à tel point, qu'il sera peut-être forcé d'employer toute l'inquisition de la fin du regne de Louis XV. On voit ici quelques exemplaires d'un ou-

vrage, dit-on, plus obfcene que *le Portier des Chartreux* ; il s'annonce dès fon titre infame, *la Foutromanie*. C'eft un poëme en plufieurs chants & en vers contre des princeffes & autres femmes renommées, juftement ou injuftement, par leur impudicité. On dit qu'il y a déja deux éditions de cette brochure, dont on fait les perquifitions les plus rigoureufes, tant en France qu'en Hollande ; elle eft fort chere.

L'exiftence de l'almanach royal commenté fe conftate. On le dit en deux volumes *in*-8o. & fe vend 96 livres.

On parle enfin d'un pamphlet contenant des *Anecdotes fur le nouveau contrôleur-général*, qui ne font à coup fûr pas édifiantes.

On penfe bien qu'on ne connoît pas les auteurs de ces livres exécrables, & on les pourfuit avec foin, non-feulement ici, mais en Hollande & autres pays étrangers. On arrête force colporteurs, & la reine écrit lettre fur lettre à monfieur le Noir, pour exciter fon zele, & lui reprocher de ne faire aucune découverte à cet égard.

31 *Juillet* 1776. On connoît déja l'affaire d'ufure d'Angoulême, & la nouvelle requête de Me. Drou ne fait qu'en développer des circonftances qui rendent le crime des accufés plus odieux & plus manifefte. On y trouve cependant un paffage remarquable concernant monfieur Turgot, qui, en fa qualité d'intendant de Limoges, devant lequel avoit été renvoyée la connoiffance de l'affaire, avoit donné un avis favorable aux ufuriers. L'on donne pour raifon des motifs d'inaction dans laquelle font reftés

les plaignants pendant le terme fatal qui sembleroit devoir exclure l'admission de leur requête en cassation au conseil, que ce même intendant de Limoges étoit alors contrôleur-général, & leur partie en quelque sorte. Voici comme il est peint par l'orateur.

« Les suppliants rendront toujours hommage à la pureté de ses vues, à l'étendue de ses lumieres, à son zele pour le bien public & pour le service de votre majesté, à ce désintéressement parfait, & cette austere probité qui le caractérisent. Mais, malgré tout le respect dont ils sont pénétrés pour sa personne, les suppliants sont forcés de lui appliquer ce que monsieur le chancelier d'Aguesseau disoit de quelques magistrats : *vous aimez la vérité, & vous haïssez le mensonge ; mais la prévention ne vous les fait-elle jamais confondre ? Justes par la droiture des intentions, êtes-vous toujours exempts de l'injustice des préjugés ? & n'est-ce pas cette espece d'injustice que nous pouvons appeler l'erreur de la vertu, &, si nous osons le dire, le crime des gens de bien ?* »

31 *Juillet* 1776. On a donné hier, pour la derniere fois, *Alceste*. Le vœu du public s'y est manifesté d'une maniere bien glorieuse pour l'auteur ; à la fin on a redemandé cet opéra avec des instances & des acclamations soutenues pendant plus d'un demi-quart-d'heure. Ce qui est contre l'usage de ce spectacle, où le parterre ne s'exprime jamais aussi expressément.

1 *Août* 1776. Comme monsieur l'abbé Beaudeau, dans ses *Ephémérides* arrêtées, se promettoit beaucoup d'écarts contre les financiers, &

qu'il se livroit d'autant plus volontiers à sa mauvaise humeur contr'eux, qu'il croyoit ainsi faire sa cour à M. Turgot, qui les déteste cordialement, qu'il ne mesuroit pas conséquemment ses expressions, ils sont furieux contre lui, & cherchent à faire corps pour l'entreprendre en détail & le fatiguer par des poursuites. On assure que la compagnie des vivres veut le prendre à partie sur ce qu'il a dit de leur administration, en ce qu'il l'a taxée de très-vicieuse ; & qu'il la prétend avoir été fort abusive.

1 *Août* 1776. La reine & *monsieur* sont venus hier au spectacle & se sont de-là rendus au colysée dans l'appareil le plus simple. S. M. n'avoit ni diamants, ni plume, ni coëffure haute ; elle étoit mise bourgeoisement, sa robe dans ses poches, & donnoit le bras au prince, se laissant approcher de tout le monde ; cette popularité a enchanté le public & rendu cette princesse encore plus adorable. Malheureusement il y avoit très-peu de monde. On avoit annoncé sa majesté depuis plusieurs ouvertures, on lui avoit préparé un dais, & comme l'on n'étoit pas prévenu, on ne s'y est pas porté en foule, ainsi qu'on avoit fait quelques jours auparavant.

1 *Août*. Mercredi 24, monsieur l'abbé de Bourbon a soutenu à saint Magloire un exercice en présence de plusieurs cardinaux & de vingt évêques. Ce jeune candidat, âgé de 13 à 14 ans, s'y est singuliérement distingué. Sa mère, madame de Caveirac y étoit, & a joui de toute la gloire de son fils. Il est à merveille de figure : c'est le vivant portrait du feu roi ; il a d'ailleurs une taille svelte, & il est très bien fait.

H 5

Il a sa maison dans le séminaire & son entrée par dehors ; il tient déja un état de maison considérable pour son âge, & n'a aucune communication avec les séminaristes.

2 *Août* 1776. Enfin les arrangements concernant la librairie sont faits, & c'est décidément M. le Camus de Néville à qui M. le Noir l'a remise hier. Il a présenté les censeurs royaux à ce nouveau chef, & a fait reconnoître d'eux celui ci. C'est un jeune maître des requêtes, ci-devant conseiller au parlement de Rouen, très-renommé par son zele patriotique & sa fermeté. On peut se rappeller sa réponse au chancelier qui vouloit l'intimider, & tout le monde a dû lire sa lettre insérée dans les papiers publics, lorsqu'il fut expatrié pour se soustraire aux persécutions dont il étoit menacé.

2 *Août*. Le bruit court que le journal de Me. Linguet est supprimé. On attribue cette disgrace littéraire à la maniere injurieuse dont il a parlé dans sa derniere feuille de M. de la Harpe & de l'académie.

2 *Août*. Il paroît un écrit concernant la caisse d'escompte ; c'est un *Discours d'un actionnaire à la premiere assemblée générale des intéressés à la caisse d'escompte, le 26 juin 1776, imprimé conformément à la délibération de la compagnie.* Rien de plus plat que cet écrit, qui ne séduira personne, ni par le style ni par les raisonnements.

M. Luneau rentre effectivement en lice & répand un mémoire contre le Sr. le Breton, imprimeur de l'encyclopédie, & les héritiers des feu sieurs Briasson, David & Durand, libraires associés à l'entreprise.

3 Août 1776. Malgré les recherches de la police & la sévérité exercée contre le colporteur *Prot*, ses confreres ne sont point intimidés, & il perce des exemplaires de *la Foutromanie*. Ils ne se vendent pas même à un prix proportionné aux risques que courent les marchands, puisqu'ils sont de 12 à 9 livres seulement. Le plus grand mérite de cet ouvrage, c'est d'être rare : c'est un poëme en six chants, où l'auteur a commencé fort au long la fameuse *Ode à Priape*. Il y a quelques tirades de force, mais en petit nombre ; on ne peut refuser du talent au poëte & sur tout de la facilité. Il auroit tiré un meilleur parti de son plan, s'il l'eût enrichi & égayé d'une multitude d'anecdotes relatives aux courtisannes du jour. On voit qu'il est peu au fait du courant. Le reproche qu'il mérite plus essentiellement, c'est d'avoir osé mettre en scene deux illustres souveraines ; d'avoir levé le voile sur leurs plaisirs secrets, d'avoir ignoré, enfin, que pour peindre dignement les amours de Jupiter & de Junon, il faut le pinceau chaste & sublime d'Homere.

4 Août 1776. *Les Romans*, ballet héroïque en trois entrées, composées des actes de *la Bergerie*, de *la Chevalerie* & de *la Féerie*, ont été joués avant hier, malgré les réclamations du public pour avoir encore *Alceste* : aussi n'ont-ils pas eu de succès. L'opéra a commencé fort tard à cause de la reine qu'on attendoit, & qui n'a fait savoir qu'à six heures qu'elle ne viendroit pas. Ce premier contre-temps avoit déja donné de l'humeur au parterre ; elle a de beaucoup augmenté par la représentation. Chaque actes est mortellement long, il dure une heure. Le paroles font d'un M. Bonneval, défunt & ancien intendant des menus. On a déja annoncé que la musique étoit du sieur Cambini, bon pour les symphonies, les oratorio, mais point assez fort pour le genre lyrique.

4 *Août* 1776. Il est décidé qu'on a ôté à Me. Linguet son journal; c'est-à-dire, que l'ouvrage n'est point supprimé, mais donné à un autre rédacteur.

5 *Août* 1776. La finance est furieuse contre M. Saurin à l'occasion de son *Epître à M. Turgot*, où elle est fort maltraitée. Pour bien entendre l'ouvrage, il faut se rappeller ce que le poëte adressa à ce ministre lors de son avénement au ministere: il y avoit déja beaucoup de sombre; mais celle-ci est infiniment plus amere. En général, l'académicien fait des ouvrages tristes, comme sa figure; mais il a du nerf, des images & est vigoureux coloriste.

6 *Août* 1776. Ce qui a fort déplu de la part de M. l'abbé Baudeau, & occasioné la suppression de ses *Ephémérides*, c'est un mémoire sur les affaires extraordinaires de finances, faites en France pendant la derniere guerre, depuis 1756 jusqu'en 1763, par lequel il consiste que sa majesté, pour suppléer à l'insuffisance de ses revenus durant ces sept années, a touché au-delà la somme d'un milliard cent cinq millions deux cent vingt-sept mille sept cent soixante une liv. Ce qui monte de 157 à 158 millions de plus par an. On voit par le relevé des divers objets formant ces levées de deniers d'augmentation, qu'ils subsistent presque tous en tout ou en partie à la charge des sujets. Le gouvernement a trouvé très-mauvais qu'un journaliste révélât

aussi publiquement les secrets du ministere. Cet article est inséré au volume de juillet, N. 2, & le rend très-recherché.

6 Août 1776. Le roi a été si content de la parodie d'*Alceste* le jour où la reine l'a fait jouer devant sa majesté à Trianon, qu'il a chargé le sieur de Laferté, intendant des menus, d'en témoigner sa satisfaction aux trois auteurs, les sieurs *Auguste*, *Desprès* & *Grenier*, & de les inviter à continuer de s'occuper d'un pareil genre. Ce qui contrarie les comédiens Italiens, qui, au contraire, avoient déterminé de ne plus donner d'ouvrages semblables.

6 Août. On s'entretient beaucoup de la mort du prince de Conti, qui, par son patriotisme généreux, avoit mérité l'affection des François : il a fini avec la même fermeté qu'il avoit montrée dans toutes les circonstances critiques de sa vie. Quoique sûr de ne pouvoir guérir de la maladie qui le consommoit, il n'a point perdu sa gaieté & sa présence d'esprit. Dans son dernier voyage à l'Isle-Adam, il a fait faire son cercueil de plomb, dans lequel il s'est mis & a plaisanté sur la gêne qu'il y éprouvoit. Une autre fois voyant se promener ensemble son trésorier & son aumônier : *Voilà*, dit-il en riant, *les deux hommes les plus inutiles de ma maison*.

Malgré la variété des rapports concernant les derniers actes de sa vie, le plus certain est qu'il a reçu très-honnêtement l'archevêque de Paris, lui a témoigné une sorte d'estime relativement à la pureté de ses mœurs, quoique différent de lui dans sa façon de penser, soit en matiere politique, soit en matiere religieuse. A l'égard de ce dernier objet, on assure qu'il a supplié le prélat de ne point lui en parler, parce qu'il avoit mûrement examiné la chose & savoit à quoi s'en tenir.

Les prêtres piqués de voir ce prince leur échapper & témoigner ouvertement une façon de penser qui pouvoit faire exemple, ont cherché à sauver l'extérieur en ce qu'ils ont pu : en conséquence, de concert avec des gens de sa maison qui prétendoient prévenir le scandale, on a supposé que S. A. avoit au moins reçu les saintes huiles. Le vrai est qu'elles ont été portées effectivement à l'hôtel du Temple, mais qu'elles sont entrées par une porte, & sorties par l'autre pour la forme : ou que, si le malade a été oint, ce n'a été qu'après sa mort.

7 *Août* 1776. *Les Romans* ont été donnés pour la premiere fois en 1736. Quoiqu'en en attribuât assez généralement les paroles à M. de Bonneval, l'auteur du *Calendrier des Théatres* veut qu'elles soient réellement de M. de Monsemi, mort conseiller au parlement. L'ancienne musique étoit d'un nommé Niel. Dans le principe ce ballet étoit composé de quatre entrées, avec un prologue.

L'acte de *la Bergerie*, offre un berger indifférent, ainsi que la bergere ; ce qui sans doute est une idée trop bizarre : ils aiment sans amour, sans que le premier même cherche à obtenir, le prix heureux d'une intimité entre les deux sexes. L'amour en est furieux, il se déguise en enfant, & tout en pleurs vient implorer le secours de ses deux ennemis : ceux-ci lui offrent leur asyle ; & sans leur rendre aucun compte du sujet de ses peines, le nouveau venu s'endort. Il a son arc & des fleches : ils en veulent essayer une, qui les perce tous deux : ils en ressentent l'effet funeste, qui consiste en des ardeurs qu'ils ne connoissent point : l'enfant se réveille aux accents de leur douleur ; il leur apprend qu'il est l'Amour, & qu'il se venge en voulant faire leur bonheur.

Au second acte, une héroïne veut éprouver si son amant a pour elle la passion qu'il témoigne, s'il est capable des efforts généreux qu'elle doit inspirer : elle se déguise en un prince rival, qui vient lui disputer sa conquête ; elle l'oblige à la mériter par la victoire ; mais il est vaincu, & son désespoir est extrême ; il se change en joie, lorsqu'il n'a succombé que sous les coups de son amante qui vouloit l'éprouver.

L'acte de *la Féerie* est plus trivial, quoique roulant sur le même fond. Un génie veut connoître si une jeune princesse élevée parmi les fées, & sensible à ses charmes, parce qu'elle n'a point encore vu de rival, persistera dans sa passion. La premiere fée, d'intelligence avec lui, au moment où sous une forme ordinaire il a surpris sa tendresse, arrive avec une fureur feinte contre le téméraire qui ose porter un œil audacieux sur son éleve, réservée pour un amant puissant, épris de celle-ci ; mais la colere de la fée ne porte que sur l'inconnu. La fidélité de la princesse n'est point ébranlée, & il se trouve enfin que l'humble amoureux, & le génie magnifique ne font qu'un.

8 *Août* 1776. Me. Linguet averti par M. le Noir de l'orage qui se formoit contre lui, est allé

de lui-même remettre au nouveau chef de la librairie sa convention avec le sieur Pankouke, & abdiquer sa qualité de journaliste. Ce qui a donné lieu à cette nouvelle animadversion du gouvernement, c'est le N°. du 25 juillet, où il rend compte de la réception de monsieur de la Harpe à l'académie, & injurie à la fois le nouveau membre & tout le corps. M. le duc de Nivernois, assisté du maréchal duc de Duras, est allé lui-même un jour qu'il dînoit chez monsieur le garde-des-sceaux, lui porter la feuille, lui faire lire l'article, & demander satisfaction pour sa compagnie outragée. Monsieur de Miromesnil n'a pas été fâché de trouver cette occasion de punir sous ce prétexte, étranger en apparence, l'audace & l'insolence avec laquelle Me. Linguet a manqué si souvent à l'ordre des avocats, au parlement & au conseil, par son affection à se plaindre sans relâche des persécutions qu'il avoit essuyées, & qu'il ramene encore dans le morceau littéraire en question.

9 Août 1776. Sa majesté a été si fâchée contre l'audace des auteurs de la nouvelle gazette Françoise instituée à Londres, que non-seulement elle a ordonné au sieur Doigny d'en empêcher l'introduction par la poste, mais qu'elle a défendu à ses ministres d'en recevoir aucun exemplaire; en sorte que la curiosité est en défaut, & que personne ne peut savoir sur quel ton sont montés les numéros suivants.

10 *Août* 1776. Quoique le ballet des *Romans* déplaise singuliérement aux grands amateurs de musique, il y a quelques parties propres à lui concilier ceux qui n'y sont pas,

décidément attachés. Il présente beaucoup de spectacle, un décore brillant, de la richesse dans les habillements, des danses ingénieuses & agréables. Il y a dans le premier acte quelques airs agréables chantés par Mlle. la Guerre, mais sur-tout une pantomime faite pour plaire aux plus difficiles. La Fortune paroît avec une suite magnifique, elle cherche à éblouir les bergers ; une seule bergere se laisse séduire : son amant en est furieux, il emploie tout pour la ramener ; mais elle le dédaigne : il sort désespéré. Les bergers reprochent à la bergere son inconstance, & se rient de ses riches ornements : elle est honteuse à leur vue ; & s'appercevant que les richesses ne font pas le bonheur, elle jette ses parures avec mépris & se réunit aux bergers, qui en montrent la plus grande joie Son amant revient & lui pardonne : la Fortune, irritée de son peu de succès, s'enfuit : danse générale, en réjouissance de ce triomphe. La déesse est représentée par Mlle. Felmée, la plus belle créature de l'opéra. La Dlle. Allard joue le rôle de la bergere, éblouie de l'or & des diamants que lui offre un suivant de la Fortune, qui est le sieur Gardel le jeune ; elle y met beaucoup de naturel, d'expression & de gaieté.

Au second acte, on remarque Mlle. Duplan, déguisée en homme sous les traits de *Ferragus*, prince de Castille, & elle remplit à merveille ce rôle fier & vigoureux ; elle chante un *duo* avec le sieur Larrivée, qui a été fort applaudi. Le ballet rappellant les anciens tournois s'exécute avec beaucoup d'appareil & de pompe, mais n'est pas assez dans le costume.

On ne trouve rien de saillant dans le poëme, ni dans le chant, ni dans les danses, ni dans le spectacle du troisieme acte, où la demoiselle Beaumesnil & le sieur le Gros jouent & chantent avec peu de succès.

10 *Août* 1776. l'exemple de M. le prince de Conti consumé peu-à-peu d'une maladie de langueur, conservant sa tête jusqu'au dernier moment, mourant dans l'impénitence finale, & refusant constamment de recevoir les secours de l'église, est le premier qu'on cite d'un prince de la maison de Bourbon, toujours très-édifiante dans ses derniers moments. En conséquence les incrédules ont voulu tirer parfaitement au clair les circonstances de cet événement. Tout le monde s'accorde à convenir d'une conversation à peu près telle qu'on l'a rapportée entre le malade & l'archevêque de Paris ; elle a eu lieu le jour de la premiere visite du prélat ; depuis il a été refusé deux fois par le Suisse à la porte de la rue, sans être descendu du carrosse & en présence d'un peuple immense. Les gens du métier reprochent à M. de Beaumont de n'avoir pas sauvé ce scandale, en mettant un peu d'astuce, en descendant, en entrant dans la cour, & se tenant en quelqu'endroit pour en imposer au moins aux spectateurs, & qu'on crût qu'il avoit été admis auprès de son altesse.

11 *Août* 1776. Il est bien singulier qu'au centre de la monarchie la plus absolue, il se conserve des especes de droits abusifs dignes de toute la licence de la barbarie & de l'anarchie. Dans une petite ville de Brie, qu'on appelle Lagny, on en trouve un prétendu que

la justice n'a point encore réprimé. Cette ville, dans des temps de trouble, ayant pris part à la défection des autres, fut si cruellement châtiée par un *Delorge*, que depuis ce temps ce nom est devenu odieux aux habitants ; &, comme c'est un gros marché de grains, que par un jeu de mots des plaisants demandoient pour les piquer *combien vaut l'orge* ? Ils se sont habitués tellement à regarder cette question comme une injure, à moins qu'on n'ait effectivement la main dans un sac de ce grain, que quiconque le fait, est aussi-tôt appréhendé au corps & plongé dans une fontaine de la ville à plusieurs reprises, sans aucune pitié. Il est arrivé plusieurs fois que les victimes de cette vengeance en sont mortes, impunément pour les coupables. Tout récemment ce malheur vient d'arriver : mais on assure qu'aujourd'hui le procureur-général informé du fait, doit faire un requisitoire au parlement, & demander abolition de cet affreux usage.

12 *Août* 1776. On a parlé, il y a plusieurs années, de la douleur immodérée de madame la comtesse d'Harcourt, désolée de la mort de son époux ; elle en est encore aussi affectée que le premier jour, & elle en a contracté un état vaporeux qui tient de la folie : elle avoit chargé le fameux Pigalle de composer un mausolée pour le défunt, elle harcelloit sans cesse cet artiste ; l'on commence à visiter le monument à Notre Dame dans la chapelle de la comtesse. L'idée en est assez triviale & très-ressemblante à celle du mausolée du maréchal de Saxe. On voit la figure du comte, dont la moitié du corps

est déja dans le cercueil ; il est entr'ouvert par un génie en pleurs, qui est à la gauche ; à la droite est la mort, qui montre le sable au comte. Du côté opposé est à genoux la comtesse, avec l'air suppliant & en pleurs. Comme la figure de celle-ci est encore en plâtre, il faut attendre que l'ouvrage soit parfait pour en parler plus pertinemment. On peut assurer d'avance que s'il n'y a pas de génie dans la composition de l'ouvrage, l'exécution en est très-belle, quoique sujette à beaucoup de critiques, comme tout ce qui sort des mains les plus habiles.

13 *Août* 1776. L'abbé Baudeau n'a pu résister aux cabales des financiers ligués contre lui ; on a aigri le ministere actuel qu'il sembloit inculper indirectement dans ses plaidoyers par un éloge trop outré de M. Turgot, par l'assertion injurieuse qu'un royaume devoit s'estimer trop heureux de trouver un ministre honnête homme dans un siecle. Ces griefs, joints à celui dont on a parlé, du mémoire inséré dans ses *Ephémérides* concernant les affaires extraordinaires faites en France, depuis 1756 jusqu'en 1763 compris, ont provoqué non-seulement la suppression de son journal, mais son exil en Auvergne. On a profité de la même occasion pour envelopper dans cette disgrace l'abbé Roubaud, son ami, qui dans sa *Gazette du Commerce, des Arts & de l'Agriculture*, se permettoit les mêmes écarts contre les traitants & financiers: il est aussi exilé.

14 *Août* 1776. Les directeurs de l'opéra ont été obligés de retirer *les Romans* après quatre re-

préfentations ; dès la feconde on ne comptoit pas quatre cents perfonnes dans la falle ; il étoit revenu du monde à la troifieme. Enfin, on a commencé par remettre le 11 *Alcefte*, qu'on doit donner alternativement encore avec *l'Union de l'Amour & des Arts*.

Il vient, au furplus, d'arriver un renfort à ce fpectacle, qui pourra lui être d'une grande utilité ; c'eft le fameux *Noverre*. Tout le monde connoît les talents de ce maître des ballets pour la pantomime ; on cherche à le fixer à Paris : il eft actuellement attaché à la cour de Vienne, où il a le plus grand fuccès ; & il paroît difficile de le lui enlever.

14 *Août* 1776. C'eft aujourd'hui qu'a lieu la premiere repréfentation de *C. Marcius Coriolan*, tragédie en quatre actes. Ce fujet traité déja onze à douze fois n'a jamais réuffi. M. Gudin a cru pouvoir être plus heureux. Les comédiens n'en penfent pas de même, & annoncent d'avance la chûte de fa piece : on prétend que ce font eux qui l'ont forcé à la réduire de cinq actes en quatre. M. Gudin n'eft encore connu que par une tragédie imprimée, intitulée : *le Royaume de France mis en interdit*. A cet énoncé feul on fent que l'ouvrage n'étoit point jouable fur notre théatre. Il a fait en outre un poëme dans le goût de la *Pucelle*, ayant pour titre *la conquête du royaume de Naples* : on le dit très-plaifant ; mais comme il n'eft que manufcrit, qu'on ne le connoît que par des lectures & des applaudiffements de fociété, on ne peut rien ftatuer à cet égard.

15 *Août* 1776. On prétend aujourd'hui que

M. Pankouke conservera le privilege du *journal de politique & de littérature*, mais qu'il sera rédigé par MM. Suard & de la Harpe, tous deux académiciens. Comme le premier est beau-frere du libraire, cette nouvelle est très-vraisemblable à son égard : le numéro du 5 a paru sans aucun changement ni annonce.

15 *Août* 1776 Le Sr. de Beaumarchais s'est retourné encore une fois dans son affaire, il a obtenu des lettres-patentes pour se pourvoir par requête civile au parlement contre le jugement qui le blâme : elles portent que n'ayant pu procéder dans le temps prescrit par l'ordonnance contre ce jugement, le roi se releve du laps de temps & avec d'autant plus de justice qu'il étoit employé alors pour le service de S. M. En effet, cet aventurier montre des titres de sa mission, avec une espece de lettre de créance, où S. M. le qualifie de ministre.

15 *Août* Le *Cariolan* moderne n'a pas eu plus de succès que les précédents. Cette tragédie ne mérite aucun détail : la scene même de la mere, la seule vraiment belle, à laquelle prête le sujet, est absolument ratée par l'introduction à la fin d'un personnage étranger qui en affoiblit l'intérêt. Nulle invention dans l'ouvrage, nul trait de génie, une mauvaise versification, des longueurs effroyables, des lieux communs ramenés jusqu'à la satiété : tels sont les principaux défauts qu'on y remarque.

16 *Août* 1776. La Dame Briasson, libraire, & le sieur le Breton, premier imprimeur du roi, ayant distribué le 24 juillet dernier un *précis* dans l'affaire de l'encyclopédie, M. Luneau de Boisjermain n'est pas resté court, & leur a fait

signifier une réponse, où il refuse leurs observations par ordre & pied-à-pied, où il démontre sur-tout que ce sont les libraires qui sont agresseurs, puisqu'ils l'ont accusé d'être un calomniateur, ce qui l'a mis dans l'obligation de défendre ses assertions.

17 *Août* 1776. Les coulisses de l'opéra sont fort en rumeur à l'occasion d'une lettre de cachet qu'a fait décerner contre la demoiselle Dorival, une des premieres danseuses, le sieur Vestris, maître des ballets, ayant composé ceux des *Romains*. Il a prétendu que cette subalterne lui avoit manqué, & méritoit correction. Mademoiselle Dorival n'a pas voulu reconnoître sa faute, elle s'est cachée pour se soustraire à l'enlevement ; & par le conseil de ses gens d'affaires a procédé contre le despotisme du *Dieu de la danse* : c'est ainsi qu'on appelle à l'opéra le sieur Vestris, par dérision d'un de ses freres qui l'a qualifié tel.... On dit aujourd'hui qu'elle s'est rendue au Fort-l'Evêque, lasse de son incognito ; mais qu'étant par son action intentée sous la main de la justice, elle compte bien attaquer son persécuteur, & l'exposer aux sarcasmes du public par quelque mémoire. En attendant ce public indigné a témoigné l'autre jour son mécontentement au sieur Vestris, en le huant

18 *Août* 1776. On attend à l'opéra *l'Olympiade del signor Sacchini*, qui va, dit-on, venir à paris, ainsi que le célebre *Piccini*.

18 *Août*. Plusieurs acteurs de l'opéra, plusieurs musiciens célebres & autres gens à talents se sont cottisées pour faire faire en marbre le buste de M. le chevalier Gluck ; c'est monsieur

Houdon qu'est confiée l'exécution de ce monument. Les souscripteurs les plus connus sont MM. le Berton, le Gros, Gelin, Larrivée, Gossec, le Duc, Langlé, Roilan, &c. Ils se sont engagés par acte passé pardevant Me. Lemoine notaire, le 14 juillet dernier.

18 *Août* 1776. Les régisseurs du colysée viennent d'employer encore une nouvelle ressource pour attirer le public chez eux. Le sieur Duchesne, l'un d'eux, a fait disposer au-dessus du vestibule de l'entrée principale de ce spectacle un sallon, où l'on expose les ouvrages nouveaux de peinture, sculpture, architecture, & dessin de tout genre, ouvrages de méchanique, &c. Il faut voir comment ce projet est exécuté pour en juger pertinemment.

Ces régisseurs s'imaginant que cette amorce pouvoit leur concilier même les gens austeres & les dévots, ont écrit une lettre circulaire à tous les curés de Paris & aux supérieurs de communauté, pour les prévenir de cette institution, & les avertir qu'afin qu'ils ne fussent pas confondus avec les profanes & les indévots, il y auroit des jours particuliers où ils pourroient aller voir ces productions.

18 *Août.* On voit une *lettre circulaire des comédiens François ordinaires du roi & de monsieur, à quelques auteurs*, pour leur annoncer que par des arrangements pris avec leurs supérieurs, sous les auspices de la reine, ils vont être incessamment en état de les satisfaire sur leur juste impatience de voir jouer leurs pieces: qu'en conséquence, à commencer du voyage de Fontainebleau prochain, il y en a

neuf

neuf qui doivent y être représentées, à raison de trois par colonne, c'eſt-à-dire, trois tragédies, trois grandes comédies ou drames, & trois petites comédies. Elles viendront enſuite promptement à Paris à tour de rôle. Cette lettre, fort plate, fort mal écrite, & remplie d'une dignité ridicule, & ſignée du ſieur *Molé*.

On remarquera que ces hiſtrions piqués du projet annoncé d'établir une nouvelle troupe pour exciter l'émulation de celle-ci, troupe qu'on vouloit mettre ſous la protection de *Monſieur*, ont ſi bien cabalé qu'afin d'ôter à leurs adverſaires tout eſpoir de réuſſir, ils ſe ſont fait déférer ce titre : mais qui empêcheroit alors de former le nouvel établiſſement ſous le nom du comte d'Artois ?

18 *Août* 1776. On parle d'un *Dialogue entre Louis XV & le prince de Conti*. On aſſure que c'eſt un ouvrage très-piquant, où il y a des portraits parfaitement bien frappés, & des ſarcaſmes fins & juſtes. On ſent combien ce cadre doit prêter.

19 *Août* 1776. La fameuſe *Gourdan*, dont on a parlé il y a un an & depuis, à raiſon de madame d'Oppy, dont on l'accuſe d'avoir favoriſé le libertinage, condamnée en conſéquence par contumace, dont les biens avoient été ſaiſis & annotés, vient, dit-on, de ſe conſtituer priſonniere, & veut être jugée. On ne doute pas que les protections puiſſantes que lui a procuré ſon métier infame, mais précieux aux paillards du plus haut parage, ne lui méritent une grace abſolue, & peut-être le triomphe.

19 *Août*. Le cenſeur de Linguet eſt auſſi

in reatu. Quant à celui-ci, on prétend que des protecteurs puissants s'entremettent en sa faveur : on assure que la reine même s'y intéresse. Quoi qu'il en soit, les numéros ont paru à leur date; & tant qu'il n'y aura pas d'avertissement, les amis de ce journaliste ne désesperent pas qu'il ne puisse donner un nouveau cours à ses sarcasmes & à sa bile.

19 Août 1776. Le sieur le Fuel de Méricourt, rédacteur de la rapsodie, intitulée : *Journal de théatre*, &c. a beaucoup de peine à lutter contre le crédit des comédiens, qui voudroient le faire supprimer. Le bruit a déja couru plusieurs fois que son ouvrage étoit arrêté; il a été obligé de rassurer le public dans sa feuille du 15 juillet. Cependant il a reçu deux échecs, l'un d'avoir perdu son censeur, le sieur de Crebillon, & de s'en voir substitué un nouveau aux ordres des histrions; l'autre d'avoir reçu ordre de respecter monsieur de la Harpe, depuis qu'il est membre de l'académie Françoise, de n'en plus parler au moins en mal.

20 Août 1776. Les comédiens Italiens doivent donner ces jours-ci la premiere représentation de *Fleur-d'épine*, opéra comique en deux actes mêlés d'ariettes. On dit que c'est une œuvre posthume de l'abbé de Voisenon; qu'il n'a jamais voulu la laisser jouer de son vivant.

21 Août 1776. Mademoiselle Dorival n'a été que deux heures au Fort-l'Evêque : elle a dansé le dimanche 18 avec des applaudissements plus considérables encore que de coutume : au contraire, le sieur Vestris a été hué; heureusement l'impudence de ce danseur l'a soutenu, & ne l'a pas empêché de danser comme un dieu.

On a enfin déterminé le sieur Noverre à s'attacher à l'opéra, & l'on lui a fait un pont d'or pour l'engager à quitter Vienne. On est convenu de lui donner 20,000 livres d'appointements, ce qui sans doute est excessif.

22 *Août* 1776. *Fleur-d'épine* est en effet de l'abbé de Voisenon. Cet académicien fort lié à sa mort avec madame la comtesse de Turpin, qui donne dans le bel esprit, l'avoit instituée sa légataire universelle pour ses manuscrits & productions littéraires. L'opéra comique en question s'y est trouvé. Madame Turpin a proposé à une madame Louis, femme d'un architecte, d'en faire la musique; & par son crédit la premiere vient d'obtenir qu'on fît passer la piece sur beaucoup d'autres reçues avant.

22 *Août*. La dame Gourdan, ainsi qu'on l'avoit prévu, a été élargie & mise hors de cour le 19 de ce mois : son livre a été jugé très en regle; c'est un catalogue de tous ceux qui alloient chez elle, avec des notes y relatives. Le président de Tournelle, monsieur de Gourges, l'a trouvé si curieux qu'il se l'est approprié.

23 *Août* 1776. *Fleur-d'épine* a été fort bien accueillie hier. C'est une féerie, dont le commencement est froid & sans aucun sel; on ne retrouvoit point d'abord l'abbé de Voisenon : la fin du premier acte est devenue meilleure, & le second charmant, plein de jolies choses & de saillies. Il y a un spectacle prodigieux : les comédiens ont fait beaucoup de dépenses pour cette piece. La musique, peu forte, est agréable.

24 *Août* 1776. Le prix de l'académie Françoise, qui doit se donner demain, jour de la distribution, est décidément partagé entre un monsieur Gruet, jeune éleve de l'abbé de Lille, & monsieur André de Murville, ami de monsieur de la Harpe, & qui lui a dédié une de ses pieces, ayant autrefois concouru avec celle de ce vainqueur. Monsieur Doigny du Ponceau a aussi mérité une mention honorable, ainsi qu'un monsieur de Saint-Ange. Il faut se rappeller que le sujet étoit un morceau d'Homere, à traduire au choix des candidats.

Il est fort question d'une lettre de monsieur de Voltaire, adressée à messieurs de l'académie Françoise, concernant une nouvelle traduction de Shakespear, annoncée depuis quelque temps par monsieur le Tourneur & compagnie. L'objet du philosophe de Ferney est de tourner les modernes traducteurs en ridicule, ainsi que leur héros, pour n'avoir pas fait de monsieur de Voltaire une mention assez honorable dans leur ouvrage. On dit sa critique très-plaisante, & l'on veut immoler les victimes à la risée publique, en lisant la diatribe en question le jour de la St. Louis.

24 *Août*. On critique beaucoup le nouvel arrangement de la foire Saint-Ovide. Au moyen des gazons que monsieur le *comte de la Billarderie d'Angiviller* a fait mettre aux coins de la place de Louis XV ; il en a tellement rétreci l'enceinte, que les boutiques ne laissent plus qu'un espace trop étroit pour la circulation des voitures. On est ainsi tombé d'une extrêmité dans l'autre, car autrefois cet emplacement étoit trop vaste ; & les plaisants, au lieu de dire *la place*, disoient *la*

plaine de Louis XV, pour en exprimer le nu & l'immensité proportionnée à la statue & aux bâtiments.

25 Août 1776. Le prince de Conti étant à distinguer des autres par la singularité de son caractere & de sa conduite, on s'en occupe, quoiqu'il soit mort. On remarque dans son mobilier immense une quantité des bagues, qu'on fait monter à plusieurs milliers. On assure que sa manie étoit de constater chacune de ses conquêtes amoureuses par cette légere dépouille. Il falloit que la femme avec laquelle il couchoit, lui donnât sa bague ou son anneau, qu'il payoit bien sans doute, & sur le champ il étiquetoit cette acquisition du nom de l'ancienne propriétaire. Son altesse avoit une telle ardeur pour *le sexe*, que dans l'état des dépenses secretes qu'on représente, il se trouve des soupers de filles habituels qu'il faisoit encore au mois de juin dernier. Il n'est aucune fille d'opéra qui n'ait une pension de lui, sans compter les autres : c'est cette générosité immense qui fait qu'en ce moment la recette dans les biens de sa succession égale à peine la dépense. Il confesse, par son testament deux bâtards, qu'il a chargé son fils de recommander au roi, & auxquels il fait un sort distingué. On voit par ce détail qu'entre les princes galants de la maison de Bourbon, le défunt méritoit la premiere place.

On compte aussi, dans son mobilier, huit cents tabatieres.

26 Août 1776. Il paroît un *résumé* de l'affaire intentée aux sieurs de Bellegarde & de Monthieu sur la réforme d'armes faite dans les arfenaux en 1767, 68, 69 & 70. Il est de 40 pages d'impression, & remet sous les yeux du lecteur tout ce qu'on a lu sur cette matiere importante dans les divers mémoires des accusés. On ne peut assez s'étonner qu'on refuse si constamment d'admettre la revision de leur procès d'après les titres qu'ils ont pour la demander. Ce qu'on y trouve de plus nouveau, c'est une sortie encore plus vigoureuse contre les accusateurs de ces messieurs. On y dénonce, à l'indignation publique, les auteurs, coopérateurs & fauteurs de la calomnie. C'est sans doute cette diatribe violente qui a empêché de paroître cet écrit fait il y a deux ans, & publié depuis peu seulement. Monsieur de Saint-Auban y est sur-tout très-maltraité, & l'on ne sait comment cet officier général d'artillerie s'en tirera.

16 Août 1776. La nouvelle piece du feu abbé de Voisenon prend à merveille. C'est, ainsi qu'on l'a dit, une féerie où il y a beaucoup d'imagination, si elle est toute entiere de l'auteur, mais plus dans les détails que dans le fond, très-simple. Le sujet est une méchante fée, ayant en sa puissance une jeune princesse qu'elle destine à son fils, fort sot & très-niais. Celle-ci est amoureuse d'un prince aimable que voudroit s'approprier la divinité mal-faisante & laide. Répugnance de l'amant, mais qu'il n'ose témoigner ouvertement ; il est même obligé de dissimuler au point de lui laisser accroire qu'il répond à sa passion, jusqu'à ce que par l'intervention d'une fée bienfaisante, il triomphe des obstacles, & les enchantemens de l'autre restent sans effet. Il y a sur-tout dans le second acte une scene d'écho piquante & neuve au théatre. L'assemblée de parents de la fée mal-faisante, composée des figures les plus hideuses & les plus bizarres, offre un spectacle risible qu'on ne peut rendre. Le tout a été & est fort bien exécuté. La dame Trial chante délicieusement, & déploie toute la vigueur & la gentillesse de son organe. Le sieur Michu, habillé en femme, rend à merveille le rôle de la mauvaise fée. Le sieur Trial, admirable pour les rôles de niais, exprime, dans la plus grande vérité le sien, calqué sur tant de modeles, qu'il est aisé d'en comparer la ressemblance. Le sieur Julien fait l'amoureux, & se signale principalement dans la scene de l'écho. Enfin, madame Moulinghem, après s'être acquittée du rôle pénible & forcé d'une vieille mendiante, déploie la noblesse convenable lorsqu'elle a repris sa dignité.

26 *Août* 1776. Le *Dialogue entre Louis XV & le prince de Conti*, est toujours très-rare. Indépendamment de la politique qu'il embrasse, il roule aussi sur la galanterie, & l'on conçoit combien ces augustes paillards doivent en dire de bonnes.

27 *Août* 1776. Extrait d'une lettre de Lyon.... Me. Linguet a passé par ici tout récemment; on croit qu'il va à Geneve, ou en Suisse, vuider son porte-feuille. Il a été fêté par les libraires de cette ville avec beaucoup d'indécence: un jour il dînoit chez un, il entra & ressortit plusieurs ballots d'un livre de sa minerve, intitulé: *Essai sur le Monachisme*. La police, aux affûts apparemment, étant venu

faire des recherches, n'en trouva plus qu'un.

27 *Août* 1776. Le sieur Clairval, le coryphée de la comédie Italienne pour la haute-contre, a un très-grand crédit dans le comité des histrions, & influe beaucoup sur l'acceptation ou le renvoi des pieces. Monsieur Guichard ayant présenté à ces messieurs un opéra-comique qu'ils ont rejeté, a attribué cette disgrace à l'animosité du sieur Clairval. Il en a été si piqué, qu'ayant trouvé le portrait de cet acteur, il a écrit au bas ces deux vers, relatifs au jeu de l'acteur très-maniéré, à son organe très-foible, & à son ancienne profession de perruquier, qu'il a quittée pour se faire comédien, mais sur-tout à son despotisme envers les auteurs:

Cet acteur minaudier, & ce chanteur sans voix,
Ecorche les auteurs qu'il rasoit autrefois.

27 *Août*. On continue à parler de l'almanach royal commenté, & des anecdotes sur monsieur de Clugny, comme de deux livres existants, mais en très-petit nombre d'exemplaires, graces aux soins & à la vigilance de la police! Elle a éventé plusieurs imprimeries secretes, entr'autres une qui étoit sous une écurie, dont la manutention étoit conduite par des compagnons imprimeurs qui s'étoient faits palfreniers. On veut absolument faire des exemples, & l'on parle d'un colporteur nommé *Prot*, sur lequel doit s'appesantir le bras du gouvernement; il étoit associé, dit-on, avec le secretaire du maréchal de Duras, qui est en fuite.

28 *Août* 1776. Tandis que monsieur Floquet partage ici la scene lyrique avec le chevalier

Gluck, on écrit d'Italie qu'il y jouit du plus grand succès : que le 5 juillet dernier ayant fait exécuter à Naples un *Te Deum* de sa composition devant une assemblée très-brillante, il a reçu des applaudissements unanimes ; que le prince d'Ardoré, grand claveffiniste, lui a dit des choses tout-à-fait flatteuses ; mais que ce qui l'a le plus ravi, ç'a été de s'entendre louer des plus habiles professeurs de l'école de cette ville, tels que les sieurs *Asdrile*, *Duamicis* & *Sala*. Une belle & sublime invention, si l'on en croit le rapport des connoisseurs, caractérise surtout cette nouveauté, où la musique imitative est d'ailleurs poussée à une expression singuliere, multipliée & variée à l'infini. Du reste une fécondité étonnante, beaucoup de naturel, une noblesse soutenue, & quantité de chant confirment & décident un talent supérieur dans l'auteur.

29 *Août* 1776. On a formé le répertoire des pieces qui seront jouées à Fontainebleau devant leurs majestés durant le voyage, depuis le jeudi 10 octobre, jusques au samedi 23 novembre compris.

30 *Août*. 1776. Il est question du mariage d'un philosophe faisant beaucoup de bruit. C'est celui de monsieur de Lalande, astronome, membre de l'académie des sciences, parti depuis quelque temps pour Briançon, où il devoit s'unir à une jeune personne & faire un hymen très-sortable. On veut qu'une gouvernante avec laquelle il couchoit ici, & qui s'étoit flattée d'être toujours sa maîtresse, en apprenant la nouvelle de cet hymen futur, soit partie en diligence, se soit rendue au lieu où se passoit le contrat de

mariage, & dans sa fureur ait poignardé son maître & elle aussi. Telles sont les premieres nouvelles de ce tragique événement, qui mérite confirmation.

31 *Août* 1776. Beaucoup de gens sont à l'affût de la place d'historiographes de l'ordre du St. Esprit, vacante par la mort de M. de St. Foix, & l'on ne sait encore qui l'aura. Quant au défunt, il est peu regretté; il étoit d'un commerce dur & insociable, & la maladie qui le minoit depuis long-temps, n'avoit contribué qu'à le rendre plus morose & plus brusque. Ses comédies sont ce qu'il a fait de mieux; elles portent un caractere d'originalité d'autant plus grand qu'elles sont tout-à-fait opposés au sien : elles sont pleines de graces, d'aménité & de délicatesse. Ses *essais historiques sur Paris*, assez piquants dans certains détails, sont incomplets & ne sont qu'en extrait, fait avec goût, d'une multitude d'ouvrages sur cette matiere. Quant à ses *vies des chevaliers*, elles sont dans le même genre de compilation; du reste, fort écourtées & souvent trop louangeuses.

31 *Août*. Un nommé *Roland*, frere d'un maître à écrire de ce nom, pauvre diable pendant long-temps, mais devenu enfin caissier de M. Watelet, a si bien mis la main à la pâte qu'il est aujourd'hui riche financier, & fait parler de lui. On s'entretient d'une fête qu'il a donnée à Neuilly, où il a une maison de plaisance. Sa femme, jeune & jolie, en étoit l'objet, se nommant *Louise*. On y a exécuté entr'autres divertissements accessoires un drame intitulé : *la Course*. On le dit très-piquant; & comme il n'a encore été joué sur aucun théatre, il

a attiré beaucoup de spectateurs. Cet ouvrage est de M. de Boissy, le fils naturel du poëte de ce nom, auteur du *Prisonnier*, reçu avec emphase par les comédiens, & d'un poëme dans le goût de l'Arioste, où il plaisante sur les coups de bâton qu'il a reçue au Palais-Royal.

1 *Septembre* 1776. Il y aura incessamment des bateaux insubmergibles, construits dans la méthode de M. de Bernieres, pour aller & revenir de Paris à Saint-Cloud : mais ceux qui voudront ainsi se mettre à l'abri des craintes d'être noyés dans ce périlleux trajet, paieront cette assurance, qui devient une spéculation d'agiotage ; il en coûtera douze sous, au lieu de cinq, le prix ordinaire.

1 *Septembre*. Un danseur nouveau dans le genre de Vestris a débuté avant-hier à l'opéra ; il a été fort applaudi, & a donné beaucoup d'émulation à son modele qui s'est surpassé.

2 *Septembre* 1776. La grand'chambre & tournelle ont été assemblées le 28 au matin, pour l'enrégistrement des lettres-patentes du sieur Caron de Beaumarchais, qui le relevent du laps de temps aux fins de se pourvoir par requête civile contre le jugement de blâme rendu contre lui par le parlement Maupeou. Il a paru très difficile de concilier cette forme insolite avec les regles ordinaires. La loi veut que la requête civile soit présentée au même tribunal qui a jugé ; il auroit donc fallu que le blâmé allât au grand-conseil. Le roi a voulu qu'on intervertît pour ce particulier le cours de la justice ordinaire : il en a attribué la connoissance au parlement. Par un second effet de sa bonté,

S. M. a desiré qu'il fût jugé avant les vacances; & le jour est pris pour mercredi 4. Le procureur-général donnera ses conclusions, & monsieur Seguier, avocat-général, portera la parole. Le sieur Caron ne doute pas de son triomphe, & quoique le parlement desire que cette scene n'ait pas une grande publicité, ne regardant pas ce qu'il va faire en cette occasion comme un acte de magistrature bien glorieux, le sieur de Beaumarchais qui aime à faire bruit, le dit à l'oreille de ses amis prétendus, qui le redisent à d'autres ; en sorte que le concours sera immense.

Le sieur de Beaumarchais attend ce moment pour commencer avec éclat ses fonctions de banquier de la cour en ce qui concerne le commerce des piastres; il se dispose à lever des bureaux & à se montrer sur le pied d'un gros financier. Depuis peu il porte à son doigt un diamant de la plus grande beauté, qui naturellement ne peut aller qu'à un souverain : il excuse cette insolence sur ce que c'est un diamant qui lui a été donné par l'impératrice reine : lors de sa mission vers elle, il refusa toute récompense pécuniaire, dit-il, & cette majesté le gratifia de ce beau présent, le moyen qu'il le vende & ne s'en pare pas!

2 *septembre*. 1776 Monsieur de la Martiniere, le premier chirurgien du roi, regardé comme le fondateur des nouvelles écoles de chirurgie, & ayant le plus grand zele pour l'illustration de ce monument, a voulu que la premiere these qui s'y soutiendroit, reçût tout l'éclat possible ; ce qui a eu lieu le 31 août. Ce qui a rendu la cérémonie plus remarquable, c'est la distinction

du sujet, monsieur Desault, déja désigné professeur de chirurgie & d'anatomie dans l'école pratique. Comme il n'avoit pas de quoi fournir aux frais, l'académie royale de chirurgie a décidé qu'il seroit reçu gratuitement, mais par provision seulement, & à la charge par lui de s'acquitter des avances que feroit la compagnie, lorsqu'il se trouveroit en état. Son sujet étoit *de calculo vesica urinaria, eoque extrahendo, praviâ sectione ope instrumenti Hawkinsiani emendat*. Le doyen de la faculté de médecine & deux médecins professeurs en chirurgie, présidoient, suivant l'usage, & ont interrogé le candidat.

3 Septembre 1776. Monsieur de Voltaire sentant que sa carriere s'avance, & que ses ennemis n'attendent que le moment où il aura les yeux clos pour donner les prétendus mémoires de sa vie, a cru devoir gagner les devants: il les a lui-même composés en bref & les répand depuis peu sous le titre de *Commentaire historique sur les œuvres de l'auteur de la Henriade, &c.* avec les pieces originales & les preuves. C'est un tiers qui est censé parler; mais au style & à la maniere favorable dont tous les faits sont présentés, d'ailleurs à une multitude de détails secrets & particuliers, on ne peut douter qu'il n'ait fourni les matériaux & mis le coloris.

4 Septembre 1776. L'affaire du sieur Caron de Beaumarchais qui devoit s'agiter au palais aujourd'hui, n'a pas eu lieu, & est remise à vendredi: on ne doute pas que cet homme affamé de renommée, bonne ou mauvaise, n'ait contribué à ce renvoi, pour attirer plus de monde & faire plus de bruit.

5 Septembre 1776. Madame Denis, la niece de monsieur de Voltaire, arrive cette semaine à Paris ; elle y vient sous prétexte de consulter monsieur Tronchin. On voit que tout cela n'est qu'un jeu concerté entre les amis & protecteurs de monsieur de Voltaire, qui desireroit fort revoir encore une fois Paris, & y recueillir les couronnes de toute espece qu'on lui prodigueroit. On a pu remarquer que monsieur de la Harpe a donné un avant-goût de ce triomphe à la fin de son discours de réception, l'affectation du vieux patriarche de la littérature de faire lire en pleine académie une de ses lettres le jour de la saint Louis, & celle tout récemment d'amener assez gauchement l'éloge de la reine dans de mauvais vers au sieur le Kain, sont autant de diverses circonstances qui fortifient la conjecture : mais le clergé se dispose à s'y opposer vigoureusement.

6 Septembre 1776. On ne doute plus enfin que le sieur de la Harpe ne soit celui qui remplace M^e. Linguet pour la rédaction du journal du libraire Pankouke : on a été long temps incertain, parce qu'aucun avertissement préalable n'annonçoit ce changement, & qu'on ne pouvoit croire que le nouvel académicien étant la cause ou le prétexte de la disgrace de M^r. Linguet, eût l'infamie de s'enrichir de ses dépouilles au même instant. Quoi qu'il en soit, il n'a point eu tant de délicatesse. On ne peut nier qu'il ne se trouve un changement en pire sensible dans l'ouvrage ; il est devenu froid, sec, ennuyeux, & les souscripteurs diminueront sans doute e grand nombre fi cela continue. Au refte, ce qui prouve combien Me. Linguet eft difficile a vivre, c'eft qu'il paroît conftaté aujourd'hui que le fieur Pankouke lui même, éxcédé de fon humeur, de fon égoïfme & de fon defpotifme, n'a pas peu contribué à fon renvoi : c'eft durant un voyage qu'ils ont fait enfemble à Geneve, qu'ils ont eu une querelle fi vive, que le premier n'a pu y tenir, & a réfolu de fe féparer d'un af-focié fi utile à fa fortune, mais fi intolérable dans le commerce. C'eft en conféquence de cette méfintelligence particuliere que Me. Linguet fait des répétitions confidérables contre le Libraire, lui demande des indemnités, & l'a fait ou le veut faire affigner.

C'eft un monfieur de Fontenelle, ci-devant rédacteur aux Deux-Ponts d'une double gazette de politique & de littérature, qui eft chargé de la partie politique du journal du fieur Pankouke.

6 *Septembre* 1776. L'expofition des tableaux au colyfée annoncée, a lieu effectivement : elle fe fait même avec appareil ; il y a un catalogue en regle contenant plus de 200 numéros. On fe doute bien cependant qu'il n'y a que des peintres de faint Luc qui fe foient prêtés à cette charlatanerie des directeurs du lieu.

7 *Septembre* 1776. La penfion qu'avoit feu monfieur de St. Foix fur le *Mercure*, paffe à monfieur de Crebillon. Celui-ci abdique la cenfure de la police ; elle eft donnée à un Sr. de Sauvigny, poëte peu connu, & dont les fervices & les talents ne femblent mériter en rien qu'on

lui confiât une place aussi importante dans la littérature.

7 Septembre 1776. L'examen de la requête civile présentée par le sieur de Beaumarchais aux grand'chambre & tournelle assemblées, avoit attiré un monde immense au palais. Cette audience extraordinaire s'est ouverte hier par l'appel de sa cause contre le procureur-général. Me. Target s'est levé pour plaider en faveur de son client, debout aussi à côté de lui. L'avocat a résumé en bref tout l'historique de l'affaire, & a établi les moyens de nullité prétendue contre le jugement du parlement Maupeou. Il a fait mention de l'intérêt que le prince de Conti prenoit à ce blâmé, & de la protection que S. M. avoit déployé envers lui par les lettres-patentes de relief de laps de temps qu'elle lui avoit accordées, déja entérinées par le parlement. Il n'a pas oublié de parler vaguement de la mission qu'il avoit reçue du feu roi pour l'Angleterre, trois mois après son blâme, ce qui annonçoit combien le monarque lui-même faisoit peu de cas d'un pareil jugement; ainsi que de celles accordées depuis par le roi actuel au sieur de Beaumarchais. Il a cherché à couvrir de ridicule, autant qu'il a pu, le tribunal contre lequel il s'élevoit, même à exciter l'indignation du public contre certains membres qu'il a nommés, & dont il a fait mention avec beaucoup de mépris, tels que les sieurs présidents du Château-Giron & de Nicolaï, les conseillers Nau de St. Marc, Gin, &c. Il a fini par prouver, autant qu'il a pu, l'irrégularité, l'inconséquence, l'arbitraire l'injustice, l'infamie, l'atrocité du jugement. Comme cet orateur a dit beaucoup de choses capables de plaire à nos seigneurs du parlement & aux suppôts du palais, il a reçu des applaudissements de cabale, mais n'a pas eu l'unanimité de suffrages que pouvoit lui mériter l'intérêt de la cause qu'il défendoit.

Le plus curieux étoit de voir auprès de lui le sieur de Beaumarchais en habit noir, l'air modeste, les yeux baissés, dans l'attitude de la componction : ce comédien a joué son rôle à merveille, & auroit bien voulu le pouvoir jouer mieux en parlant lui-même ; mais il n'a pu s'exprimer que par l'éloquence muette de toute l'habitude de son corps exprimant l'humilité.

L'avocat-général Seguier n'a dit qu'un mot, pour annoncer qu'il n'avoit vu dans toute la procédure rien qui mît les gens du roi dans le cas de s'opposer à ce que la cour entérinât la requête civile de la partie de Me. Target, & à ce que les parties fussent mises dans l'état où elles étoient avant le jugement : sur quoi arrêt conforme.

Le sieur de Beaumarchais alors a levé les yeux, a repris son air de confiance, il a fait jouer son diamant de 80.000 livres qu'il portoit au doigt & qui jetoit des feux prodigieux. Ses partisans qu'il avoit amenés avec lui, se sont acquittés de leurs fonctions en l'applaudissant & en excitant beaucoup de sots & de badauds, qui ont reconduit à son carrosse cet impudent, comme en triomphe.

8 *Septembre* 1776. *Le café politique d'Amsterdam, ou entretiens familiers d'un François d'un Anglois, d'un Hollandois & d'un Cosmo-*

polite sur les divers intérêts économiques & politiques de la France, de l'Espagne & de l'Angleterre, par Charles - Elie - Denis Roonptsy, maître du café. Août 1776, 2 *vol. in-8°. avec des cartes.* Tel est le titre d'un ouvrage volumineux nouveau, & sur lequel on ne peut prononcer qu'après l'avoir discuté.

8 *Septembre* 1776. M. Bourdon Desplanches, ancien premier commis de M. Langlois, ancien intendant des finances, a été mis à la Bastille lundi dernier. Il paroît que c'est assez légérement, puisqu'on ne lui reproche autre chose que d'avoir fait imprimer sans permission *un projet pour la réunion des postes aux chevaux aux messageries* : projet présenté, il y a très-long-temps, au contrôleur-général, qu'il a voulu faire valoir lorsque monsieur Turgot a agréé celui du sieur Bernard, & qu'il a encore remis en avant dans la derniere occasion, où l'on vient de faire de nouveaux changements en cette partie. Piqué de voir que dans aucun cas on n'eût eu égard à ses vues plus étendues, plus utiles & moins dispendieuses, suivant lui, il a voulu rendre juge le public impartial. Il paroît cependant qu'on ne le détient pas avec beaucoup de rigueur, puisque sa femme a déja eu la liberté de le voir.

9 *Septembre* 1776. La lettre de Me. Linguet au roi, datée de Bruxelles le 20 août, se répand déja imprimée ici : elle roule spécialement sur le différend de cet auteur avec le libraire Pankouke, & sur l'injustice qu'il prétend éprouver de ce dernier, autorisé par un simple ordre de M. de Vergennes.

11 *Septembre* 1776. Le Sr. Noverre a excité la

jalousie du sieur Gardel, qui avoit de grandes prétentions à la place de maître de ballets du théatre lyrique ; il en a résulté beaucoup de pasquinades contre ce dernier, qui devient la risée publique.

12 *Septembre* 1776. Il n'est sans doute pas étonnant de voir, comme il arrive tous les jours, de jeunes époux unis seulement par les liens de l'intérêt, par les convenances de leur état, par des vues de fortune & d'ambition, se dégoûter bientôt réciproquement, se reprocher mutuellement d'avoir été trompés, se détester, en un mot, en venir au moyen violent d'une séparation en justice ; mais qu'un homme mûr, un philosophe, un chef de secte, prêchant sans cesse la vertu, l'honneur, l'humanité, la bienfaisance, qu'un dévot, ayant toujours l'écriture sainte à la bouche, ne parlant que d'enfer & de paradis, force une femme, après quarante-trois ans de mariage, à faire enfin retentir les tribunaux de ses gémissements, à dévoiler la conduite scandaleuse, dissipatrice, barbare, tyrannique de ce grave personnage, il étoit réservé à nos jours de présenter une pareille scene, & c'est au marquis de Mirabeau d'en être le héros.

Les reproches de sa femme (Vassan en son nom) sont articulés dans un mémoire très-recherché à cause du personnage : elle prétend que ce coryphée des économistes lui a communiqué deux fois une maladie honteuse : qui ne provient pas d'un *produit net*, qu'il lui a présenté successivement trois objets scandaleux de ses débauches, & l'a forcée de vivre avec eux ; que depuis quatorze ans il l'a obligée de quitter sa maison, de mener une vie errante & fugitive; qu'il la tient au fond du Limousin, par lettre de cachet, éloignée de ses proches, sans aliments, sans secours, tandis qu'il jouit paisiblement de 50,000 livres de rentes qu'elle lui a apportées, dont il a cependant dissipé une grande partie, & dont il veut avoir la faculté de manger le reste.

13 Septembre 1776. Le colysée s'est distingué cette année par des feux d'artifice charmants & parfaitement bien exécutés. Un monsieur Duchesne, qui est à la tête de cette direction, annonce beaucoup de goût & d'intelligence. Mercredi 11 il y a eu l'attaque d'un fort par deux felouques, ce qui a produit un fort joli coup-d'œil : les mouvements militaires, consistant en bombes, boulets, &c. ont été faits avec beaucoup de célérité ; un feu continuellement roulant de la part des assiégés & des assiégeants, n'a laissé rien à desirer, & le combat n'a fini que par la fin de l'explosion.

La mal-adresse d'un allumeur a pensé produire un incendie plus réel & plus funeste : le feu avoit déja pris aux guirlandes dans le grand sallon, & toute la décoration étant de matieres très-combustibles, sans la célérité & la vigilance des pompiers, le bâtiment auroit été brûlé en entier.

13 Septembre 1776. On sait aujourd'hui que la cause de la nouvelle fortune du sieur de Beaumarchais est le goût qu'a pris pour lui M. le comte de Maurepas, qu'il a amusé par ses sarcasmes : ce ministre l'aime singulièrement.

13 Septembre. M. le comte de la Billarderie d'Angiviller, directeur & ordonnateur-général des bâtiments, &c. a un goût particulier pour les gazons : il en a fait mettre devant le louvre, sur l'esplanade entre ce palais & le cloître de St. Germain-l'Auxerrois ; il en a fait garnir la place de Louis XV, & en veut couvrir aussi l'intérieur de la cour du Louvre. Un quarré est déja formé en face de la salle où l'académie Françoise tient ses assemblées. Un mauvais plaisant a fait à cette occasion le quatrain suivant :

Des favoris de la Muse Françoise,
D'Angiviller a le sort assuré :
Devant leur porte il a fait croître un pré
Pour que chacun y pût paître à son aise.

14 Septembre 1776. Le sieur Pic est le premier danseur du théatre de Naples, venu dans ce pays-ci par congé pour y acquérir le goût François ; il a été invité par les coryphées de la danse de se montrer sur le théatre de l'opéra. On a fait une entrée pour lui dans *Alceste* & une autre dans *l'Union de l'Amour & des Arts*. Il a enlevé tous les suffrages : on le regarde pourtant comme plus fort dans la danse noble & du terre à terre que dans la danse haute & de *saltation*. Il n'est pas si grand que Vestris, mais infiniment plus jeune, n'ayant pas trente ans ; & par conséquent il a les mouvements plus doux, plus souples, plus moëlleux. C'est un éleve du sieur Noverre, ce qui lui a valu plus de faveur encore.

Hier la reine est venue pour le voir & en a été extrêmement satisfaite. On auroit voulu le conserver ici, mais il n'y a pas moyen d'y songer, puisqu'il gagne 30,000 livres à Naples.

14 *Septembre* 1776. Comme les courses de chevaux vont recommencer le mois prochain, M. le comte d'Artois, M. le duc de Chartres, M. le duc de Lauzun & autres seigneurs font dresser des chevaux pour triompher par leurs postillons ou *Jacqueis*. Il y a déja des paris fort gros assis sur tel ou tel coursier.

14 *Septembre*. M. Bourdon Desplanches est toujours à la Bastille. Son grand grief aujourd'hui, dit-on, est de s'obstiner à ne pas vouloir nommer l'imprimeur dont il s'est servi, & l'on ne peut qu'applaudir à sa délicatesse.

15 *Septembre*. M. le chevalier Gluck, qui avoit été extrêmement sensible au mépris affecté que les jaloux témoignoient dans les commencements contre son *Alceste*, est bien dédommagé aujourd'hui par l'empressement général & soutenu à s'y rendre. Il étoit hier à la trente-huitieme représentation. Jamais musicien n'a produit autant d'argent au théatre lyrique. L'*Iphigénie* & l'*Orphée* de celui-ci ont déja rendu 334,000 liv., recette inouie.

Il est vrai que *l'Union de l'Amour & des Arts* semble partager le triomphe d'*Alceste*. On joue concurremment ce ballet, & il se soutient aussi.

Hier, quoique sa majesté vînt pour la premiere fois au spectacle depuis sa maladie, elle n'a pas reçu les applaudissements qu'elle avoit droit d'attendre.

15 *Septembre* 1776. Les Italiens annoncent pour demain *le Duel comique*, opéra bouffon de

deux actes mêlés d'ariettes, imitées de l'Italien du sieur Paesielli.

15 *Septembre* 1776. L'anecdote la plus curieuse du mémoire de madame la marquise de Mirabeau contre son mari, c'est qu'elle lui conteste ses productions. Elle prétend que son *Ami des hommes* n'est qu'une amplification du manuscrit d'un Anglois, décédé il y a quarante ans, sur la population, confié à ce philosophe, & qu'il a commenté à sa maniere & dans son style ; ce qu'il est aisé de distinguer. Quant à la *Théorie de l'impôt*, elle confirme le bruit général qui l'attribue au feu docteur Quesnay. Le premier ouvrage avoit paru en 1757, & la sensation qu'il produisit, se manifesta par le vœu public qui portoit l'auteur à la place de sous-gouverneur des enfants de France. Il faut voir comment dans une lettre du 25 juin de la même année, il se glorifie de ce bruit. Quoique le second lui eût mérité une détention à Vincennes en 1761, il en tire encore vanité; ayant recouvré sa liberté, à condition d'aller dans sa terre près Nemours, suivant une lettre il goûte le doux plaisir, que non-seulement tout Egreville, mais encore tout Nemours étoit en haie double & triple, aux fenêtres, sur les étaux & par-tout pour le voit passer. Enfin la marquise lui ayant obtenu la faculté de revenir à Paris, dans une lettre du 17 février 1761, il se plaint d'y être arrivé au milieu de trop d'empressement.

Les citations de lettres originales de cet écrivain égaient ce mémoire, fort mal fait en général, sans méthode, sans ordre & sans style : il est bien dommage qu'un meilleur orateur n'ait pas eu cette tâche à remplir. La cause prêtoit infiniment aux sarcasmes.

15 *Septembre* 1776. Le sieur le Kain, revenu de Ferney, a rapporté que madame Denis n'étoit point partie, & étoit retenue par une incommodité qui avoit retardé son voyage de Paris. Du reste, cet acteur a reparu hier dans *Andromaque* devant la reine, avec tout le succès ordinaire.

16 *Septembre* 1776. Le sieur Noverre annonce un ballet de sa composition pour le premier octobre. Ce ballet n'est pas nouveau en Europe, puisqu'il a été déja exécuté en pays étranger ; mais il n'est point connu à Paris, & l'on espere qu'il y produira une grande sensation. Le sujet est *Alexandre rendant à Apelles sa maîtresse*.

16 *Septembre*. A la suite du *Commentaire historique sur les œuvres de l'auteur de la Henriade*, on a imprimé des lettres à différents particuliers, dont quelques-unes, connues, d'autres plus récentes : on remarque que dans une entr'autres il s'explique ouvertement sur le *siege de Calais* : « le *siege de Calais*, dit-il, qui » n'est plus admiré qu'à Calais. » Dans une autre, il détruit le préjugé de ceux qui attribuoient à Ganganelli les lettres données sous le nom de ce pape. En général, elles sont fort superficielles, & ne contiennent que de ces rabacheries ordinaires.

17 *Septembre* 1776. Malgré les premieres critiques, la foire Saint-Ovide est très-fréquentée cette année ; le rapprochement des boutiques, dans un cercle moins vaste, donne plus de gaieté au lieu, & l'anime davantage par

une circulation plus rapide. D'ailleurs, la promenade des Champs-Elysées devenus très-beaux, qui commence à attirer le public, y jette beaucoup de monde au retour. L'espoir d'y voir la reine qui est venue plusieurs fois au spectacle à Paris depuis sa convalescence, & sur-tout à la comédie Françoise, ne contribue pas peu à exciter les curieux, & à augmenter la foule.

17 Septembre 1776. La lettre de M^e. Linguet au roi est encore rare; mais ceux qui l'ont lue y trouvent des choses si hardies, des inculpations si graves & si directes contre le ministere actuel, qu'on doute que cet ex-avocat, cet ex-journaliste, cet ex François, ose reparoître ici dans ce moment. Bien des gens ont cru que la lettre qu'il rapporte de monsieur le comte de Vergennes au libraire Pankouke, étoit supposée de la part du plaignant, dont sa bonne foi est très-suspecte. Cette lettre en effet est peu ministérielle; elle est écrite avec tant de cordialité, d'affection, de politesse & de considération, qu'elle sort absolument du protocole ordinaire. On explique cela en disant que monsieur de Vergennes l'a écrite lui-même, d'abondance de cœur. Autre sujet d'étonnement, qui est un nouveau problème à résoudre.

Quoi qu'il en soit, la seule ressource actuelle de M^e. Linguet est dans la reine, qui a eu la bonté de solliciter le roi en faveur de cet exilé volontaire, qui n'a pas dissimulé que ce satirique l'amusoit, & qu'après tout, pourvu qu'il ne s'égayât pas sur des personnages du premier ordre, tels que leurs majestés, cela étoit égal. On ajoute que le roi a fait sentir à son auguste compagne que cela ne suffisoit pas, & que tout particulier avoit droit à la protection des loix pour un bien aussi précieux que la réputation, ou l'honneur, ce qui est la même chose.

18 *Septembre* 1776. Avant-hier a eu lieu la premiere représentation *du Duel comique* ; elle a été précédée du *Mariage d'Arlequin.* Le retour de Carlin, qu'une maladie grave avoit obligé de quitter le théatre, & qu'on désespéroit de revoir, a produit une sensation très-flatteuse pour cet acteur aimé du public. Quoiqu'il ne soit plus guere d'âge à jouer un pareil rôle, qu'il soit devenu épais & matériel en apparence, il a encore de la souplesse & de la légéreté dans ses mouvements, qui font disparoître sa corpulence. Avant la seconde piece il est venu faire un petit compliment, pareil à celui qu'il fit l'année derniere, lorsqu'on mit la *Colonie* au théatre. Le résultat a été, comme la derniere fois, de demander l'indulgence du parterre pour la piece, en faveur de la musique. La traduction de la premiere, très-mauvaise, est de monsieur Moline. Quant à la seconde, elle a eu le succès qu'on devoit en attendre.

19 *Septembre* 1776. L'affaire du sieur Mercier contre les comédiens, évoquée au conseil, & restant au croc, ainsi qu'ils en avoient menacé cet auteur, n'a fait qu'accroître l'insolence des histrions envers lui. Il a imaginé de prendre une autre tournure pour mettre de nouveau en cause ses adversaires. Il faut se rappeller le refus qu'ils lui ont fait l'année passée de lui

conserver ses entrées. Il a pris tous les arrangements nécessaires pour constater un second refus; il s'est présenté alors, & les a réclamées une seconde fois; & sur un autre refus il les a fait assigner au Châtelet, où ils ont été condamnés par défaut, & à 2,000 écus de dommages & intérêts envers l'auteur. Mais les comédiens ont eu recours à leurs protecteurs, & les gentilshommes de la chambre ont fait évoquer au conseil cet autre procès comme incident, & annexé au premier. Le sieur Mercier en a du moins occasion de faire une nouvelle requête au roi, où il pourra s'escrimer encore contre ses adversaires, & les tourner en ridicule; mais ils sont à tout cela.

20 *Septembre* 1776. Le jour ordinaire de la fête de Saint-Cloud, le temps n'ayant pas permis au public de se rendre en ce lieu, elle a été remise au dimanche 15; quoique le temps ne fût pas bien favorable, il s'y est trouvé une foule immense. La reine y est venue, & s'y est promenée en carrosse; mais ce qui a excité la curiosité & l'intérêt des spectateurs, ç'a été de voir madame la duchesse de Chartres conduite par son auguste époux, lui servant de cocher: on a admiré les graces & la dextérité de cet illustre *Automedon*, & il paroît conduire un char autant ou avec plus d'habileté qu'un vaisseau; sans doute quand son altesse sera plus initiée dans la marine, elle n'aura pas moins de talent dans cet autre art.

Le sieur le Fuel de Méricourt est désolé par son nouveau censeur. Celui-ci, vendu absolument aux comédiens, lui sabre impitoyablement des cahiers entiers de ses feuilles ; en forte qu'un numéro a manqué , l'impitoyable Ariſtarque en ayant rayé plus des trois quarts.

21 *Septembre* 1776. On a oublié de conſigner ici le couplet adreſſé à la reine, le jour qu'elle honora le colyſée de ſa préſence ; quelque médiocre, quelque plat même qu'il ſoit, comme il fait époque, on va le rapporter. Il faut ſe rappeller que c'eſt le 14 août que s'eſt paſſé cet événement. Le ſieur Duchesne, chargé de la régie du ſpectacle dont il s'agit, profita du court intervalle qui lui reſtoit depuis le moment où il fut inſtruit du projet de ſa majeſté, venue ce jour-là à la premiere repréſentation de *Coriolan*, juſqu'à celui de ſon arrivée pour ordonner des additions au feu d'artifice déja diſpoſé. L'humidité empêcha que ce feu n'eût tout le ſuccès deſiré ; la reine parut ſatisfaite cependant des effets d'une caſcade de feu Chinois, & du dernier coup de feu repréſentant le *temple de Mars*.

La reine, après le feu, ayant repaſſé dans la rotonde, prit le divertiſſement de voir danſer les petits enfants, éleves du ſieur Jolly, maître des ballets du colyſée. Ces enfants alors ſe groupperent en attitudes galantes, & s'avancerent avec des guirlandes de fleurs qu'ils poſerent aux pieds de ſa majeſté. La demoiſelle Jolly lui préſenta une couronne de myrthe & de roſes, & chanta le couplet ſuivant, ſur l'air : *Je ſens pour l'aimable Liſette.*

D'un peu d'encens que l'amour donne,
Quelquefois les dieux ſont flattés ;

Osons offrir cette couronne,
Tribut de nos cœurs enchantés.
Qu'avec plaisir on rend hommage
A la beauté,
Qui joint à ce doux avantage
La bonté.

21 *Septembre* 1776. L'opéra bouffon, intitulé : le *Duel comique*, est de beaucoup trop long. Quant au poëme, il est chargé d'une multitude d'incidents qui le rendent fort compliqué ; ce qu'il faut éviter sur-tout dans une bagatelle de cette espece. Enfin, il est rempli de mauvaises plaisanteries, & même de détails plats & misérables, particuliérement au second acte : il a donc fallu une musique de la plus grande beauté pour empêcher qu'on ne s'y ennuyât, & qu'on ne sifflât cette malheureuse farce. On a rendu justice à celle de *Paeziello* ; elle a été trouvée riche, harmonieuse, variée & pleine d'expression. On pourroit, sans voir ni entendre la scene, distinguer chaque acteur au caractere de son chant ; tant les convenances musicales y sont bien observées, & le génie du rôle parfaitement saisi. C'est la demoiselle Colombe, distinguée par son art pour chanter l'Italien, qui brille & excelle dans cette nouveauté, qui doit avoir autant de succès que *la Colonie*, si l'on lui rend justice.

22 *Septembre* 1776. C'est Me. Coqueley de Chaussepierre, avocat au parlement, le chef du conseil des comédiens, qui a été nommé pour succéder au sieur de Crébillon dans la place

de censeur du *Journal des théâtres* du sieur le Fuel de Méricourt. Celui-ci crie comme un démon contre cette injustice, puisque c'est le mettre entre les mains d'un juge soudoyé par les histrions, & nécessairement sa partie : c'est ce qui se manifeste dans les derniers numéros, & sur-tout dans celui du 15 de ce mois, tellement charpenté par monsieur Coqueley, qu'on n'a pu le faire paroître encore.

23 *Septembre* 1776. Monsieur Perronnet, premier ingénieur des ponts & chaussées, a fait imprimer son mémoire lu à l'académie des sciences sur les moyens de conduire à Paris une partie de l'eau des rivieres de l'Yvette & de Bievre. Il y démontroit que cette acquisition produiroit plus de 2,000 pouces cubes d'eau, qui, arrivant par l'Estrapade, le quartier le plus élevé de Paris, se distribueroient de-là facilement dans toute cette capitale, & même dans les maisons particulieres. Il est bien étonnant que le ministere, occupé depuis long-temps de cet objet important, n'y ait pas encore pourvu, malgré un arrêt du consc.. .endu à cet effet, il y a plus de huit ans. Pour rendre l'exécution du plan proposé moins dispendieuse, ne pourroit-on pas y employer les troupes ?

23 *septembre*. Monsieur le Camus de Neuville, qui est aujourd'hui à la tête de la librairie sous monsieur le garde-des-sceaux, exerce dans cette partie un despotisme qu'on n'auroit pas présumé d'un excellent patriote comme lui. Il a imaginé de ne plus laisser un auteur communiquer avec le censeur de son ouvrage, il ne veut pas même qu'il le connoisse ; il se

fait remettre le manuscrit & l'envoie personnellement à celui qu'il choisit pour l'examiner, lequel le lui remet de même. Cette méthode, bonne dans certains cas, où un censeur a besoin de l'incognito pour se livrer plus librement à ses fonctions, est mauvaise en général, par les longueurs qu'elle entraîne, l'auteur pouvant lever beaucoup de difficultés en conférant de vive voix avec son Aristarque, ce qui est presque impossible par écrit, & doit faire perdre tout au moins beaucoup de temps.

24 *Septembre* 1776. Les entrepreneurs de la gazette Françoise, établie à Londres sous le nom de *Courier de l'Europe*, dont quelques numéros ont fait tant de bruit ici par les injures qu'ils contenoient contre notre ministere, ont député pour s'aboucher avec monsieur de Vergennes, & faire lever les proscriptions de leur feuille. Ils rejettent ces impertinences sur le sieur Morande, & promettent de se renfermer dans les bornes de l'honnêteté des autres gazettes étrangeres, introduites dans ce pays-ci ; c'est un des fameux Suttons qui est chargé des conférences, & qui a, dit-on, espoir de réussir : si cela arrive, cette gazette aura, dans les commencements, une réussite prodigieuse par la premiere explosion qu'elle a faite, & qui a irrité la curiosité générale.

25 *Septembre* 1776. Un faiseur de projets vient de distribuer un programme sur un moyen qu'il propose, pour une distribution générale d'eau pure dans Paris. Sans combattre ouvertement les idées de monsieur de Parcieux à cet égard, il propose d'établir une machine sur

un pont de pierre à bâtir, vis-à-vis les nouveaux boulevards, en face de l'Arsenal. Au moyen de cette machine, mue par le courant de la riviere même, il prétend élever des réservoirs d'eau qu'il distribuera dans tout Paris, & dédommager la ville de toutes les avances qu'elle fera par la vente des pouces & lignes d'eau aux particuliers qui voudront en avoir dans leurs maisons. Il est étonnant qu'on s'occupe si peu d'une matiere aussi importante pour la santé des citoyens, la salubrité de l'air, & la propreté de la capitale.

25 *Septembre* 1776. La reine, madame, & madame la comtesse d'Artois sont venues vendredi à la représentation de l'*Union de l'Amour & des Arts*. Il y avoit ce jour-là autant de monde qu'à la premiere. Ce qui diminue un peu le triomphe des partisans d'*Alceste*. Cette musique étant d'un genre tout opposé à celui de l'opéra du chevalier Gluck, il s'ensuivroit que la foule se porte actuellement à ce spectacle par cette mode qui regne si impérieusement sur les François.

26 *Septembre* 1776. Monsieur Bourdon Desplanches est sorti de la Bastille le jeudi 19, & vraisemblablement on s'est lassé de le tenir captif pour arracher son secret sur l'imprimeur de ses œuvres.

27 *Septembre* 1776. Le sieur de Beaumarchais développe ses vastes projets de fortune; il a pris un très-grand hôtel rue du Temple; il monte ses bureaux, & établit une maison de commerce considérable; il a beaucoup de fonds à sa disposition.

28 *Septembre* 1776. Extrait d'une lettre de Fer-

ney, du 15 septembre.... Pour vous donner une idée de la galanterie du philosophe de ce lieu, voici un impromptu qu'il a fait il y a quelque temps, en faveur d'une madame Pourra, femme d'un banquier de Lyon, qui, sans être jolie, a des yeux très-lascifs & propres à réveiller le vieillard le plus engourdi. Vous vous rappellez l'aventure de mademoiselle Chau ***, cette sœur d'un professeur de Geneve, qui lui procura un évanouissement délicieux, où il pensa rester : il ne s'agit pas ici de quelque chose d'aussi fort, mais d'un pur jeu d'esprit, où le cœur cependant pouvoit avoir quelque part. Madame Pourra folâtroit avec monsieur de Voltaire, lui disoit des choses agréables, & entr'autres combien elle s'intéressoit à sa santé, lui ajoutant impérieusement qu'il falloit qu'il se conservât. Le poëte octogénaire lui répondit sur le champ avec une ingénieuse vivacité.

Vous voulez arrêter mon ame fugitive,
Ah ! Madame, je le crois bien,
De tout ce qu'on possede on ne veut perdre rien,
On veut que son esclave vive.

29 Septembre 1776. Les deux compagnies des vivres du Nord & du Midi se disposoient effectivement à attaquer l'abbé Baudeau & son acolyte monsieur de Saint-Leu, comme les ayant diffamées respectivement dans leurs écrits ; ils avoient même fait imprimer un mémoire à consulter dans le goût de celui de la caisse de Poissy ; il étoit suivi d'une consultation du 19 juillet, signée de Me. Courtin.

leur avocat, & de plusieurs autres célebres jurisconsultes. Assignation donnée en conséquence à chacun de ces deux messieurs ; mais l'exil infligé à l'un d'eux a arrêté la procédure, & l'on regarde cette tournure du ministere comme un moyen pris pour empêcher les suites d'une plaidoierie dont les tribunaux alloient retentir, & qui n'auroit pu que révéler au grand jour beaucoup de turpitudes dans lesquelles le gouvernement auroit été compromis. Il y a apparence que c'est par le même égard pour les volontés de la cour que le mémoire en question, quoique imprimé, n'a pas été fort répandu, & est resté entre les mains des intéressés.

30 *Septembre* 1776. L'académie royale de musique donne demain la premiere représentation d'*Euthyme & Lyris*, ballet héroïque en un acte.

L'acte d'*Arueris*, du ballet des *fêtes de l'Hymen & de l'Amour*, & *Apelles & Campaspe*, ballet pantomime du Sr. Noverre.

1 *Octobre* 1776. Il paroît deux gros volumes in-8o. intitulés : *Principes de la Législation universelle*. Ce livre est dédié au duc régnant de Saxe-Weimar & Eisenach, sans nom d'auteur par modestie sans doute, car il est composé avec beaucoup de sagesse, de modération & d'égards pour les souverains actuels. Il est très-profond & traite successivement des rapports de l'homme avec la nature, des rapports de l'homme avec la société, de la propriété & de sa liberté, des biens & des richesses, de la subordination dans la société, de l'autorité souveraine, des forces

de la société, des rapports d'une société avec les autres sociétés, de l'instruction nationale, du bonheur de la société, des loix positives. On voit par l'étendue de ces objets que le politique a généralisé ses principes, & voulu surpasser tous ses devanciers dans la carriere par un génie vaste comme son plan. En effet, il ne dit rien de neuf, mais il embrasse plus de choses & les traite en grand : il est plus consolant que la plupart de ses confreres ; il trouve, comme monsieur le chevalier de Chatellux, qu'on a fait quelques pas vers la félicité publique, & il espere qu'un jour on parviendra à perfectionner ce grand ouvrage, autant qu'il est possible ; il prévoit une chose qui doit contribuer beaucoup à l'avancer, c'est que les potentats reviendront de guerroyer & réformeront leurs armées trop nombreuses devenues inutiles. Il insiste beaucoup pour la liberté de la presse, puisque c'est aux écrivains de sa classe qu'on doit les progrès de la raison humaine, & que ce sont les philosophes aujourd'hui qui influent singuliérement dans la conduite des états. Si celui-ci s'égare dans ses riantes chimeres, au moins annonce-t-il un bon citoyen, ou plutôt un excellent Philantrope. C'est en outre un auteur clair, méthodique, précis dans sa diffusion même : son style est noble, pur, correct & facile ; & l'on peut lire avec fruit son traité solide & lumineux à bien des égards.

2 octobre 1776. La charge d'historiographe de l'ordre du saint Esprit qu'avoit M. Poullain de St. Foix qui vient de mourir, est réu-

nie à celle de généalogiste en la personne du sieur Cherin. Avant la levée des scellés mis chez le défunt, il est venu un ordre de la cour de ne point lever lesdits scellés qu'en présence du successeur, afin qu'il pût retirer tous les papiers relatifs à ses nouvelles fonctions; mais il ne s'en est trouvé aucun qu'il ait pu réclamer, ni même le moindre vestige d'aucun autre travail. La gouvernante de monsieur de Saint-Foix, interrogée à cet égard, a répondu avoit brûlé par ordre de son maître environ deux fois plein son tablier de papiers, mais ne paroissant être que des missives qu'il avoit reçues : ainsi les éditeurs de cet écrivain ne pourront rien donner de lui comme œuvres posthumes.

3 *Octobre* 1776. Le poëme du nouvel acte d'*Euthyme & Lyris* est d'un monsieur Boutellier, auteur qui a donné beaucoup d'ouvrages sur des théatres de société & aux boulevards; la musique est d'un monsieur Desormeri, peu connu aussi. L'un & l'autre n'ont eu aucun succès, malgré mademoiselle Arnoux qui y a joué & a été huée du public, mécontent d'elle depuis ses cabales contre la tragédie d'*Alceste*.

Arueris ou *les Isies*, dont les paroles sont de Cahuzac & la musique de Rameau, n'a guere fait plus de sensation.

Le ballet pantomime du Sr. Noverre, intitulé: *Apelles & Campaspe*, ou *la générosité d'Alexandre*, a heureusement dédommagé de tout le spectacle lyrique. La musique, du sieur Rodolphe, ordinaire du roi, s'est mariée à merveille avec cette savante chorégraphie. La veine, qui a honoré cette première représentation de sa présence, avec madame, la comtesse d'Artois, monsieur, & le comte d'Artois, n'a paru s'amuser qu'à ce ballet, & l'a goûté infiniment. Il faut convenir cependant qu'il ne vaut pas celui de *Médée & Jason*.

4 octobre 1776. *La Morale universelle, ou les Devoirs de l'homme fondés sur la nature*, est un autre livre qu'on peut regarder, comme le pendant des *principes de la législation universelle*, ou comme devant le précéder. Il mérite d'être discuté & approfondi pour en rendre un compte plus particulier.

5 octobre 1776. Comme beaucoup de gens n'avoient rien compris à l'acte d'*Euthyme & Lyris*, noms très-ignorés, monsieur Boutellier a publié l'avertissement suivant. « Lybas étoit de l'armée
» d'Ulysse ; la flotte de ce prince ayant été
» jetée par une tempête sur les côtes d'Italie,
» Lybas insulte une jeune fille de Témesse,
» que les habitants de cette ville vengerent en
» tuant le Grec. Mais bientôt les Témessiens
» furent affligés de tant de maux qu'ils pen-
» soient à abandonner leur ville, quand l'oracle
» d'Apollon leur conseilla d'appaiser les manes
» de Lybas, en lui faisant bâtir un temple,
» & en lui sacrifiant tous les ans une jeune
» fille. Ils obéirent à l'oracle, & Témesse n'éprou-
» va plus de calamités.

» Quelques années après, un brave athle-
» te, nommé Euthyme, s'étant trouvé à Te-
» messe, dans le temps qu'on alloit faire le sa-
» crifice annuel d'une jeune fille, entreprit de
» la délivrer, & *de combattre le génie de Ly-*
» *bas. Le spectre parut, en vint aux mains*
» *avec l'athlete, fut vaincu, & de rage alla*

» *se précipiter dans la mer*. Les Témessiens
» rendirent de grands honneurs à Euthime,
» lequel épousa la jeune fille qui devoit être
» immolée. »

On voit par cet exposé que le sujet n'offre qu'un fond trivial & rebattu en vingt opéra, le poëte n'y a point ajouté du sien, & ne l'a pas relevé par quelque accessoire heureux. Quant à la musique elle n'a rien de plus original ; elle est pleine de lieux communs, médiocres & sans expression : ce qu'on y trouve de mieux ce sont quelques airs de ballet assez agréables.

Aujourd'hui, que la présence de la reine n'intimidoit pas le parterre, les partisans du chevalier Gluck y sont venus en foule, & ont complétement hué Mlle. Arnoux, qu'ils avoient ménagée la premiere fois ; aussi a-t-elle très-mal chanté : on ne croit pas qu'elle ose se reproduire aux yeux du public & sur-tout à ses oreilles, & peut-être même cette humiliation sera-t-elle l'époque d'une retraite absolue, à laquelle son organe affoibli auroit dû la déterminer plutôt.

6 octobre 1776. *Arueris* faisant la seconde entrée du nouveau spectacle lyrique, se ressent du temps où cet acte a été composé. On sait que c'est dans les jours les plus brillants de ses auteurs : il s'appelle autrement *les Isies* ou *Isiennes*. C'étoient des fêtes célebres instituées en l'honneur de la déesse Isis, que les Egyptiens honoroient comme la déesse universelle. Ces fêtes étoient un mystere impénétrable ; ce qui a donné lieu aux historiens d'en parler peu avantageusement. Quoi qu'il en soit, le poëte prétend que dans son institution elles

étoient fort simples & fort honnêtes. Il faut savoir qu'*Arueris*, personnage généralement peu connu aussi, étoit chez les Egyptiens le dieu des arts & fils de celle à laquelle étoient consacrées les fêtes en question : elles consistoient dans un concours de talents pour obtenir le prix. Le sieur le Gros à occasion de développer toute la beauté de son organe dans cette musique forte, harmonieuse, pleine de choses agréables & parfaitement analogues au sujet. Monsieur, le goût est tellement changé, que Rameau même est peu couru des modernes harmoniphiles.

7 Octobre 1776. Monsieur Noverre a fait imprimer un programme très-détaillé de son nouveau ballet pantomime : il est dédié à la reine, dont il célèbre l'auguste protection envers les talents & envers lui. Il est divisé en deux actes ; tout le monde connoît le sujet : « Alexandre
» ayant ordonné à Apelles de faire le portrait
» d'une de ses favorites nommée Campaspe,
» Apelles frappé de sa beauté de son modele,
» en devient amoureux : Campaspe partage son
» amour ; Alexandre s'en apperçoit, fait le
» sacrifice de sa passion & unit les deux
» amants. »

Dans le premier acte, le lieu de la scene est l'attelier d'Apelles, terminé dans le fond par une galerie de tableaux. Il est divisé en cinq scenes. *Premiere scene* : Apelles est occupé à finir le portrait d'Alexandre. *Seconde scene* : Le prince vient le voir, il en est enchanté & se propose de faire peindre par Apelles Campaspe, qui l'accompagne voilée ; il en découvre les beautés, au peintre frappé d'admiration.

Troisieme scene: Roxane jalouse arrive & témoigne toute la rage dont elle est agitée. Alexandre l'oblige de sortir avec lui, & laisse Campaspe. *Quatrieme scene*: Le peintre troublé par sa passion essaie en vain de peindre cette beauté; il la met successivement en Pallas, en Diane, en Flore, en Vénus; le pinceau lui échappe toujours: il avoue sa passion à Campaspe, qui y répond & préfere la liberté à la grandeur. Roxane toujours agitée par sa jalousie, revient, est témoin de la déclaration & se propose de se venger en faisant part de cette découverte au roi. *Cinquieme scene*: Alexandre revient, témoigne à ces perfides toute son indignation; enfin la générosité l'emporte, il leur pardonne & veut les unir.

La scene change au second acte. Le théatre représente le palais d'Alexandre: dans le fond paroît un trône élevé sur plusieurs marches. Le roi fait présenter la coupe nuptiale aux deux époux, préside à leur hymen, puis donne la main à Roxane & l'éleve au trône. Le couronnement est terminé par une danse générale, dont est Alexandre.

7 *Octobre* 1776. Pour préluder aux fameuses courses de Fontainebleau, il y en a eu une vendredi à la plaine des Sablons entre les rivaux ordinaires; c'est M. le duc de Lauzun qui a gagné.

8 *Octobre* 1776. Me. Caillard, avocat, vient de mourir: c'étoit un des plus fameux de l'ordre, non à raison de son éloquence, car il n'en avoit aucune, mais de son intelligence des affaires, de sa facilité & de sa méthode. Il étoit uniquement occupé de son métier, & ses confreres l'ap-

pelloient *un moule à caufes*, pour exprimer la multitude qu'il en avoit & expédioit. Sa paffion pour l'or lui avoit fait lâcher pied dans la derniere révolution, & c'étoit un des quatre *mendiants* : ce qui l'avoit mis mal avec l'ordre, & lui a fait effuyer nombre de mortifications depuis le retour du parlement. Linguet lui en vouloit auffi beaucoup, & l'a tympanifé dans fes diatribes. Tout cela lui a caufé un fond de chagrin qui l'a fait périr vraifemblablement à la fleur de l'âge.

8 *octobre* 1776. *Lettre d'un eccléfiaftique fur le gouvernement du diocefe d'Auxerre, depuis que monfieur de Cicé en eft évêque.* Tel eft le titre d'une nouvelle brochure qui exite la curiofité des amateurs de libelles, & ne la fatisfait pas. C'eft une rapfodie, une compilation d'anecdotes obfcures inférées dans la gazette eccléfiaftique, ne roulant que fur des détails minutieux & relatifs aux perfécutions du prélat contre des prêtres très-fameux parmi la cabale janfénienne & inconnus du refte du public. Il n'y a rien qui ait trait aux points d'adminiftration religieufe, dont monfieur de Cicé a été chargé dans fon ordre, non plus qu'au rôle qu'il a joué dans la révolution de la magiftrature & dans les troubles arrivés parmi celle d'Auxerre. Il eft vrai que cette premiere partie femble en annoncer une feconde. Du refte, le caractere patelin & hypocrite de ce tartuffe mitré eft bien peint.

9 *octobre* 1776. On parle beaucoup de la fête de Brunoy: en général les Parifiens n'en font pas contents, à raifon de la difette des comeftibles & des rafraîchiffements, du peu

d'ordre, & de plusieurs parties qui ont manqué comme le bal. Le principal objet étoit de plaire à la reine par des spectacles allégoriques propres à rappeller ses vertus. Ils ont été divisés en cinq actes, entre lesquels un tournoi en l'honneur de la belle des belles est ce qu'il y a eu de mieux exécuté. On y a reconnu le génie du sieur Noverre pour la composition ; & le sieur Pic, qui étoit resté *ad hoc*, y a brillé singuliérement.

10 *Octobre* 1776. Le sieur Coqueley de Chaussepierre, le nouveau censeur de M. le Fuel de Méricourt, sert si bien les comédiens aux appointements desquels il est, que voilà déja deux feuilles du *Journal des Théatres* arrêtées. On n'a pas même voulu permettre que cet écrivain périodique annonçât la vraie cause de son retard ; il a été obligé de faire insérer dans les papiers publics que c'étoit pour cause de maladie. Les histrions triomphent & se flattent que cette tournure prise de concert avec les supérieurs, sans doute, fera tomber de lui-même le journal, sans aucune suppression manifeste.

11 *Octobre* 1776. Le ministre des affaires étrangeres est venu à bout de vaincre la répugnance de sa majesté pour l'introduction de la nouvelle gazette Anglo-Françoise intitulée: *Courier de l'Europe*, & la distribution doit commencer à Paris au premier novembre prochain. Les rédacteurs, suivant l'usage, promettent beaucoup de belles choses, en prétendant que cette gazette qui se compose depuis quelque temps à Londres, déja connue par le choix & la variété des matieres fournies par des corres-

pondances exactes & puisées dans 53 gazettes qui paroissent toutes les semaines chez eux, deviendra tous les jours plus intéressante par les soins & l'impartialité des éditeurs. Ils ont eu la permission de répandre quantité de *Prospectus*, & de les faire afficher par-tout.

12 Octobre 1776. *La Morale universelle* est divisée en trois parties. La premiere embrasse la théorie de la morale, & les deux autres la pratique; c'est-à-dire, que l'auteur établit d'abord des définitions simples, & expose clairement les principes de la science des mœurs; qu'ensuite il applique les principes posés à tous les états de la vie. Telle est l'analyse qu'il donne de son livre; mais, quoiqu'il prétende avoir conçu un système nouveau, lié comme il n'en a pas paru, on peut assurer qu'il ne dit rien de neuf, que ses définitions ne sont pas toujours exactes, & que conséquemment le reste s'écroule. En général, cette science se réduit à quelques axiomes si connus, si profondément gravés dans le cœur de l'homme, qu'on ne peut assez s'étonner de voir des ouvrages volumineux sur une pareille matiere. Ce qu'il y a de mieux dans celui-ci, c'est qu'en vue de joindre l'autorité au raisonnement, le philosophe a enrichi son traité de pensées remarquables & de maximes utiles, tirées des anciens & des modernes, afin de former une espece de concordance, capable de fortifier chacun des chaînons de son système moral. Du reste, l'ouvrage est bien écrit, la marche en est méthodique; & malgré sa longueur, il n'est point ennuyeux, parce qu'il est divisé en chapitres courts, & parsemé de traits

historiques, d'anecdotes & de passages qui en empêchent la sécheresse. Le moraliste semble dans le point nécessaire pour traiter son sujet ; il n'annonce aucune effervescence d'imagination ; ses passions sont calmes, il est sans prévention & sans enthousiasme.

13 *Octobre* 1776. On peut se rappeller les démarches multipliées de Me. Linguet pour obtenir au conseil la cassation des arrêts des 4 février & 29 mars 1775. Il dressa alors une requête au roi pour motiver ses réclamations, écrite avec toute l'énergie dont il est capable. Il y rend compte à sa maniere des faits & gestes de ses adversaires, & en tire moyen pour parvenir à son but. Un des principaux griefs qu'on lui imputoit, étoit sa demande d'honoraires à monsieur le duc d'Aiguillon, refusés par ce ministre. Cet article est traité avec la plus grande adresse, & il a eu l'art d'y faire l'insertion des deux lettres qu'il lui avoit écrites alors, & dont il suppose la connoissance nécessaire pour sa justification. Elles sont cruelles pour le duc d'Aiguillon, & telles que le suppliant n'auroit eu la liberté de le publier à Paris. Il profite aujourd'hui de son séjour en pays étranger ; & n'ayant plus rien à ménager, il vient de faire imprimer le tout à Buxelles, formant un recueil de 134 pages d'impression in-8°. Cet écrivain, après avoir souvent protesté de sa soumission au gouvernement, & promis de soumettre tous ses ouvrages à la censure, commence à sentir l'utilité des presses étrangeres, & même leur nécessité en bien des cas. Il n'a pas manqué de faire passer la plus

grande partie de cette édition en France, pour qui elle est principalement faite.

13 *Octobre* 1776. Le sieur Noverre a amélioré son ballet de la *Générosité d'Alexandre*, en le raccourcissant ; au surplus, on critique cette maniere de faire le principal du spectacle de ce qui n'en devroit faire que l'accessoire. Ce n'est point en composant ainsi des ballets isolés qu'il remplira les intentions des amateurs qui ont applaudi à sa nomination ; c'est en perfectionnant notre chorégraphie ; c'est-à-dire, en trouvant l'art d'insérer dans nos opéra & autres ouvrages lyriques des danses analogues au sujet, faisant partie de l'action, en soutenant, en augmentant l'intérêt, & complétant la magie de ce délicieux spectacle.

14 *Octobre* 1776. On ne peut assez s'étonner de l'audace & de la bassesse de M. de la Harpe, qui leve enfin le masque ; & dans un avertissement inséré à la tête de la feuille du 5 octobre, déclare que depuis celle du 25 juillet il préside à la partie littéraire du *Journal de Littérature & de Politique*, & qu'il ne travailla plus au *Mercure* ; que Me. Linguet depuis cette époque n'y a aucune part, & que c'est enfin M. de Fontanelle qui rédige & rédigeoit par un nouvel arrangement la partie politique quelque temps avant l'abdication du précédent compositeur.

14 *Octobre* 1776. On commence à lâcher sous main dans le public le *Mémoire* annoncé *pour les deux compagnies des Munitionnaires des vivres des troupes du Roi*. C'est de l'ouvrage intitulé : *Eclaircissements demandés à M. N… sur ses principes économiques & sur ses projets*

de législation au nom des propriétaires fonciers & cultivateurs François, imprimé d'abord séparément, & transporté ensuite en entier dans les *Ephémérides du citoyen*, que les accusés tirent le paragraphe calomnieux de monsieur l'abbé Baudeau, comme les chargeant du crime de monopole. Peu après que ce livre parut, c'est-à-dire le 12 juillet 1775, les munitionnaires en porterent leurs justes plaintes à monsieur le contrôleur-général Turgot, qui leur fit témoigner qu'il désapprouvoit les imputations hasardées par l'écrivain : depuis, quoique remerciés, ils ont reçu du ministre les témoignages les plus flatteurs de la satisfaction que l'on avoit toujours eu de leurs services.

C'est dans cette circonstance que le même journaliste a inséré dans son quatrieme volume de 1776, un mémoire de monsieur de Saint-Maurice de Saint-Leu, intitulé : *Réflexions historiques sur les écoles militaires, si étrangement multipliées dans toute l'Europe, & sur l'édit du roi, portant réglement non-seulement sur l'éducation que recevront à l'avenir les éleves de son école royale militaire, mais encore touchant l'administration des biens de cet établissement, par monsieur de Saint-Maurice de Saint-Leu, colonel au service de Pologne*. On y lit : « déja l'ame du soldat s'éleve, son noble état » cessera d'être avili par l'affreuse misere : & » la moitié de son pain, eh ! quel pain avoit- » il ne sera plus dévorée par des harpies sacri- » leges. »

C'est sur le mémoire à consulter concernant cette double diffamation, qu'est intervenue la consultation du 17 juillet, & que le 24 les sieurs abbé Baudeau & Saint-Maurice de Saint-Leu ont été assignés pour voir dire que les imputations calomnieuses insérées aux susdits écrits seront & demeureront supprimées, que les auteurs seront tenus de les rétracter, & de reconnoître, par un acte authentique, les munitionnaires des vivres pour gens d'honneur & de probité, incapables des manœuvres & de monopoles; comme aussi d'avoir altéré le pain des troupes dans sa qualité, & de l'avoir diminué dans la quantité.

15 *Octobre* 1776. A l'appui du mémoire de madame la marquise de Mirabeau, il paroît un *Mémoire à consulter pour monsieur le comte de Mirabeau interdit, contre messire Victor de Riquetti, marquis de Mirabeau, son pere & curateur à son interdiction.*

Il est suivi d'une consultation du 30 décembre, signée *Beviere*, & d'une autre du 17 du même mois, signée *Grouber de Groubental*.

Il est accompagné de pieces justificatives; savoir, une premiere lettre à monsieur de Malsherbes en date du 27 février 1776; une seconde lettre sans date au même; & enfin deux mémoires à ce ministre. Toutes ces pieces contiennent des détails importants concernant cet infortuné jeune homme, âgé de 27 ans, & dont cinq lettres de cachet, un mariage & une interdiction remplissent déja le tiers de sa vie romanesque.

16 *Octobre* 1776. L'ordonnance des coups de plat de sabre a excité l'enthousiasme d'un anonyme, qui a enfanté une piece en vers en forme de *Réquete à la Reine*, pour toucher le cœur de sa majesté, & l'engager à intercéder auprès de son

auguste époux, afin qu'il ordonne la révocation de cette peine infamante, ne fût-elle point exécutée, tant qu'elle subsistera dans l'ordonnance. Cette *épitre* est écrite en style noble, est pleine de sentiment; elle a le défaut d'être trop longue: elle n'est que manuscrite, & ne peut guere paroître imprimée publiquement, tant que monsieur le comte de Saint-Germain restera en place.

16 Octobre 1776. Comme le nouvel acte ne peut subsister, les régisseurs de l'opéra, pour satisfaire les amateurs de la musique du chevalier Gluck, se disposent à remettre *Orphée*.

17 Octobre 1776. On écrit de Fontainebleau que *Zuma*, tragédie de M. le Fevre, la premiere nouveauté qu'on devoit jouer à la cour, y a été représentée en effet le 10 ; mais sans succès, & qu'on la regarde comme tombée à plat. Heureusement pour l'auteur que le public de Paris n'est pas toujours d'accord avec celle-là.

18 Octobre 1776. Un amateur vient de faire imprimer des *Vues* sur l'opéra en 20 pages in-4°. elles contiennent des observations très-justes sur ce théatre, & des idées lumineuses pour en prévenir la chûte inévitable, si l'on n'y apporte remede.

18 Octobre 1776. Il y a déja une course de chevaux à Fontainebleau ; elle a eu lieu dans la plaine de Barbau, & monsieur le comte d'Artois n'a pas eu l'avantage. Mais ce n'est que le 11 novembre qu'il doit éprouver le fameux cheval masqué qu'on a annoncé depuis quelques mois.

19 Octobre 1776. Tout ce qu'on peut inférer du mémoire de M. le comte de Mirabeau, mal digéré, dirigé, sans méthode, sans ordre, & absolument informe, mais combiné avec les autres pieces qui n'ont guere plus de clarté, c'est que ce jeune homme étoit au château de Dijon, enfermé par lettre de cachet, sous prétexte de le souftraire aux pourfuites de ses créanciers, & à un décret de prife de corps décerné contre lui; il paroîtroit qu'il a trouvé aujourd'hui le moyen de fortir de fa prifon, qu'il écrit d'un lieu fecret où il s'eft retiré, & qu'il ne craint ni les griefs articulés par fon pere, ni les pourfuites de la juftice; que les diffipations reprochées à cet enfant ne font point auffi confidérables que les calcule le marquis de Mirabeau; qu'elles ont été néceffitées en grande partie par la parcimonie de ce dernier, par le mariage de fon fils; & enfin parce que, loin d'avoir liquidé fes dettes, il ne lui paie pas même la penfion ordonnée par la fentence d'interdiction : quant au procès criminel dont eft chargé l'interdit, il n'y a été engagé que pour une affaire grave, qui intéreffoit l'honneur de l'une de fes fœurs, & celui de fa famille entiere; qu'il ne lui faudroit que la facilité de comparoir & de fe défendre pour confondre fes adverfaires : en un mot, le vrai but de cet écrit & autres pieces juftificatives, eft de démafquer encore mieux l'hypocrifie de l'*Ami des Hommes*, de mettre au jour fon injuftice, fa dureté, fa barbarie envers fon fils, & de prouver qu'il a d'autant plus de tort de l'accufer d'un dérangement de fortune, que lui-même s'eft exceffivement dérangé, puifqu'il a mangé plus de 500,000 livres de biens fubftitués, & environ 600,000 liv.

sur ceux de sa femme, & qu'il doit en outre environ autant.

Il est fâcheux que cette autre cause, non moins intéressante que celle de madame de Mirabeau, ne soit pas tombée en de meilleures mains. On n'y trouve pas même le piquant du premier mémoire par le ridicule résultant nécessairement des citations des lettres du marquis; celui-ci est triste & sans sel d'un bout à l'autre.

19 *Octobre* 1776. Le goût des courtisans de Fontainebleau paroît extrêmement difficile cette année pour les pieces de théatre. On a déja vu comment une tragédie nouvelle y est tombée; ils n'ont pas fait plus de grace à une piece des Italiens, ancienne depuis dix-huit ans, & jouée toujours à Paris avec succès: c'est *la Soirée des Boulevards* du sieur Favart. Il est vrai que cet auteur a voulu la rajeunir en y adaptant beaucoup de choses relatives aux circonstances, & des fadeurs pour la reine.

20 *Octobre* 1776. Mademoiselle Raucoux se montre de nouveau ici. On ignore encore si c'est un retour de tendresse pour sa patrie qui l'y ramene, ou si les comédiens ne pouvant la faire remplacer par la demoiselle de Sainval la cadette, trop médiocre, ont eu recours à elle. Quoi qu'il en soit, elle a été très-flattée de voir qu'on s'en occupât, & de trouver des bonnets à la *Raucoux*. Ils sont caractérisés principalement par un petit panier percé qui les surmonte.

21 *Octobre* 1776. L'attention extrême que monsieur le comte de Saint-Germain donne à toutes les parties de la guerre, a engagé monsieur

le baron de Holtzendorff, ci-devant au service du roi de Prusse, à publier une traduction Françoise d'un livre, intitulé: *Eléments de tactique, démontrés géométriquement, ouvrage composé par un officier de l'état-major des troupes Prussiennes.* Le ministre a été fort aise de voir relever au grand jour par un homme du métier, & formé sous le roi de Prusse, la théorie profonde de ce grand prince sur un art dont il fait son étude principale depuis qu'il est sur le trône. Cette théorie doit être, suivant la promesse de l'auteur, mise à la portée de tout le monde, même du simple soldat.

22 *Octobre* 1776. On sait que le nonce du pape, effrayé du scandale que la *Bible commentée* de monsieur de Voltaire alloit causer, & convaincu de la nécessité d'y répondre, s'il est possible, l'a achetée pour l'envoyer à sa sainteté.

23 *Octobre* 1776. Le sieur Gardel, honteux du ridicule qui a réjailli sur lui par la basse jalousie qu'il a témoignée contre le sieur Noverre, veut prouver qu'il n'est point indigne d'être son concurrent: il a composé un ballet pantomime tragique, intitulé: *Enée & Didon*. Il doit être exécuté à Fontainebleau. On ne peut disconvenir que ce sujet ne soit bien choisi, & susceptible de beaucoup d'intérêt.

24 *Octobre* 1776. Aujourd'hui qu'on met tout en dictionnaire, en almanach, en journaux, qu'il y a déja des dictionnaires & des almanachs de Marine, il manquoit un journal à cette partie de l'administration, & il est question d'en établir un sous les auspices de monsieur de Sartines.

15 Octobre 1776. Le sieur Porporati, graveur fameux, étranger, mais établi dans ce pays-ci, a fait depuis peu un dessin représentant Adam & Eve, trouvant le cadavre d'Abel tué par son frere, & apprenant par cette funeste catastrophe ce que c'est que la mort. Ce dessin gravé, avant de le mettre en vente, l'auteur a voulu l'enrichir d'une inscription : il a eu recours à monsieur Rousseau de Geneve, & ce grand homme en a fourni sur le champ une, supérieure certainement à tout ce que l'académie des belles-lettres auroit imaginé ; la voici :

Prima mors, primi parentes, primus luctus.

16 *Octobre* 1776. On a plaisanté sur les réclamations du clergé à l'égard de monsieur Necker ; on sait que monsieur de Maurepas a répondu à quelques Evéques qui lui témoignoient leur surprise de l'élévation de ce protestant au ministere: *le roi vous le sacrifiera, si le clergé veut se charger de payer les dettes de l'état* ; on est parti de-là pour faire un jeu de mots qui a pourtant une sorte de sens ; le voici :

De ton choix, ô Necker ! le dévot alarmé,
 Crie en vain, quel scandale énorme !
Pour régir son trésor ; quoi ! Louis a nommé
 Un enfant de Geneve, un maudit réformé ?
  C'est qu'il s'entend a la réforme.

27 *Octobre* 1776. Le *Journal de Marine* qu'on annonce, seroit fort utile, s'il étoit bien fait ; mais à en juger par le *prospectus* ; les coopérateurs n'ont pas pris la chose sous son vrai

point de vue, ou plutôt sont gênés dans leur travail, car ils ne parlent pas du plus essentiel, qui seroit de rendre compte des mouvements de nos ports; & quand ils le voudroient, ils ne pourroient mettre l'à-propos de la nouveauté, puisque ce journal ne sera composé que de quatre cahiers, & qu'ils ne seront publiés que de trois mois en trois mois.

28 *Octobre* 1776. Extrait d'une lettre de Fontainebleau, du 24 octobre. Rien de plus singulier que de voir ici le sieur de Beaumarchais faisant la pluie & le beau temps chez monsieur de Maurepas, faisant les honneurs de sa table, & réjouissant ce vieux ministre par ses bons mots & par ses saillies.

29 *Octobre* 1776. Il est inconcevable à quel excès de délire l'enthousiasme philosophique peut porter certaines têtes une fois exaltées; c'est ce qu'on voit à l'égard des économistes, qui, plus que jamais, font corps, composent une secte, & ont imaginé des cérémonies & des formules de réception pour les initiés. C'est aujourd'hui monsieur Turgot qui préside aux assemblées; il a loué un grand hôtel, l'*hôtel de Brou*, où une très-belle galerie sert à réunir tous les freres, à prononcer les discours, & à l'admission des candidats.

L'ex-ministre, au surplus, paroît avoir pour sa part une forte dose d'enthousiasme. Il pousse l'humanité au point de vouloir que ses domestiques, sous prétexte que ce sont des hommes, soient aussi bien logés que lui, & il a fait à cet égard des dépenses à faire rire ceux qui visitent les lieux.

30 *Octobre* 1776. Les directeurs actuels du con-

cert spirituel font tous leurs efforts pour continuer à attirer le public par des nouveautés en musique & en virtuoses: ils annoncent pour le concert spirituel de la Toussaint, la *Signora Giorgy*, cantatrice Italienne, que tous les amateurs se disposent d'aller entendre.

31 *Octobre* 1776. Extrait d'une lettre de Fontainebleau, du 30 octobre. Hier a été joué la piece du chevalier de Cubieres, annoncée sur le répertoire *le Dramomane*, & dont par égard pour le sieur Mercier, appellé plaisamment par feu Freron, *le Dramaturge*, il a changé le titre en celui de *la lecture interrompue*. Elle a eu le sort des autres nouveautés exécutées durant le voyage: jamais, il est vrai, on n'a hasardé comédie aussi mauvaise; les brouhahas, les rires par éclat, les applaudissements ironiques, ont fait trouver que la piece étoit bien nommée: la cour n'en a pas attendu la fin. C'est une plaisanterie contre les drames, dont le goût devient de plus en plus commun. Comme elle porte à-plomb sur le sieur Mercier, les comédiens ont fait leurs efforts afin de la soutenir par leur jeu, mais inutilement. Le héros de l'ouvrage, engoué de drames, en veut imaginer des plus noirs qui aient jamais paru; pour cela il choisit des aventures toutes noires, comme celle d'un pâté succulent dont on fait l'ouverture, & qui empoisonne tous les convives; celle d'un frere assassiné par son frere; en un mot, ce ne sont que démons, enfers, abymes, têtes de morts. On apporte à l'auteur dramomane l'épreuve d'un drame qu'il a composé; il veut en faire la lecture, & annonce d'abord fort au long ce que doit représenter

le théatre; il veut ensuite distribuer les rôles; mais il se trouve qu'il ne peut être mis en action, parce qu'il lui faudroit trois pendus, & que chacun se refuse à jouer un pareil rôle. Enfin, nonobstant cet embarras, il continue sa lecture, interrompue par un exempt, qui vient de la part du prince pour le mettre aux petites-maisons, où l'on a envoyé très-hautement le poëte. Autre gentillesse: la fille de l'amateur & compositeur de drames, est destinée à un certain monsieur de Sombreuse, dont le caractere est fort analogue à celui du pere: il paroît devant la future, & lui fait une déclaration d'amour si tragique, que la croyant voir fondre en larmes, lorsqu'elle éclate de rire, il s'écrie: *mademoiselle en tient!*

1 *Novembre* 1776. Madame Geoffrin étant toujours dans un état de dépérissement & d'affoiblissement de tête, qui la met hors d'état de continuer ses assemblées philosophiques, c'est madame Necker qui en rassemble aujourd'hui tous les membres épars. La nouvelle dignité de son mari ne peut que rendre le cercle plus brillant. Mesdames Saurin, Suart & de la Harpe président sous cette virtuose, & tour à tour à son défaut tiennent le bureau.

2 *Novembre* 1776. Extrait d'une lettre de Fontainebleau, du premier novembre..... Monsieur de Champfort n'a point trompé la cour dans son attente du succès de *Mustapha & Zéangir*. Cette tragédie a été aux nues, & le méritoit. Un plan bien net, une conduite sage, une marche parfaitement suivie, des beautés de détail, du génie, des vers harmonieux, des idées les plus heureuses, l'amour fraternel peint au plus

haut degré, ont valu au poëte des applaudissements universels. On desire cependant quelques légers changements dans le dénouement.... Le roi, à son coucher, a paru très-satisfait de l'ouvrage.... Molé s'est surpassé dans son jeu, mais son role est si beau !

3 *Novembre* 1776. On voit une nouvelle édition du *Journal historique de la révolution opérée dans la constitution de la monarchie Françoise, par monsieur de Maupeou, chancelier de France, en sept volumes, revue, corrigée & augmentée, avec des portraits*; ce qui ne peut contribuer qu'à la rendre plus recherchée.

4 *Novembre* 1776. La reine a été si satisfaite de la tragédie de monsieur de Champfort, que sa majesté lui a fait donner 1200 livres de pension sur sa cassette. Il paroît que l'auteur ayant à peindre l'amitié fraternelle, a placé des allusions heureuses à l'union du roi avec ses freres; ce qui a singuliérement plu à la famille royale.

4 *Novembre.* La Signora Giorgy est une jeune & jolie personne qui a d'abord plu beaucoup au public par sa figure, son air aisé & naturel; mais sa voix a ravi les connoisseurs; on l'a trouvée égale, soutenue, sonore, & du plus beau timbre; elle prononce avec une netteté fort rare dans les cantatrices Italiennes, & n'a pas moins d'ame. Elle a chanté deux ariettes; & l'on a été si content de la seconde, qu'elle a été obligée de recommencer, ce qu'elle a fait sans qu'on s'apperçût que cela la fatiguât. Les *bravo*, les *bravissimo* ne finissoient pas, & depuis long-temps on n'a vu un succès aussi complet. On convient cependant qu'il lui man-

que encore un peu de justesse & de goût, ce qu'elle doit acquérir facilement dans ce pays-ci, si elle y reste.

5 *Novembre* 1776. « *La premiere édition de* » *ce Journal* » [dit le libraire à la tête de la deuxieme édition du *Journal historique*] « si
» intéressant pour l'Europe entiere, mais prin-
» cipalement pour la France, ayant été rapi-
» dement enlevée, je ne saurois mieux témoi-
» gner ma reconnoissance au public éclairé,
» qu'en lui en offrant une nouvelle édition,
» revue, soigneusement corrigée & augmentée
» de diverses pieces curieuses & très-intéres-
» santes, ainsi que de plusieurs anecdotes. Ces
» additions sont d'autant plus réelles, qu'elles
» remplissent au moins huit feuilles d'impres-
» sion ; & ce qui augmente encore le mérite de
» cette nouvelle édition, c'est qu'elle est ornée
» de divers portraits très-bien exécutés par les
» meilleurs maîtres. »

Ces portraits ne sont qu'au nombre de trois: au bas de celui de monsieur l'abbé Terrai on lit les vers qu'on connoît, & rapportés précédemment. Au pied du buste de madame Dubarri, on trouve ceux-ci :

Sans esprit, sans talents, du sein de l'infamie
    Jusqu'au trône on la porta ;
    Contre une cabale ennemie
    Jamais elle complota,
  Et de l'ambition ignorant les alarmes,
Jouet des intrigants, régna par ses seuls charmes.

Par une gaucherie fréquente dans toutes les opérations typographiques des presses étrangeres, on n'a point mis de vers au bas du portrait de monsieur de Maupeou, chancelier de France, & le héros du livre. Deux patriotes indignés ont fait chacun une inscription d'un genre différent. La premiere est un quatrain fort dur :

>Tel est ce brigand fameux,
>Nommé chef de la justice,
>Plus scélérat que tous ceux
>Qu'il envoyoit au supplice.

La seconde est un distique plus majestueux & plus analogue à l'ouvrage où le portrait est placé :

>Il viola les loix, loin d'en être l'exemple,
>Et ce chef de la justice en détruisit le temple.

6 Novembre 1776. Depuis plus de trois mois on vexe tous les colporteurs, on inquiete tous les libraires, on fait des recherches jusques dans les provinces pour satisfaire aux ordres de la cour, alarmée sur un prétendu *Almanach Royal*, ou *Extrait de l'Almanach Royal*, ouvrage digne du feu, où, par une atrocité sacrilege, l'auteur se seroit permis les calomnies les plus horribles contre la reine, le comte d'Artois & autres personnages de la famille royale. Cependant, malgré toutes ces perquisitions, on n'en a trouvé encore aucun exemplaire ; ce qui fait présumer que c'est un faux avis, & que le livre n'existe pas heureusement ; car, quoique certaines gens assurent l'avoir vu, comme ils n'en peuvent rendre aucun compte véritable, il est à présumer que c'eſt une vanité puérile de leur part.

7 *Novembre* 1776. Extrait d'une lettre de Fontainebleau, du 6 novembre..... *L'Egoïſte* de monſieur de Cailhava d'Eſtandoux a été applaudi hier par fois, & par fois hué ; ce qui n'eſt rien moins qu'un ſuccès décidé. Toute la cour s'amuſe beaucoup, excepté le roi ; ſa majeſté n'a encore été à aucune des courſes, elles paroiſſent même lui déplaire : le comte d'Artois lui ayant propoſé de parier pour lui, ſa majeſté a répondu qu'elle le vouloit bien : preſſée de s'expliquer ſur la ſomme, elle a répondu qu'elle iroit juſqu'à un écu de trois livres ; perſiflage qui n'a point amuſé ſon alteſſe royale. Le roi a annoncé que les courſes ne dureroient pas long-temps ; mais comme ſa majeſté eſt bonne & facile, peut-être ne perſiſtera-t-elle pas dans ſon deſſein de les proſcrire.

7 *Novembre.* Le livre qu'a acheté le nonce pour le ſaint pere, les choſes bien éclaircies, n'eſt en effet que le nouveau de monſieur de Voltaire, dont le vrai titre eſt *la Bible enfin expliquée par pluſieurs aumôniers de ſa majeſté le R. D. P.* [le roi de Pruſſe.] C'eſt un gros billot en deux parties, formant en tout 550 pages. Il pourra quelquefois faire rire ſa ſainteté, mais lui fera plus ſouvent froncer le ſourcil ; il donnera lieu à l'érudition & à la ſagacité de ſes théologiens de ſe déployer, s'ils veulent y répondre.

7 *Novembre.* Monſieur de Sartines s'eſt oppoſé juſqu'à préſent à la diſtribution du premier cahier du *Journal de Marine*, qui devoit paroître en octobre, & même à ce qu'on publiât

le *prospectus*, tant on veut traiter secrétement tout ce qui a trait à cette partie.

8 *Novembre* 1776. Extrait d'une Lettre de Ferney, du 30 octobre... Le patron se porte toujours à merveille pour son âge; il lit sans lunettes l'impression la plus fine; il a l'oreille un peu dure, en sorte que lorsqu'on fait quelque bruit, il est obligé de faire répéter, ce qui le fâche; car, quoiqu'il dise depuis vingt ans qu'il perd les yeux & les oreilles, il ne voudroit pas qu'on s'en apperçût. C'est cette envie de paroître & de briller toujours qui fait qu'il n'aime pas à se trouver, & à manger en grande compagnie; le babil des femmes sur-tout l'incommode, & leur conversation frivole & décousue l'ennuie. Il ne voit point de médecin; quand sa santé l'inquiète, il consulte ses livres. Il continue à se purger trois fois par semaine avec de la casse; il ne va à la garderobe que de cette maniere. Il reste la plus grande partie de la journée au lit; il mange quelque chose quand il en a envie; il paroît le soir & soupe, mais pas toujours. Quelquefois sa casse le tracasse, & il se tranquillise. Il ne s'est pas beaucoup promené depuis que je suis ici. Il reste souvent en robe-de-chambre, mais il fait régulièrement chaque jour sa toilette de propreté, & les ablutions les plus secretes, comme s'il attendoit pour le soir quelque bonne fortune. Quand il s'habille, c'est ordinairement avec magnificence & sans goût; il met des vêtements qui ne peuvent aller ensemble; il a l'air d'un vrai vendeur d'orviétan.

Je n'ai plus trouvé le pere Adam chez lui; il l'a renvoyé, & lui fait une modique pension dans le voisinage où il demeure. Ce jésuite lui servoit à faire sa partie aux échecs, & à feuilleter des livres pour des recherches dont avoit besoin ce fécond écrivain. L'âge & les infirmités l'ont rendu impropre à ces fonctions. Monsieur de Voltaire compare les hommes à des oranges, qu'on serre fortement pour en exprimer le jus, & dont on jette le marc ensuite comme inutile : pensée plus digne de Machiavel que de l'apôtre de l'humanité.

Il a décidément donné Ferney à madame Denis, sa niece. Il continue à augmenter ce lieu ; il y a dépensé peut-être cent mille francs cette année en maisons. Le théatre est charmant, avec toutes les commodités possibles pour les acteurs & actrices.

Je juge que monsieur de Voltaire est fort mal servi par ses correspondants de Paris, puisqu'il ignoroit même l'existence de la Fou.... Je suis le premier qui lui ait parlé de ce livre. Sa premiere question a été, y suis-je ? Je lui ai répondu que non, mais bien Rousseau. Ce qui l'a affligé, car il veut qu'on parle de lui, même en mal.

8 *Novembre* 1776. Ce qu'on avoit prévu est arrivé ; la nouvelle gazette Anglo-Françoise de Londres, qui s'étoit distinguée par les paragraphes les plus indécents & les plus injurieux contre nos ministres, se signale aujourd'hui par la plus basse adulation envers eux ; & la politique de la laisser introduire en ce royaume pour arrêter tous ses sarcasmes, est très-adroite : elle sera bonne au surplus pour les événements de l'Angleterre, qu'elle doit nous apprendre plutôt que toute autre.

8 *Novembre*. On prétend que dans son délire

monsieur de Clugny parloit souvent de ses projets pour le paiement des dettes de l'état, qu'il s'écrioit ne vouloir vivre que jusques-là. On a converti ces paroles en une épitaphe assez maligne :

Ci-gît un contrôleur digne qu'on le pleurât,
Aimant beaucoup la France & point du tout la vie,
Consentant de bon cœur qu'elle lui fût ravie,
Lorsqu'il auroit éteint les dettes de l'état.

9 *Novembre* 1776. C'est sur la cassette du roi que monsieur de Champfort a sa pension de 1200 livres. Mais le monarque a voulu laisser à son auguste épouse le plaisir d'annoncer cette faveur au poëte, & c'est ainsi que la reine s'est exprimée en lui en donnant la nouvelle. Le prince de Condé l'a fait secretaire de ses commandements, & l'on ne doute pas que ce concours de circonstances ne lui fasse avoir la premiere place vacante à l'académie.

10 *Novembre* 1776. Monsieur de Voltaire, dans son *Commentaire*, embrasse en effet tout l'ancien testament, & jamais pere de l'église ne l'a mieux étudié. Il commence par la Genese ; suivent par ordre l'Exode, le Lévitique, les Nombres, le Deutéronome ; ces cinq ouvrages forment ce qu'on appelle le Pentateuque, que l'église croit de Moyse.

Viennent après le livre de Josué, & celui des Juges, ceux de Ruth, de Samüel, des Rois, de Tobie, de Judith, d'Esdras, d'Esther, des Prophetes, des Maccabées. Pour ne point laisser de lacune, l'auteur trace à la fin un sommaire de l'histoire Juive, depuis le temps des

Macchabées jusqu'au temps de Jesus-Christ ; il s'étend sur-tout beaucoup sur Hérode ; il traite de différentes sectes des Juifs à cette époque, des Saducéens, Esséniens, Pharisiens, Thérapeutes, Hérodiens, Samaritains ; il termine par un sommaire historique des quatre Evangélistes.

Ce recueil est à l'usage de tout le monde : il est extrêmement commode pour les incrédules & les impies, en ce qu'il rassemble en un seul corps les observations & les railleries éparses dans la multide d'ouvrages écrits contre la religion, ou imprimés depuis trente ans. Il ne l'est pas moins pour les défenseurs zélés de cette religion, qui pourront ainsi embrasser à la fois les têtes de cette hydre, & les abattre d'un seul coup s'ils en ont la force.

On assure que l'avocat-général Seguier s'est pénétré pendant les vacances de ce *Commentaire sur la Bible*, & qu'il a préparé un requisitoire formidable contre.

10 *Novembre* 1776. La manie des bâtiments fait les architectes s'évertuer, & chaque jour on voit enfanter de nouveaux projets, par lesquels ces messieurs se procureroient de la besogne, si l'on vouloit les exécuter. Il est question aujourd'hui d'isoler le jardin des Tuileries, & d'établir une rue parallele à la terrasse appellée des Feuillans : cette rue aboutiroit en face de l'hôtel de la Vrilliere ; on prendroit sur les capucins de quoi dédommager le couvent de l'Assomption, & l'amélioration des terreins où l'on bâtiroit des maisons ayant des façades sur la rue, fourniroit de quoi remplir ce plan, sans aucune dépense à faire pour la ville : on ne doute

pas, si monsieur de la Vrillerie étoit encore en place, que la chose n'eût bientôt lieu, par l'agrément qu'en recevroit son palais.

11 *Novembre* 1776. Extrait d'une lettre de Ferney, du 4 novembre.... J'ai oublié, en vous parlant du physique de monsieur de Voltaire, de vous dire une particularité que tout le monde auroit pu remarquer, & dont personne, que je sache, n'a encore fait mention : c'est qu'il n'a point de barbe ; du moins il en a si peu qu'il ne se fait jamais raser. On voit sur sa cheminée trois ou quatre paires de petites pinces épilatoires, avec lesquelles il se joue, & s'arrache de temps en temps quelque poil en causant avec l'un & l'autre.

Vous vous imaginez mal à propos qu'il voit beaucoup de monde : on ne vient presque plus le visiter ; il a tant d'humeur depuis quelque temps, qu'il ne se montre pas à qui veut le voir, & qu'on est souvent plusieurs jours avant de pouvoir en jouir. Il y a cependant toujours la table des étrangers ; on l'appelle ainsi parce que le maître mangeant séparément, madame Denis aussi depuis qu'elle est obligée de vivre de régime, cette table régulièrement servie, ne sert en effet qu'aux allants & venants : & comme ils sont en petit nombre, il n'y a quelquefois personne à cette troisième table, bonne & bien fournie.

La porte de l'appartement de monsieur de Voltaire est toujours fermée, les fideles entrent par les garde-robes. On m'a raconté que le fils de monsieur le Clerc, l'ancien premier commis du trésor-royal, ayant attendu quelques jours avant de jouir de la présence du philosophe de Ferney, celui-ci lui avoit enfin donné rendez vous dans son jardin, mais que lui ayant demandé son nom, il l'avoit rudement gourmandé d'en porter un pareil; & l'avoit quitté après ce compliment. Je ne sais cette anecdote que par tradition; mais j'ai été témoin de la réception d'une milady, à laquelle, après beaucoup de difficultés, le vieux malade se montra enfin, en lui disant qu'il sortoit de son tombeau pour elle: c'est tout ce qu'elle en eut; il ne tarda pas à se retirer. La veille de la saint François dernière, plusieurs dames du voisinage étoient venues avec des bouquets pour lui souhaiter la bonne fête; on attendoit dans le sallon qu'il parût: il vint, disant d'une voix sépulcrale: *je suis mort !* Il effraya tellement tout le monde, que personne ne lui fit de compliment.

Il nie constamment être l'auteur du *commentaire sur les ouvrages de l'auteur de la Henriade.* Monsieur de Florian, son neveu, étant venu lui dire qu'un grand seigneur lui avoit écrit pour savoir au juste ce qui en étoit: « Quelle pauvreté ! s'écria monsieur de Voltaire ; est-ce je serois un homme à me louer ainsi moi-même ! » Le vrai est que l'ouvrage est de monsieur de Morzan, ce fils du richard Durey d'Harnoncourt, pere de madame de Sauvigny. Après avoir fait beaucoup de sottises & avoir été déshérité par son pere, il est maître d'école dans ces cantons, & a gagné quelque argent a ce *commentaire,* dont le patron lui a fourni cependant les anecdotes & le style : c'est le couteau de Matignon.

11 *Novembre* 1776. On connoît la gazette de Londres, intitulée: *London - Evening - Post*:

elle a donné l'idée d'une pareille, intitulée : *Journal de Paris*, ou *Poste du soir*. On en répand le *prospectus* très-intéressant & très-amusant, s'il est bien rempli. Ce journal commencera au 1 janvier 1777, & paroîtra tous les jours. C'est un monsieur de la Place, clerc de notaire, qui s'annonce comme à la tête de cette entreprise, ce qui n'en donneroit pas une grande idée s'il étoit seul. Il est certain que ce sera un Pérou ; mais on craint fort que d'ici-là l'exécution ne souffre beaucoup de difficultés à raison du tort qui va résulter pour la multitude d'autres ouvrages de ce genre que celui-ci doit anéantir. Dans tous les cas, la presse est trop gênée dans cette capitale pour que les rédacteurs puissent tenir impunément tout ce qu'ils promettent.

11 *Novembre* 1776. Ce n'est que le 13 qu'aura lieu la fameuse course annoncée d'abord pour le 12. Le coursier de monsieur le comte d'Artois doit y paroître pour la premiere fois, & le notaire Clos Dufresnoy a déja pour 3800 louis de paris consignés. On ne s'accorde pas sur le mérite de ce cheval ; quelques gens prétendent qu'il est usé, & que l'ancien propriétaire qui l'a vendu est un des parieurs contre, sous un autre nom.

On confirme que cette course sera la derniere ; mais on parle de tournois au champ de Mars, spectacle plus magnifique, plus noble & plus digne de la galanterie Françoise.

Beaucoup de curieux, d'amateurs, de fainéants & de richards se disposent à partir, & vont à Fontainebleau jouir d'un spectacle qui doit durer quelques minutes.

12 *Novembre* 1776. Parmi les courtisannes florissantes, aujourd'hui on cite une demoiselle Urbain, grande créature, assez belle, mais bête & insolente au suprême degré. Dernièrement au colysée, où elle fixe les yeux de la jeunesse pétulente qui s'y rend, elle s'est prise de gueule avec sa camarade Amenaïde, subalterne peu connue, & tirant tout son lustre de la premiere. Celle-ci a tenu tête à l'autre ; il s'agissoit d'une chose très-grave, puisque la premiere l'accusoit de lui avoir volé une boîte d'or ; ce qui a donné lieu aux plus excellents propos entre ces impures, a ameuté tant de monde, & a causé un scandale si grand, qu'un exempt de police est venu s'emparer d'elles, & les emmener chez monsieur le Noir. Celui-ci les a mises hors de cour ; mais on auroit désiré que pour réparation du trouble causé dans les plaisirs du public, il les eût envoyées à l'hôpital, & sur-tout la demoiselle Urbain.

12 *Novembre* 1776. Il est venu beaucoup d'Anglois à Fontainebleau pour assister à la course indiquée au 13 : un sur-tout a offert un pari de dix mille louis contre le cheval du comte d'Artois. Tout le monde est dans l'attente de ce fameux coursier caché soigneusement jusqu'ici à tous les yeux. Il se nomme le roi Pepin. (*King Pepin.*) « Il est d'une superbe encolure, » disent les Anglois qui le connoissent, « il n'a point de pareil pour les
» deux premiers tours, mais il foiblit au
» troisieme considérablement ; d'ailleurs il n'est
» excellent que sur la pelouse, & ne vaut rien
» sur la terre. » Tout cela est de très-mauvais augure pour son maître : on a déterminé sa ma-

jeſté à ſe trouver à la courſe. Ce ſera la première fois que ce monarque aſſiſtera à ce jeu futile.

13 *Novembre* 1776. Monſieur de Voltaire n'a pas manqué de jeter ſur le papier les premiers vers qui lui ſont venus au bout de ſa plume à l'occaſion de la nouvelle qualité de monſieur Necker. C'eſt à madame qu'eſt adreſſée l'épître légere, badine, vague, ne diſant pas grand'choſe, mais marquée au coin d'une facilité, d'une gentilleſſe que ne peut attraper aucun de nos poëtes modernes. Ce qu'on n'aime pas, c'eſt que le philoſophe de Ferney, toujours très-variable dans ſes affections, y parle aſſez leſtement de monſieur Turgot, & ſans le dénigrer abſolument le ſubordonne au ſaint du jour.

14 *Novembre* 1776. Suivant les lettres de Fontainebleau, monſieur le comte d'Artois a perdu effectivement, & monſieur le duc de Chartres a gagné.

14 *Novembre. La Requête au conſeil du roi, pour Me. Linguet, avocat, contre les arrêts du parlement de Paris des 29 mars 1774 & 4 février 1775*, eſt très-commune dans les provinces, mais ne perce que difficilement ici. Elle eſt ſignée de Me. de Mirbeck, avocat aux conſeils. Elle n'eſt remarquable dans ſon contenu ni par le préambule, répétition faſtidieuſe de tout ce qu'il a déja dit au palais ; ni par les faits, trop connus auſſi, & dont l'expoſé n'eſt caractériſé que par une falſification que peut reconnoître tout témoin des ſcenes ſcandaleuſes qu'a occaſionées ce turbulent accuſé. Les moyens plus ſecs & plus ennuyeux, n'ont rien de preſſant dans les raiſonnemens, rien de concluant dans les preuves. Tout

ce qui peut intéresser la curiosité générale dans cet ouvrage volumineux, c'est son plaidoyer du 24 mars 1774, qu'il intercale en entier pour lui donner par l'impression une existence qu'il n'avoit pu lui procurer jusques-là, pas même pour le moment, puisqu'il n'avoit pu le prononcer qu'à huis clos : & ses deux lettres au duc d'Aiguillon des 2 & 3 décembre 1774, annoncées depuis long-temps dans le public, & sur lesquelles on raisonnoit sans les connoître. L'objet de sa requête est de prouver en forme que l'arrêt du 29 mars n'est pas à l'abri de l'inspection du conseil ; & que si les loix y sont violées, il peut être cassé comme un autre.

15 *Novembre* 1776. Madame Dubarri va & vient librement à Paris & à Luciennes. On prétend que monsieur le comte d'Artois a eu l'envie de tâter d'un morceau si friand pour son grand-papa, & que c'est le Sr. Radix de St. Foix, ancien ami de cette beauté, qui a négocié l'entrevue ; qu'elle a eu lieu dans sa belle maison de Neuilly sur la route de Luciences ; & que c'est cette qualité d'ami du prince, qui a engagé son altesse royale à l'approcher de sa personne en le faisant surintendant de ses finances.

15 *Novembre* 1776. Le plaidoyer de Me. Linguet du 24 mars se lit encore avec plaisir, malgré la satiété où le lecteur dut être de la matiere. C'est qu'on y trouve de l'ordre, de la clarté, & de cette éloquence de sentiment qui saisit le cœur, le passionne & l'entraîne toujours.

Les deux lettres au duc d'Aiguillon sont vraiment neuves & piquantes par leur objet.

N'est ce pas en effet un spectacle bien singulier de voir cet illustre accusé refuser à son défenseur les honoraires qui lui sont dus légitimement, ou du moins ne lui en accorder que de très-modiques, se montant à 400 louis ? Pour mieux faire sentir cette parcimonie, M^e. Linguet observe, qu'on peut évaluer à 12000 rôles ses écritures, qui, à un écu par rôle, feroient 36000 livres; c'est le terme le plus bas auquel il puisse les apprécier. En outre monsieur le duc d'Aiguillon a 500,000 livres de rentes. M^e. Gerbier a eu 300,000 livres pour avoir fait réhabiliter le sieur Cadet; Me. de Genes a eu 60,000 livres pour la défense de monsieur de la Bourdonnois. Enfin, qui refuse de se conformer à ces exemples ! C'est un ministre qui, à la source des graces, n'en a pas versé une seule sur la tête de son bienfaiteur, & qui l'a traité avec la même indifférence que l'homme qui n'auroit pas eu le droit à sa protection.

C'est dans la seconde lettre que l'écrivain entre dans des détails encore plus injurieux, s'il est possible, à la réputation de son client, puisqu'il lui reproche de l'avoir détesté dès le moment où il a pris sa défense; ce qu'il ne prouve, au reste, que par des inductions & des rapprochements très-curieux.

Voici, au surplus, le morceau terrible qu'on a reproché à l'auteur, comme une tournure oratoire pour tracer le plus affreux portrait du duc d'Aiguillon.

« Replaçons-nous donc dans l'état où nous
» étions à la fin de 1769, avant que j'eusse
» le malheur d'être recherché par vous : moi,
» paisible, chéri de mes amis, voyant s'ouvrir

» sous mes pas une carriere glorieuse & utile,
» & vous l'horreur de la Bretagne, l'effroi de
» la France, le scandale de l'Europe, représenté
» dans cent imprimés, lus avec autant d'avi-
» dité que de confiance, comme un despote inhu-
» main & vindicatif, qui en écrasant les petits
» sans formalité, cherchoit à perdre les grands
» par l'abus des loix & des formes judiciaires;
» comme un ennemi assez lâche pour employer
» à ses vengeances personnelles la subordination,
» le faux, le poison, toutes les armes de la
» bassesse & du crime ; comme un concussion-
» naire insatiable qui épuisoit les trésors de la
» province, soit à satisfaire son avidité, soit
» à soudoyer les instruments de ses passions ;
» comme un guerrier sans courage & sans ca-
» pacité, qui, ayant exposé les ressources de
» la France, avoit obtenu du hasard un succès
» sur lequel personne, & sur-tout lui, ne de-
» voit compter ; enfin comme un tyran com-
» posé de tous les vices & capable de tous
» les forfaits : joignez à ces inculpations
» affreuses une cabale acharnée & puissante,
» vivement intéressée à les accréditer, & cher-
» chez des mains qui vous aident à les com-
» battre. »

16 *Novembre* 1776. On donne demain à l'opéra, *les Caprices de Galathée*, ballet héroïque.

17 *Novembre* 1776. On sait aujourd'hui enfin quel étoit le second objet des voyages du sieur de Beaumarchais en Angleterre ; il l'annonce lui-même : c'étoit de ravoir du sieur d'Eon, la correspondance du feu roi avec lui. Quelque

incroyable que cela paroisse, il est décidé que Louis XV, au moment où l'on persécutoit le plus ce secretaire d'ambassade, lui donnoit sa confiance & lui écrivoit. En conséquence le roi vient de lui donner un sauf-conduit indéfini pour revenir en France, & y aller par-tout où il voudra; il est conçu dans les termes les plus honorables: sa majesté y a joint une pension de 12000 livres. En outre le problème de son sexe est résolu, & le même Beaumarchais déclare, à qui veut l'entendre, que le sieur d'Eon est vraiment fille. Voilà une des anecdotes les plus singulieres qu'on puisse lire.

17 Novembre 1776. Vendredi dernier les porteurs & porteuses d'eau ont fait célébrer dans l'église des petits-peres, une messe en actions de graces à Dieu de l'heureuse convalescence de monsieur le duc d'Usez, échappé à la cruelle maladie où l'avoient conduit le chagrin & les médecins. On ne sait à quoi attribuer le zele de cette communauté, dont cependant il n'y a eu qu'une portion qui ait contribué, c'est-à-dire, ceux qui vont habituellement à une fontaine auprès de l'hôtel d'Usez: ce voisinage est vraisemblablement la cause de la fête. Avant ils en avoient demandé la permission à monsieur le duc, qui a ordonné à tous les gens de sa maison d'y assister, & au comte de Crussol, son fils, de le présenter. Il a fait déclarer en même-temps aux porteurs d'eau qu'il seroit enchanté de les voir & de les remercier dans l'après-midi. Pour ne point interrompre le service public, il n'est venu que deux hommes, mais vingt-deux femmes, admises devant le convalescent, toutes ont voulu l'embrasser l'embrasser successivement, ainsi que son fils. Elles ont demandé ensuite à voir madame la duchesse, qui leur a fait le même accueil, & en a reçu le même témoignage d'attachement; cependant le secretaire de monsieur le duc leur a donné vingt louis, & madame la duchesse a reconduit ce corps jusqu'à la porte de son hôtel & dans la rue. Cet événement fait l'entretien du jour.

18 *Novembre* 1776. Monsieur de la Place, pour l'exécution de son projet de la *poste du soir*, a pris deux acolytes, les sieurs d'Uslieux & de Senneville, personnages peu connus. Quoi qu'il en soit, ces messieurs fondent, non sans vraisemblance, de grands projets de fortune sur le nouvel établissement; ils ont en conséquence loué un hôtel dans un quartier de Paris fort cher, & vont monter des bureaux. Malgré cet appareil, on doute que la chose réussisse; elle ne peut avoir lieu que par la plus intime liaison avec la police, & il pourroit en résulter l'inconvénient d'éventer ses secrets. Il paroît que la grande confiance de M. le Noir à l'inventeur l'a fait donner légèrement dans cette idée.

18 *Novembre.* Contre l'usage antique & solemnel, il n'y a point eu d'opéra le premier jeudi d'après la saint Martin, à cause du délabrement où les spectacles de Fontainebleau avoient mis celui-là : on espere qu'il va reprendre sa splendeur.

18 *Novembre.* La convalescence de monsieur le duc d'Usez a donné lieu à un cadeau qu'il a reçu depuis peu, & qui excite la curiosité des amateurs. C'est un dessin fait à cette occa-

fion. Il repréfente le frontifpice de l'hôtel de ce feigneur, fort beau & un des plus nobles de Paris. A côté eft la fontaine qui l'avoifine ; un peuple immenfe inonde ces lieux. On remarque à l'entrée de l'hôtel le Suiffe qui a l'air confterné, & communique fa douleur à tous ceux qui l'approchent. Un bulletin gravé à la fontaine porte ces mots : *les médecins ne font pas contents de la nuit de monfieur le Duc, qui a été très-mauvaife, ce 23 octobre*; jour en effet le plus critique pour le malade. On a porté ce tableau chez monfieur le duc, fans qu'il fût d'où il venoit ; enfin il a découvert que c'eft madame la vicomteffe de Cruffol qui l'avoit commandé.

19 Novembre 1776. Quoique les difcours d'ufage aux différentes réceptions des contrôleurs-généraux à la chambre des comptes ne foient que des lieux communs, dont on ne fait pas grand cas, celui prononcé par monfieur de Nicolaï le 25 octobre, lorfque monfieur Taboureau y a prêté ferment, eft remarquable par un éloge affecté de monfieur de Clugny, qui n'a rien fait, dont on n'efpéroit rien, dont on craignoit beaucoup, & qui avoit contre lui la voix générale. Quelqu'un a obfervé ce paragraphe, & tout le monde s'eft empreffé de recueillir ce fragment original. Voici le difcours en entier, plus long que d'ordinaire,

Discours de M. le premier Président de la chambre des comptes, à M. Taboureau, contrôleur-général.

« Votre nomination a généralement été applaudie, elle ranime notre espérance, mais elle ne nous fait pas oublier nos regrets. Le souvenir d'un magistrat qui eût consacré ses veilles au bonheur de ses concitoyens, est toujours présent à nos cœurs. Ma foible voix aime à s'élever pour célébrer sa mémoire ; & je crois, Monsieur, avoir commencé votre éloge en jetant devant vous des fleurs sur la tombe de votre prédécesseur.

» Sans doute une administration plus longue eût vu éclorre l'homme d'état : mais arrêté au milieu de sa course, monsieur de Clugny n'a pu que laisser entrevoir des talents & du zele : il a du moins assez vécu pour faire connoître, pour faire chérir l'aménité de sa personne, & pour mériter des amis.

» Les titres que vous apportez sont trop multipliés pour les taire : les rappeller, Monsieur, c'est plaire au public, c'est mettre le sceau à vos engagements avec lui : une raison lumineuse, une prudence active, la simplicité des mœurs des premiers âges, cette probité antique pour laquelle notre vénération semble redoubler, parce que les modeles en sont devenus plus rares ; voilà les vertus dont vous avez donné l'exemple, voilà l'histoire de votre vie.

» Valenciennes en a joui pendant douze ans ; elles eurent alors des panégyristes & des témoins qui nous sont également chers [1]. Je leur rendis hommage, Monsieur, avant que de vous appartenir ; car je ne me flattois pas que le lien de l'estime dût resserrer un jour le lien de la parenté.

„ Les regards de la nation vont s'attacher sur vous ; votre réputation fait son espoir & devient le présage d'un ministere heureux. Vous entrez dans la carriere, Monsieur ; elle est immense & pénible à parcourir ; mais le terme est glorieux & la récompense est belle. Il est flatteur pour un bon citoyen d'être appellé par le choix de son maître & le vœu de sa patrie à seconder les vues d'un monarque qui veut approcher du trône la bienfaisance & la vérité. »

20 Novembre 1776. Les Caprices de Galathée, sont un ballet anacréontique du sieur Noverre, exécuté à Fontainebleau & qu'on donne ici depuis dimanche. Ce sujet peche, sans doute, par le lieu de la scene & par son héroïne. Le village n'est point le théatre des caprices, & une bergere n'en est guere susceptible. Ils sont la suite du luxe, de la mollesse, de la futilité, de l'oisiveté & sur-tout de la satiété. Ce ballet est, du reste, exécuté à merveille par la demoiselle Guimard, faisant la capricieuse, par les demoiselles Allard & Peslin, ses compagnes, & par le sieur Pic faisant l'amoureux. On a prolongé le plus qu'on a pu le séjour de ce danseur, que sa cour redemande à grands cris, & qui va enfin repartir.

---

[1] Le maréchal de Nicolaï, oncle de l'orateur, commandoit alors à Valenciennes.

21 *Novembre* 1776. Trois nouvelles actrices ont débuté pour le chant à l'opéra ; la demoiselle Lambert, qui a une jolie figure, de l'assurance, mais point de talent ; la demoiselle Sevri, qui a une voix plus formée, de très-jolies cadences, mais a besoin de goût ; enfin la demoiselle Monville, ayant une très-belle voix, une taille théatrale & annonçant les plus heureuses dispositions, mais absolument neuve au théâtre, & ayant besoin de beaucoup de choses pour paroître avec succès. Elle a été encouragée par les plus nombreux applaudissements.

22 *Novembre* 1776. Des envieux du succès de M. de Chamfort ont fait une découverte fâcheuse pour lui ; ils ont déterré une tragédie de *Mustapha & Zéangir* de M. Belin, jouée en 1705, dans laquelle on trouve en effet une grande ressemblance avec la sienne, ce qui ne peut que diminuer de beaucoup son mérite.

22 *Novembre*. Les *Caprices de Galathée* sont très-bien rendus par mademoiselle Guimard. Ce rôle est tout entier dans son caractere. L'aisance, la candeur, la tendresse vive & sincere de l'amoureux, sont aussi bien exprimées par le sieur Pic. La gaieté folâtre des deux bergeres sans amour & sans souci vont à merveille aux demoiselles Allard & Peslin. Plusieurs scenes expriment & développent ce qu'a voulu peindre le chorégraphe. D'abord le berger plaît à la capricieuse ; il lui déplaît peu après, & la joie qu'il avoit ressentie de son bonheur, change en chagrin & en dépit : d'humeur il jette son chapeau, qui sert de joujou à la bergere ; elle s'en dégoûte dès qu'il reparoît. Il a repris son projet de la toucher & de la fixer ; il lui offre un bouquet : elle

l'accepte, puis le foule aux pieds, & le reprend après le départ de l'amant; elle s'en pare; il survient; elle voudroit qu'il ne vît pas l'usage qu'elle en a fait; enfin elle le rejette de nouveau & le déchire. Une cage avec son oiseau, un tambourin sont d'autres présents qui servent à mettre en jeu son caractere. L'Amour survient sous la forme d'un jeune enfant; elle veut d'abord lui couper les ailes, puis elle préfere de l'enchaîner; elle veut jouer avec ses fleches, elle se pique d'une, & tous les caprices s'évanoissent; elle est atteinte d'une passion réelle, & l'on unit les deux amants.

On conçoit de combien de graces, de tableaux piquants & naïfs est susceptible cette pantomime d'un genre différent des autres dont on a parlé, & qui confirme la variété des talents de son auteur fécond & original.

23 *Novembre* 1776. *La Rupture* ou *le Malentendu*, comédie en un acte & en vers, qui devoit être jouée à Fontainebleau & ne l'a pas été, est annoncée pour aujourd'hui. L'auteur est anonyme; on attribue l'ouvrage à une madame de Lorme.

24 *Novembre* 1776. *La Rupture*, jouée hier, ne mérite aucun détail: c'est une piece si absurde dans son plan, si triviale dans son intrigue, si dénuée d'esprit, de gaieté & de style, qu'elle est tombée aussi platement qu'elle avoit été faite.

24 *Novembre*. Nos littérateurs continuent à s'occuper de matieres qui leur étoient autrefois bien étrangeres; ils ont tellement défriché & retourné le champ de la politique, qu'il ne reste plus guere rien de nouveau à dire en ce

genre. Cependant un écrivain laborieux n'en a point été effarouché, & vient de publier encore un gros livre, ayant pour titre : *Ouvrages Politiques & Philosophiques*, contenant, 1°. l'ordre essentiel & politique des puissances ; 2°. Code des nations, ou examen philosophique & politique de l'homme considéré dans l'état de nature d'avec l'homme en société ; 3°. Essai politique sur le commerce des différentes nations avec la France, & sur celui de la France avec quelques nations de l'Europe & des autres parties du monde. Les deux premiers traités ne font qu'un bavardage, une répétition fastidieuse de plusieurs traités de métaphysique & de morale. Le dernier est le plus intéressant à cause des circonstances, & d'ailleurs porte sur des faits dont il ne reste plus qu'à vérifier l'exactitude & la justesse des rapports des comparaisons que l'auteur en fait entr'eux.

25 Novembre 1776. Il s'élève déja tant de clameurs contre le projet du sieur de la Place & adhérents, à l'occasion du *Prospectus* de leur *Journal de Paris* ou *Poste du soir*, qu'on croit qu'il n'aura pas lieu. Le plus grand mal c'est que cette feuille en auroit fait tomber une multitude d'autres, ou plutôt qu'avec celle-là, remplie suivant le plan annoncé, on n'avoit plus besoin d'aucune pour tout ce qui concerne cette capitale. On en va juger par le détail de ce qu'elle promettoit devoir contenir.

L'annonce des livres le même jour où ils auroient paru, ainsi que des cartes géographiques, des estampes, de la musique, avec le prix, l'adresse du libraire, l'interprétation du titre ; les journalistes se réservant en outre de donner des notices plus longues & plus détaillées lorsque ces nouveautés le mériteroient.

Ces légeres productions de l'esprit, ces madrigaux, toutes les pieces de poésie, fruit du bon goût & de la gaieté décente, ces bons mots, ces anecdotes à qui la nouveauté semble ajouter du prix.

La description des fêtes particulieres, le répertoire des spectacles de Paris, les modes, la construction des édifices publics & particuliers, le nom des artistes qui y seroient employés.

Le récit des actions vertueuses dans tous les genres.

La valeur des comestibles & fourrages.

L'arrivée des grands, celle des savants & des artistes étrangers, avec des notions sur le genre des sciences qu'ils cultivent & des arts qu'ils professent, leur demeure, leur départ.

Le bulletin de la maladie des personnes dont la santé intéresse le public, soit par le rang qu'elles occupent, ou les dignités dont elles sont revêtues, soit par la réputation dont elles jouissent.

L'objet des édits, déclarations, des arrêts des cours souveraines & jugements, ordonnances des tribunaux, les jugements rendus la veille dans les causes intéressantes; les vacations des tribunaux, les mutations dans les offices de judicature, de finance & autres; le changement des officiers publics, les bénéfices vacants dans les églises de Paris, les cérémonies religieuses & le nom des prédicateurs.

Des détails sur les paiements de l'hôtel-de-ville, comme la lettre, le nom des payeurs, &c. le cours des effets publics & du change de Paris, les numéros sortis de la roue de fortune.

Les observations astronomiques du jour, les observations météorologiques de la veille, les aurores boréales & autres phénomenes du ciel, &c. &c.

16 *Novembre* 1776. On parle beaucoup d'une satire imprimée en forme de drame ; elle est intitulée : *le Bureau d'esprit*, comédie en cinq actes & en prose : c'est, dit-on, une peinture fidelle de ce qui se passe dans la société de madame Geoffrin.

27 *Novembre* 1776. On exalte la générosité de M. Necker qui, quoique fort maltraité par le parti économiste & même par les abbés Baudeau & Roubeau, deux de ses coryphées, a sollicité la levée de la lettre de cachet exilant ces messieurs, & l'a obtenue ; en sorte qu'on compte les revoir incessamment.

27 *Novembre* Le sieur Panckouke est fort mécontent de monsieur de la Harpe. Le nom de ce *fameux Critique*, comme l'appelle le sieur de la Combe, par dérision, dans son *Mercure*, en confirmant sa retraite, non-seulement ne lui a pas procuré de nouveaux souscripteurs, mais occasione des désertions considérables, qu'on dit se monter déja à 1500, depuis que Me. Linguet a quitté le *Journal de Politique & de Littérature*. Tous les amateurs se tournent vers Bruxelles, où l'on annonce qu'il préside à la tête d'une société de gens de lettres, à deux feuilles périodiques ; l'une, intitulée : *Courier littéraire de l'Europe* ; & l'autre, *Bulletin du Commerce de l'Europe* ; mais ce

sera le diable pour faire entrer ces écrits, qui seront de contrebande.

28 *Novembre* 1776. La comédie du *Bureau d'esprit* est, suivant la préface, d'un jeune homme qui, en rendant justice au mérite de ceux qu'il traduit sur la scene, attaque seulement leurs travers, leurs ridicules, leur amour-propre, leur admiration exclusive, leurs menées sourdes, leurs cabales ouvertes, leur despotisme tyrannique pour concentrer en eux seuls l'esprit, le génie, les talents, les vertus, la renommée, la gloire. Sa piece n'est point dure comme celle des *Philosophes*; elle n'est ni injuste, ni outrée, ni atroce; elle se rapproche plus des *Femmes Savantes*, sur l'intrigue de laquelle elle est calquée. Elle excelle par un dialogue vif, pétillant, rempli de gaieté & de saillies, mais sur-tout par des caracteres si vrais si bien exprimés, que sous des noms étrangers on reconnoît aisément les personnages. Messieurs d'Alembert, Marmontel, la Harpe, Thomas, l'abbé Arnaud, Cadet, Voltaire, le marquis de Condorcet, &c. y figurent principalement. Ce dernier est le seul contre lequel il y ait quelques personnalités. Il est fort maltraité & rendu méprisable, vil, odieux: le poëte, sans doute, lui en vouloit particuliérement. Cet ouvrage fait beaucoup de bruit; il est composé très-récemment, puisqu'il y a plusieurs traits relatifs à la séance de l'académie Françoise du 25 août. Le fâcheux c'est qu'il paroisse dans un moment où l'héroïne, tombée dans une sorte d'enfance, ne peut être qu'un objet de pitié. La police, à l'ordinaire, fait rechercher cette facétie qui, en conséquence, se trouve

difficilement & est très-chere pour une pareille brochure.

29 *Novembre* 1776. *Pro aris & focis.* Tel est le titre d'une nouvelle brochure Bretonne, précédée d'une épître à dom Bl... religieux bénédictin; au comte de L. N. lieutenant des maréchaux de France; à M. Go....avocat au parlement. Celle-ci est datée de juin 1776, & signée, C. G. T. ✳✳✳

Cette brochure contient un *Mémoire ou canevas d'un projet proposable aux états de Bretagne pour le paiement de la corvée.* L'auteur, en approuvant l'édit qui les supprime, voudroit changer l'impôt & le porter uniquement sur les célibataires.

Suit une *addition* relative au projet de ramener les protestants en France & à d'autres vues patriotiques, où l'écrivain traite trop mal le clergé & les institutions du culte religieux pour être bien vu de cet ordre de l'état. Il y a une digression contre l'*Apologie du massacre de la saint Barthelemi*, par l'abbé de Caveyrac, chaude & pleine de vigueur, de bon sens & de philosophie.

29 *Novembre* On a dit que madame Geoffrin étoit tombée en enfance. On se doute bien que le moment s'est trouvé favorable pour les prêtres, toujours forts dans ce cas-là. Monsieur d'Alembert, qui ignoroit cette réforme, est venu chez la malade, a trouvé des heures, des livres de dévotion, & a témoigné sa surprise à madame de la Ferté-Imbault, sa fille. Il lui a représenté que dans l'état où étoit sa mere, il falloit l'égayer par des choses amusantes, telles que les *Comtes des Fées*, les *Mille & une*

nuits, madame de la Ferté s'eſt concertée avec le directeur, & a écrit une lettre à l'académicien, où elle répond à ſes plaiſanteries en le priant de ne plus venir troubler ſa mere dans ſon retour vers Dieu ; ce qui a été le ſignal de la défection de tous les philoſophes. D'Alembert a fait courir la lettre, & elle eſt parvenue à la reine, qui s'en eſt amuſée.

30 *Novembre* 1776. Le grand-conſeil ſaiſit avec empreſſement les cauſes majeures qui, portées devant lui, peuvent lui donner quelque célébrité par le concours d'un auditoire nombreux. Il s'y arrête avec complaiſance & les prolonge le plus qu'il lui eſt poſſible pour fixer d'autant les regards du public. De ce nombre eſt la cauſe de dom Anſart, religieux bénédictin, transféré dans l'ordre de Malte en vertu d'un bref du pape, & intimé ſur l'appel comme d'abus, interjeté par dom Gillot, ſupérieur-général de la congrégation de St. Maur.

On vient d'imprimer le plaidoyer du religieux, ſuivi d'une conſultation en date du 25 de ce mois, de Me. Mille, s'intitulant ancien avocat au parlement de Paris. Dans ce plaidoyer, fort bien fait, fort ſavant, fort étendu, on démontre : 1°. Que les infirmités de dom Anſart ſont une cauſe canonique de tranſlation : 2°. Que le reſcrit qui prononce ſa tranſlation dans l'ordre de Malte, ne renferme aucune clauſe contraire à nos loix & à nos libertés : 3°. Enfin, que l'appel comme d'abus, interjeté par dom Gillot, n'eſt qu'une provocation téméraire & vexatoire, ſcandaleuſe & abuſive, qui doit être punie par des dommages-intérêts proportionnés à son injustice.

Par le détail des faits historiques, il paroîtroit que dom Ansart est un miroir de douleurs, est accablé de maux physiques, résultat d'une multitude d'accidents & de catastrophes que le sort a réunis contre lui; que d'ailleurs c'est un homme de lettres, puisque le grand-maître de Rohan lui marque : « Si le prochain » chapitre-général prend des mesures pour la » continuation de l'histoire de notre ordre, » ou la rectification de celle qui finit au » siege de Malte, nous aurons soin de » lui faire connoître vos offres, & tout » ce que vous avez pour les remplir avec » distinction..... » La digression la plus intéressante du mémoire pour les lecteurs, c'est celle sur l'ordre de Malte, où l'écrivain le venge des imputations de l'avocat adverse, qui l'accuse d'être un ordre très-relâché & sans regle, qui n'est religieux que de nom, & qui, étant tout militaire, ne sauroit convenir à un moine qui s'est voué à la vie contemplative.

Me. Mille distingue trois classes différentes dans l'ordre de Malte : les chevaliers, les freres chapelains conventuels, & les freres servants d'armes. La seconde classe est composée de vrais religieux dans toute l'étendue du mot; & c'est parmi ceux-là que s'est agrégé dom Ansart.

30 *Novembre* 1776. A la suite d'une gaieté, il y a quelques jours, M. le duc de Chartres, le duc de Lauzun & le marquis de Fitz-James ont parié 200 louis à qui feroit plutôt à pied

le chemin de Paris à Versailles. Le second y a renoncé à moitié chemin, le premier aux deux tiers. Le dernier a fourni la carriere, est arrivé sain & sauf, a été fort bien accueilli de monsieur le comte d'Artois, instruit de la gageure, & S. A. R. l'a fait saigner & coucher. Il a gagné les 100 louis sans fluxion de poitrine.

1 *Décembre* 1776. Il a débuté aux François, dans les rôles de valet, un acteur qui a beaucoup de succès.

2 *Décembre* 1776. Tandis que monsieur l'archevêque de Lyon cherche à convertir les incrédules par ses mandemens, le comte de Montazet, son neveu, colonel aimable & homme du monde, cherche à séduire les belles par ses poésies galantes. Tout récemment il vient d'enfanter une chanson digne de la Fare & de Chaulieu. On en va juger. C'est une romance de dépit :

  Je ne veux plus aimer Annette,
  Ses yeux me font trop de rivaux :
  Mon ame est toujours inquiete,
  Jamais mon cœur n'a de repos.
  J'entrevois jusqu'en sa conquête
  Bien moins de plaisirs que de maux.

  Elle a la mine si coquette,
  Le regard si doux, si flatteur,
  Que chacun de nous l'interprete,
  Et l'interprete en sa faveur :
  J'aimerois cent fois mieux qu'Annette
  Nous traitât tous avec rigueur.

Sans doute elle sera fidelle,
A qui pourra toucher son cœur ;
Mais son regard dépend-il d'elle ?
Et sera-t-il moins séducteur ?
Non, qu'elle soit tendre ou cruelle,
Je veux la fuir pour mon bonheur.

Je ne saurois quitter Annette,
Je le sens trop en ce moment ;
Les torts que mon dépit lui prête,
Sont ce qu'elle a de plus charmant.
Qu'elle aime, elle sera parfaite,
Et je l'adore en attendant.

3 Décembre 1776. Lundi dernier s'est fait la rentrée effective du parlement. Les discours ordinaires du premier président & de l'avocat-général ont eu lieu. On étoit fort attentif à la harangue du dernier. L'usage est qu'il fasse l'éloge des avocats célebres, morts dans l'année. On étoit curieux de voir comment il traiteroit l'article de Me. Caillard, non-seulement un des avocats resté durant le sommeil des loix, mais un des vingt-huit, mais un des quatre. Le magistrat n'en a fait aucune mention, & cela a paru d'autant plus extraordinaire, que l'orateur, monsieur de Brionne, n'est pas lui-même intact à beaucoup près ; qu'il s'est fait liquider durant l'exil de sa compagnie pour se faire maître des requêtes ; qu'il a prêté serment, & s'est fait recevoir en cette qualité au tripot ; enfin qu'il parloit devant son confrere, monsieur d'Aguesseau, reçu avocat au même tripot & avocat du roi au

Châtelet, abâtardi par monsieur de Maupeou. Tout cela doit se mettre au rang de tant d'inconséquences & de contradictions qu'on trouve parmi ces messieurs.

4 Décembre 1776. Monsieur Dorat, empressé de se relever de sa chûte à Fontainealeau, & se flattant d'être mieux accueilli du public de Paris que de celui de la cour, a intrigué auprès des comédiens afin de passer promptement, quoique ce ne soit pas son tour; & ils doivent jouer samedi son *Malheureux imaginaire*, comédie en cinq actes & en vers.

4 Décembre. La comédie du *Bureau d'Esprit* a mis en mouvement tout le parti encyclopédique: ils ont ameuté leurs protecteurs; & l'on fait les recherches les plus sévères contre les auteurs & distributeurs de l'ouvrage. Il y a quelques jours qu'on est allé chez le sieur Freron dans la nuit pour visiter chez lui. On l'a trouvé faisant l'extrait de cet ouvrage avec l'abbé Grosier, & l'on a rien découvert qui les pût faire soupçonner. A la liste des personnages désignés & traduits en ridicule dans cette facétie, il faut joindre le docteur Macquer, désigné sous le nom de *Cocu*.

4 Décembre. On a placé dans l'église de St. Nicolas-des Champs une orgue d'une espece nouvelle: elle est plus composée qu'aucune autre connue. On est occupé à l'accorder depuis six mois, & c'est demain qu'on l'essaie aux premières vêpres, pour la St. Nicolas, fête de la paroisse. Tous les gens de l'art doivent s'y rendre & assister à cette nouveauté.

5 Décembre 1776. On a beaucoup crié il y a deux ans contre le sujet du prix d'éloquence latine proposé par l'université de Paris ; il faut se rappeller combien il étoit pédantesque & injurieux à la philosophie. Celui qui est assigné pour 1777, mérite d'être distingué & fait honneur à ceux qui l'ont choisi ; rien de plus intéressant, il porte *quàm iniquè de litteris sentiant qui viros litteratos arcent à tractatione rerum publicarum.* Comme il présente une censure indirecte de plusieurs défenses réitérées en diverses circonstances d'écrire sur les matieres d'administration, on est surpris que le gouvernement ait laissé passer ce sujet, & l'on ne seroit pas étonné qu'il vînt un ordre de le changer.

5 Décembre 1776. Madame la duchesse d'Olonne vient de mourir ; elle étoit fameuse par son inconduite & le dérangement de ses mœurs. On peut se rappeller le singulier procès qu'elle eut en 1772 contre le comte Orourke, & les mémoires plaisants de Me. Linguet contre cet ancien amant de sa cliente, qu'il qualifioit de *prince de Conacie.* L'avocat avoit remplacé le prince dans ses fonctions, mais s'étoit brouillé peu après avec elle. C'est Me. Falconnet qui lui a succédé, & qu'on peut appeller le dernier des Romains. Aussi est-il le mieux récompensé, la duchesse l'a fait son légataire universel.

6 Décembre 1776. Le testament de madame la duchesse d'Olonne est aussi bizarre que sa conduite : elle ordonne que son corps soit transporté dans sa principauté de Lux, fort éloignée ; elle veut que le convoi très-nombreux en voitures & en pauvres portant des torches, se fasse majestueusement, & ne parcoure pas plus de cinq lieues par jour ; qu'à chaque endroit où il reposera, on célebre un service avant le départ; enfin par tous les détails dispendieux qu'elle prescrit, on évalue que ce convoi pourroit bien coûter 150,000 livres.

Me. Falconnet n'est point légataire universel, mais exécuteur testamentaire de cette dame; elle lui laisse pour présent une terre de peu de valeur: elle laisse aussi 15,000 livres au sieur Robé, poëte qu'elle logeoit & soutenoit à Paris.

6 Décembre 1776. Extrait d'une lettre de Ferney, du 27 novembre.... Malgré toutes mes recherches, je n'ai pu découvrir le motif du renvoi du pere Adam: je soupçonne que c'est la suite de ses tracasseries avec les domestiques, & sur-tout avec la Barbara, gouvernante du vieux solitaire, avec laquelle il jase tous les matins de l'intérieur de son ménage, lorsqu'elle lui porte sa chemise; car il faut que vous sachiez que c'est lui qui fait toutes les dépenses. Il n'a point fait de pension au jésuite, même modique, & lui a donné seulement dix louis en l'expulsant. Au reste, depuis long-temps il n'étoit plus propre à l'amuser, & monsieur de Voltaire avoit renoncé à jouer aux échecs. Le pere Adam s'est retiré chez un curé du voisinage, où il ne pourra même profiter du petit bénéfice de dire la messe, son séjour chez monsieur de Voltaire lui ayant valu l'interdiction de la part de l'évêque d'Annecy, ce fanatique, le plus cruel ennemi du philosophe.

P. S. Je le crois occupé à faire encore une tragédie.

7 Décembre 1776. Le sieur Gardel, pour faire

briller une jeune éleve du plus grand talent, de la plus belle taille, de la figure la plus intéressante, a composé un ballet où elle peut déployer son art & ses graces. Quoique ce ballet ne signifie rien, il étoit propre à son objet ; il avoit été donné avec succès à la suite des actes dont on a parlé plusieurs fois. Le compositeur, fâché que son ouvrage n'eût lieu qu'aux petits jours de l'opéra, a demandé qu'il fût joint à *Alceste* : les directeurs, sans goût & sans intelligence, n'ont point prévu le mauvais effet qu'il devoit produire à la suite d'une tragédie lyrique, ne pouvant admettre de danse qu'une pantomime grave, très-expressive, qui tiendroit absolument à l'action ; &, par une gaucherie impardonnable, l'ont laissé insérer à la fin du second acte, le moment le plus intéressant de la piece. Le public s'est révolté ; & sans égard pour le compositeur & la danseuse, a tout hué de façon à déconcerter des personnages moins impudents que des acteurs d'opéra.

7 *Décembre* 1776. L'orgue de St. Nicolas a été en effet essayée jeudi dernier aux premieres vêpres & le lendemain jour de la fête du patron. Cet instrument, devenu fort intéressant depuis un demi-siecle, avoit attiré un concours si prodigieux d'auditeurs, qu'on avoit été obligé de poser des gardes pour empêcher le tumulte & maintenir la circulation libre dans l'église. C'est le sieur Luce, un des quatre organistes de Notre-Dame & l'organiste ordinaire de St. Nicolas, qui a touché. Ce jeune homme, de grande espérance, excellent musicien, n'a pas la main aussi brillante que les premiers maîtres ; mais il s'est surpassé ce jour-là, & a mérité les éloges

de tous les connoisseurs. L'orgue de la facture du sieur Cliquaut, est en effet la plus volumineuse & la plus étendue qu'on connoisse encore ; elle a répondu à l'opinion qu'on en avoit conçue & aux soins pris depuis long-temps pour la perfectionner ; il y a cependant manqué quelque chose la veille, & l'on y a trouvé une dureté qui ne peut s'adoucir qu'avec le temps. On lui compte dix soufflets, dont il résulte des bombardes extraordinaires & d'un éclat capable d'effrayer. L'organiste a fini par leur donner tout leur jeu, & la voûte de l'église en a retenti pendant plusieurs minutes. Ce ne sera qu'à pâque qu'on prononcera définitivement sur cette orgue, & qu'on en fera la réception.

8 *Décembre* 1776. Dom Ansart a gagné au grand-conseil ; dom Gillet, de la congrégation de St. Maur, est débouté de son appel comme d'abus, & condamné aux dépens.

8 *Décembre.* On est si mécontent de l'administration actuelle de l'opéra, qu'on croit qu'elle ne restera pas, & qu'elle sera congédiée à pâque.

8 *Décembre.* La principauté de Lux, où doit être transporté le corps de madame la duchesse d'Olonne, est en basse Navarre, environ à 250 lieues de Paris. Le prix de cette expédition funéraire est fixé à 18,000 livres seulement pour le loyer des chevaux & voitures. Celles-ci seront au nombre de six. Qu'on juge ensuite ce qu'il en coûtera de cinq lieues en cinq lieues pour le séjour, pour la tenture & le service qu'exige la défunte, ainsi que pour les flambeaux des pauvres, au nombre de 200, avec

chacun un écu par jour. Le convoi est parti mardi trois.

Par un autre article de son testament, non moins curieux, la duchesse d'Olonne traite fort bien ses domestiques, laissant à tous des rentes proportionnées à leurs services ; mais en même-temps elle les exile, c'est-à-dire, leur assigne un domicile fixe, à une certaine distance de Paris, où ils doivent résider respectivement pour toucher leur rente : son motif est qu'elle ne veut pas qu'ils s'entretiennent d'elle après sa mort, & médisent sur son compte.

8 *Décembre* 1776. Le sieur Gudin a fait, depuis la mort du roi, un ouvrage en prose, ayant pour titre : *aux Manes de Louis XV, & des grands hommes qui ont vécu sous son regne, ou Essai sur les progrès des Arts & de l'Esprit humain, sous le regne de Louis XV. Aux Deux-Ponts, à l'imprimerie Ducale*, 1776. 2 vol. contenant ensemble 550 pages. Quelques traits hasardés mettent dans le cas de la proscription cet ouvrage, qui ne contient rien de bien intéressant d'ailleurs. Le sieur de Beaumarchais, le héros de l'auteur, y est souverainement exalté.

8 *Décembre*. Le *Malheureux imaginaire* n'a pas été mieux acueilli à la ville qu'à la cour. Le principal personnage n'est nullement intéressant ; c'est tantôt un fou & tantôt un sot. On voit que l'auteur n'entend rien à combiner un plan, à nouer l'intrigue, à la faire marcher, à y faire correspondre tous les fils de l'action : il a surchargé la scene de personnages épisodiques, dont il ne sait que faire ensuite, & qu'il amene & renvoie suivant le besoin du mo-

ment, sans que rien soit motivé : en un mot, monsieur Dorat, excellent pour les détails, pour les portraits, ne semble s'occuper que de cette partie, y subordonner tout le reste : & le secret de l'art est précisément le contraire. Comme cet ouvrage est long, triste & ennuyeux, malgré tous les sacrifices pécuniaires que l'auteur fait faire en pareil cas, on doute qu'il puisse conduire sa prétendue comédie à un nombre suffisant de représentations, au point de lui donner l'air du succès.

Par une grande mal-adresse, il a confié au sieur Préville un rôle que devoit faire le sieur Brizard ; comme il exige une certaine noblesse, il est impossible qu'il soit bien rendu par un acteur, au masque de valet, en y joignant sans cesse le jeu. On en doit dire autant de mademoiselle Fannier, qui a un rôle de femme de qualité, vive, étourdie, folle, & qui, s'oubliant souvent, y substitue un jeu de soubrette. Le meilleur de la piece est celui du sieur Bellecour, personnage toujours gai au sein des événements les plus malheureux. Il est bien joué, & pas mal soutenu ; il est l'ame de cette comédie.

9 Décembre 1776. Les bals de la reine ont recommencé, & ont lieu tous les mercredis. Le wauxhail d'hiver s'est ouvert aussi le premier de ce mois, & tout concourt à ne point laisser de vuide entre les plaisirs du public.

9 Décembre. On compare l'amour-propre de monsieur Dorat à celui de monsieur Goldoni, qu'on trouve mieux entendu & plus éclairé. Quoique l'*Avare fastueux* de cet auteur fût dans le cas de passer le premier, il a déclaré qu'il s'en tenoit au jugement de la cour, & ne vouloit pas être joué à Paris.

10 *Décembre* 1776. On peut se rappeller une épigramme, où l'on plaisante monsieur de Pezay sur sa prétendue qualité de marquis. Tout le monde sait que son nom est *Masson*, qu'il est fils d'un ancien commis du contrôle-général. On a été bien surpris qu'il ait eu l'impudence de se faire donner ce titre dans la gazette de France du vendredi 6, à l'occasion de la présentation de sa femme à la cour; autre événement qui scandalise tout le monde. Il s'est introduit chez monsieur le comte de Maurepas, & fait les délices de ce ministre, conjointement avec le sieur de Beaumarchais. C'est à quoi l'on attribue son mariage avec une demoiselle de condition du Dauphiné, appellée *de Murard* : elle est de la plus belle figure du monde. On ajoute que monsieur de Maurepas a fait donner par le roi une dote considérable à la demoiselle peu riche.

Ce monsieur de Pezay a pour sœur une madame de Cassini, très-élégante, & qui tient un bureau d'esprit de son côté, mais d'esprit léger, sémillant, persifleur, & analogue au ton de la cour.

10 *Décembre*. Le mariage du prétendu marquis de Pezay est l'entretien de tout Paris, & l'on plaisante beaucoup sur une généalogie qu'il s'est fait faire pour paroître à la cour, où l'on le fait descendre de *Massoni* d'Italie. Cela réveille également la chronique scandaleuse sur le compte de sa sœur, madame de Cassini, l'amante publique du comte de Maillebois. Pour mieux prêter au ridicule, il a engagé le sieur de la Harpe à insérer, dans son jour-

nal du 15 novembre, des vers de sa composition, inscrits en divers lieux de ses jardins. Voici comme l'on a parodié méchamment ceux au-dessus d'un cabinet de verdure :

 Poëte, jardinier, & sage tour-à-tour,
 Je ne suis qu'un grand fat à parler sans détour.
 Je ne ferois pas croître une simple fleurette.
  Je chante & fais bâiller l'Amour :
  Pour être mis dans la gazette,
De femme à prix d'argent je vais faire l'emplette,
Je serai cocu, puis bientôt j'enragerai,
Alors plus philosophe ici je reviendrai.

12 *Décembre* 1776. On répand encore le prospectus d'un *Journal François*, par messieurs Palissot & Clément, qui, à les en croire, s'en sont trouvés chargés au moment où ils y pensoient le moins. Ce qui n'est pas plus aisé à persuader, c'est que la décence & l'impartialité en feront la base. Ils ne prennent point la plume pour critiquer, mais au contraire, pour venger les auteurs qui auront à se plaindre : nouveaux Ajax, ils offrent leur bouclier à quiconque voudra s'en couvrir. La fin de tout cela, c'est qu'ennemis jurés de la philosophie & des philosophes, ces messieurs se proposent de faire la contre-partie du successeur de Me. Linguet ; & comme celui-ci est absolument vendu au parti encyclopédique, ils en contre-carreront tous les jugements, ils en détruiront toutes les idoles. Tous deux ont du talent, & un assez grand fonds de méchanceté pour en bien nourrir leur journal ; mais
          aucun

aucun n'a cette gaieté, cet art de l'ironie, que possédoit si supérieurement défunt Freron.

12 *Décembre* 1776. On va remettre à l'opéra, pour les jeudis, l'acte de la danse, tiré des *Talents lyriques*, celui d'*Eglé*; l'on continuera *Vertumne & Pomone*, avec le ballet de Gardel : on voit que les régisseurs ne se piquent point de donner du nouveau.

13 *Décembre* 1776. Le sieur le Fuel de Méricourt n'est pas mort, il semble même échappé au danger qui le menaçoit, mais son journal l'est véritablement. Les comédiens & leurs partisans ont si bien manœuvré, qu'on lui a substitué, pour faire cet ouvrage, un commis des fermes, nommé *le Vacher*. On dit que c'est un suppôt du sieur de la Harpe, qui sera en outre aux gages des comédiens, pour les encenser à outrance : il ne manquera pas de lecteurs assez benins pour lire une pareille rapsodie.

14 *Décembre* 1776. Le 4 décembre, Me. Mille, avocat au parlement, dévoué tout-à-fait au tribunal du grand-conseil, dans sa replique pour le sieur Barouselle, contre les directeurs des créanciers du marquis de Fimarçon, n'a pas manqué d'adresser son compliment à monsieur de Nicolaï, désigné premier président de cette cour. Comme c'est une suite du crédit de sa famille avec laquelle il s'est réconcilié ; c'est principalement sur elle que porte le discours. On y vante son ancienneté, & l'honneur qu'elle a d'occuper depuis 270 ans la place de premier président de la chambre des comptes.

Tome IX.

L'orateur termine par louer succinctement l'affabilité de ce nouveau chef, qui ne fait point de tort à sa fermeté, & finit pour n'en pas blesser la modestie. Assurément ce magistrat, ex-militaire, ne se seroit pas attendu il y a deux ans à tant d'encens.

14 *Décembre* 1776. Extrait d'une lettre de Ferney, du 4 décembre. « Vous avez déja vu, dans mes précédentes lettres, que monsieur de Voltaire est fort mal servi par ses amis & correspondants ; elle n'a pas même cette universalité de gazettes, de journaux & autres ouvrages périodiques que devroit lui faire desirer son ardeur de tout lire, de tout savoir, de parler de tout, & que son opulence lui donne le moyen d'acquérir aisément. Il a la manie de receler dans son cabinet ce qu'il reçoit en ce genre, & de ne les pas envoyer au sallon suivant l'usage des campagnes, où l'on s'amuse de ces feuilles courantes. Quand il les a lues, seulement il vient en faire part : « eh » bien ! dit-il, voilà donc les Insurgens qui » ont été battus, &c. » Ce qui vous surprendra, c'est qu'entre les écrits périodiques de Paris, celui qu'il lisoit le plus assiduement, c'étoit les feuilles de Freron ; quand il en recevoit une, & qu'il la prenoit pour la parcourir, on a remarqué que la main lui trembloit ; il avoit l'air d'un criminel qui va entendre sa sentence. Monsieur d'Argental est celui de ses amis qui le sert le plus exactement & le plus assiduement : il n'est pas de semaine où il n'en reçoive plusieurs lettres, il en a des commodes pleines. Ce gobe-mouche lui écrit tout

ce qu'il fait & ne fait pas; c'est sur-tout pour les nouvelles politiques, pour les acecdotes de la cour qu'il lui est utile. Ce recueil sera un jour très-précieux pour quiconque voudra écrire l'histoire.

Voulez-vous encore mieux juger combien le patron est mal instruit des détails littéraires, même le concernant ? apprenez qu'il a su par moi le premier qu'un certain abbé Martin, vicaire de la paroisse de Saint-André-des-Arts, se déclaroit depuis deux ans pour l'auteur des *Trois Siecles*; il m'a répondu plaisamment : *Oh ! je sais bien qu'ils sont plusieurs messieurs de ce nom-là*, & il ne m'en a pas paru moins décidé à continuer de prendre pour plastron de ses injures l'abbé Sabotier.

15 *Décembre* 1776. Il faut se rappeller la condamnation que le Châtelet a faite l'année derniere d'un livre, intitulé : *de la Philosophie de la Nature*, en 6 volumes, par monsieur de Lisle. Elle a des suites, & l'on répand un *mémoire à consulter pour le sieur Chrétien, prêtre, chanoine de Lens, censeur royal, accusé d'avoir approuvé un ouvrage intitulé* : *de la Philosophie de la Nature*. Il est suivi d'une consultation en date du premier novembre. Ce mémoire, curieux par les détails qu'il contient sur l'ouvrage, mérite d'être discuté.

16 *Décembre* 1776. Il y a eu derniérement une scene comique à l'opéra entre deux des administrateurs de ce spectacle. Le sieur Hebert & le sieur de la Touche se chamailloient fort à raison du ballet intercalé au second acte d'*Alceste*, le vendredi 6 décembre ; ce qui a

occasioné tant de huées & de clameurs du public. Le dernier reprochoit à l'autre le mauvais goût d'une telle insertion, & cela faisoit beaucoup rire les spectateurs, lorsque le sieur Papillon est intervenu & leur a fait sentir l'indécence de la scene qu'ils donnoient au public.

16 Décembre 1776. L'auteur anonyme de *la Fausse Délicatesse*, comédie en trois actes, en prose, mêlée d'ariettes, imitée librement de l'Anglois, représentée devant leurs majestés à Fontainebleau le 8 octobre, a vraisemblablement eu pour le jugement de la cour la même soumission que monsieur Goldoni, car la piece est imprimée ; ce qui semble annoncer qu'il renonce à la représentation : elle est à la Marivaux, aussi alambiquée, mais avec moins d'esprit & de finesse.

17 Décembre 1776. Ce fut au mois d'avril de la même année, que monsieur l'abbé Chrétien entra en conférence avec monsieur de Lisle à l'occasion du manuscrit de *la Philosophie de la Nature*, dont il avoit été nommé censeur. Malgré les manœuvres insidieuses de l'auteur, il prouve qu'il s'en garantit, qu'il ne laissa rien passer de répréhensible dans les trois premiers volumes, les seuls soumis à son examen ; qu'il exigea même aux assertions tant soit peu hardies des corrections & des explications suffisantes pour mettre à couvert les vrais principes, & pour empêcher toutes conséquences dangereuses ; que ce livre ne fut dénoncé, en 1770, à l'assemblée du clergé que parce que les infidélités en étoient déja sensibles ; que néanmoins elles ne purent suffire alors pour déterminer la censure ecclésiastique, ni même la condamnation civile par le parlement. Il prétend que depuis il n'a eu aucune connoissance des trois volumes ajoutés aux premiers ; que par une suite de la premiere fourberie, présentés à un censeur de la classe de chirurgie, sous le titre d'*Anatomia du corps humain*, on les avoit ensuite réunis avec les trois autres, en supprimant ce titre, & les rangeant sous le premier, général aux six ; ce dont s'est plaint le dernier censeur, ainsi que de la restitution des choses criminelles qu'il en avoit retranchées. Ainsi, tout concourt à justifier monsieur l'abbé Chrétien, décrété d'assigné pour être ouï dans cette affaire, & qui a d'autant plus d'intérêt de ne laisser aucun louche sur sa conduite, qu'on l'a accusé d'être l'approbateur ordinaire des mauvais livres, & cependant de 300 volumes environ qu'il a eu à censurer, dont un grand nombre traitent de matieres de morale, de métaphysique, de théologie, de droit canonique, de droit public ; aucun n'a excité la moindre réclamation.

Monsieur de Lisle, décrété de prise de corps, ainsi que le libraire d'ajournement personnel au commencement de janvier, rendent cette affaire très-grave, & le dénonciateur Audran, conseiller au Châtelet, grand janséniste, les poursuit avec tout le zele d'un dévot.

Par une des lettres de l'auteur à monsieur l'abbé Chrétien, il paroît qu'il étoit protégé par monsieur le duc de Choiseul, qu'il en espéroit une place dans les affaires étrangeres, & qu'il se proposoit de lui faire la dédicace d'un livre, intitulé : *Essai philosophique sur l'art de négocier.*

18 *Décembre* 1776. *La Soirée des Boulevards* est une piece ancienne de la comédie Italienne, dont les paroles sont du sieur Favart. Il a été question de la remettre au théatre pour la jouer à Fontainebleau devant leurs majestés, & voici le titre sous lequel elle a été exécutée le 11 octobre : *la Matinée, la Soirée, & la Nuit des Boulevards, ambigu des scenes épisodiques, mêlé de chants & de danses, divisé en quatre parties.* Les deux premieres sont charmantes, mais les deux autres absolument disparates ; la quatrieme sur-tout, intitulée : *le Bal*, est pitoyable, & l'on s'apperçoit aisément que l'auteur, inspiré par l'abbé de Voisenon dans les autres, a marché absolument sans guide dans celle-ci.

19 *Décembre* 1776. Une demoiselle Compain, danseuse en double à l'opéra, annonçant du talent, & pouvant figurer un jour dans la danse haute, s'est évertuée, s'est trouvé un mérite d'un genre plus important, & a débuté mardi, aux François, dans la tragédie d'*Oreste*, où elle a fait le rôle d'*Electre*. Elle est douée d'abord d'une mémoire prodigieuse, au point d'apprendre une piece entiere pendant qu'on la frise, qu'on la coëffe, qu'on lui met les plumes ; ensuite exercée déja à paroître en public avec applaudissement depuis quelques années, elle a une assurance fort utile. Cependant le parterre ne l'a pas bien accueillie la premiere fois ; mais l'on a remarqué beaucoup de cabale & de partialité, &

l'on ne peut encore prononcer sur cette débutante, annoncée peut-être avec trop de prétention.

20 Décembre 1776. A quelque degré que soit poussé aujourd'hui l'art de la danse, chaque nouveau sujet qui s'y distingue, semble devoir y ajouter. C'est ainsi que s'annonce mademoiselle Gondolié, éleve du sieur Gardel, sujet rare, & qui, à en juger par son début, surpassera incessamment tous les coryphées de son sexe. Jamais on n'a paru sur la scene avec un plus grand éclat de jeunesse, de beauté & de talent. Déja rivale de mademoiselle Heinel, elle en à la précision & le brillant, une attitude de tête peut-être unique, & la plus grande légéreté dans tous les mouvements ; elle attire un monde prodigieux au nouveau ballet qui a été replacé où il devoit être, & ne tire son grand mérite que de cette danseuse charmante.

21 Décembre 1776. Un *mémoire pour le sieur de Beaupoil de Saint-Aulaire, chevalier de Fontenille, comte de la Feuillade, ancien officier au régiment de Bourbonnois ; contre le sieur de Beaupoil de Saint-Aulaire-du-Pavillon, aide-major des gardes-du-corps de sa majesté; & encore contre monsieur de Beaupoil de Saint-Aulaire-de-Gors, évêque de Poitiers, intervenant*, fait grand bruit par un détail de vexations inouïes, exercées contre sa femme & deux de ses filles, la nuit du 24 au 25 octobre 1774, c'est-à-dire, au commencement du regne de Louis XVI, quoique dignes du gouvernement despotique des dernieres années de Louis XV, si l'on en croit les faits étranges rapportés dans l'écrit en question, peu propre à séduire par son style barbare & le désordre de sa logique. Il est d'un Me. Bosquillon, à la place du défenseur des parties, mort dans le cours de l'instance, & qu'il fait regretter tel qu'il soit.

22 *Décembre* 1776. On peut se rappeller un sieur Delpech, impliqué dans le procès du duc de Guines contre Tort. Cet homme a depuis eu une autre affaire avec sa femme, qui dure encore. Celle-ci dans un mémoire, a avancé des faits injurieux, dont a rendu compte le rédacteur d'une gazette intitulée: *le Courier d'Avignon*. Delpech attaque aujourd'hui ce journaliste au sujet de cet extrait, où il s'étend sur les infidélités que lui reproche sa moitié, & propre à lui ôter la confiance publique qu'il prétend mériter. On regarde cette délicatesse du négociant comme lui faisant honneur, & comme une présomption forte qu'un jugement authentique le lavera, & mettra le gazetier dans le cas de se rétracter.

23 *Décembre* 1776. *Eloge de monsieur de Nicolaï, par Me. Mille* « Mais quelle époque, Messieurs, peut jamais être plus chere à ce tribunal & plus capable de fixer nos regards que celle qui vient de lui désigner pour chef un magistrat issu d'une famille illustre, dont la tige se perd dans la nuit des temps, & qui, depuis 270 ans sans interruption, occupe une des premieres dignités de la robe!

» Le prince bienfaisant qui gouverne cet empire, pouvoit-il, Messieurs, récompenser votre vertu, auſſi conſtante qu'éprouvée, d'une maniere plus digne de lui & plus ſatisfaiſante pour vous, qu'en appellant à votre tête le neveu du maréchal *Nicolaï*, dont les aïeux n'ont jamais eu que l'amour de leurs ſouverains pour guide, & dont le nom ſeul inſpire de la vénération à ceux qui le prononcent ?

» Ce nom étoit déja célebre dans le Vivarais, & au parlement de Touloufe, lorſque le mérite de *Jean Nicolaï* le fit parvenir, en 1495, à l'une des premieres dignités du royaume de Naples. *Charles VIII*, après avoir fait la conquête de ce royaume avec une rapidité qui tient du prodige, pouvoit-il y laiſſer en qualité de *Chancelier*, un ſujet plus digne de ſa confiance que celui-là même qui l'avoit ſervi ſi utilement dans diverſes négociations chez les Princes d'Italie ? Si cette conquête devint enſuite fatale à la France, parce que le climat d'Italie & le caractere des Italiens ne convinrent jamais aux François, le chancelier du royaume de Naples n'en mérita pas moins, lorſque ce royaume eut changé de maître, la récompenſe due à ſes ſervices. Auſſi *Louis XII*, après lui avoir donné une charge de maître des requêtes, le 3 juin 1504, l'éleva-t-il, deux ans après, à la dignité de premier préſident de la chambre des comptes de Paris, qui, depuis cette époque s'eſt perpétuée juſqu'à préſent ſur la tête de ſes deſcedants.

» Qu'on ne croie pas cependant que leur émulation ſe ſoit concentrée dans les pénibles fonctions d'une place éminente, qui eût suffi pour les illustrer ; semblables à ces Romains vraiment grands, qui se distinguoient également dans le sénat & dans les combats, ils n'ont jamais connu d'autre gloire que celle de servir l'état ; & jamais ils n'ont encensé les préjugés de cette distinction chimérique qu'une vanité barbare s'est si souvent efforcée d'établir entre la robe & l'épée. C'est ainsi qu'un esprit vraiment patriotique, guidant perpétuellement les descendants du chancelier *Nicolaï*, les a rendus dignes des premieres dignités de l'église, de la magistrature & de l'état militaire.

» Je ne parlerai point ici des alliances, qui, sous différentes époques, ont ajouté un nouvel éclat à la gloire de cette maison. Personne n'ignore que les maisons de *Molé*, de *Vardes*, de *Cembourg*, de *Rochechouart Mortemar*, de *la Chastre* & de *Vintimille*, se font honneur d'avoir mêlé leur sang avec celui de *Nicolaï*. J'observerai seulement que si les services d'une longue suite d'aïeux, qui président depuis si long-temps dans l'une des plus anciennes cours du royaume, ont preparé le choix du souverain, vos qualités personnelles, *Monsieur*, & sur-tout cette affabilité qui n'exclut point en vous la fermeté nécessaire aux grandes places, ont dû naturellement le fixer.

» Pardonnez, Monsieur, cet éloge échappé à mon dévouement respectueux pour un tribunal dont je m'efforcerai de mériter toujours l'estime & la bienveillance ! J'oubliois que la modestie dédaigne les éloges, & que plus les hommes font grands par leur naiffance & leur mérite perfonnel, moins ils aiment qu'on les loue en leur préfence. Je me hâte donc de rendre hommage à votre amour pour la juftice, en reprenant les faits de la caufe que je fuis chargé de défendre. »

24 *Décembre* 1776. On ne peut affez fe louer du zele des directeurs actuels du concert fpirituel, qui y préfentent toujours quelque nouveauté. Il eft queftion aujourd'hui de la fignora *Balconi*; elle y doit chanter, & partir le foir même pour Londres ; ce qui excite la curiofité de tous les amateurs.

25 *Décembre* 1776. On fait que les pieces de monfieur Dorat lui coûte beaucoup pour prolonger leur exiftence fur la fcene, & fon *Malheureux imaginaire* eft plus qu'une autre dans ce cas. C'eft ce que publie affez ouvertement le fieur de la Harpe dans fon journal, & ce qui a enfanté le bon mot appellé *le bon mot de l'académie*, parce qu'il eft éclos chez M. d'Alembert dans une des affemblées qui fe tiennent tous les foirs chez lui ; efpece de *converfation* qui remplace celle de M. de Foncemagne, & où fe raffemblent les gens de la clique. On y eft convenu, en rendant compte de la nouveauté, que le changement du parterre étoit le meilleur que l'auteur eût fait à fa piece ; c'eft-à-dire, qu'à un petit nombre de gagiftes, qu'il avoit pu augmenter le premier jour, il en avoit fubftitué un plus grand le fecond & les jours fuivants.

26 *Décembre* 1776. L'ordonnance du roi, concernant l'artillerie, en date du 3 novembre,

qu'on a annoncé depuis long-temps, ne paroît que depuis quelques jours : elle a 135 pages in-folio ; elle est accompagnée d'une autre sur le service que les ouvriers du corps-royal, auront à faire dans les arsénaux de construction. Celle-ci ne contient que 20 pages in-folio. Toutes deux ayant été combinées avec les chefs de cette partie, sont moins sujettes aux erreurs qu'on critique dans les autres ouvrages de monsieur le comte de Saint-Germain.

27 Décembre 1776. La signora Balconi a chanté hier deux airs : l'un, que les Italiens appellent *Cantabile*, c'est-à-dire de sentiment, del signor Sacchini, & l'autre del signor Colla. Cette cantatrice, qui n'est ni de la premiere jeunesse ni bien de figure, a été singuliérement applaudie, sur-tout par les *Colombe* & leurs partisans nombreux, faisant cabale contre mademoiselle Giorgy. Comme la premiere ne faisoit que passer, elles n'ont pas redouté sa concurrence ; au lieu que l'autre reste ici, & qu'il est même question de la faire débuter aux Italiens. Quoi qu'il en soit, le vrai est que la premiere est plus finie, a plus d'art, mais que son organe, trop foible, ne pouvoit suffire à un vaisseau tel que celui du concert spirituel & s'y perdoit. La seconde continue à mériter les suffrages des connoisseurs impartiaux, a plus de naturel dans la voix, & d'ailleurs en a un volume très étendu. Tout le monde s'accorde à ce dernier égard, mais quelques gens critiquent sa maniere.

27 Décembre. Le docteur Bordeu, très-renommé

renommé dans la faculté par de profondes connoissances dans son art, & célebre par un procès fâcheux que lui avoit suscité le docteur Bouvart, envieux de son mérite, jouant un rôle considérable sur la fin du regne dernier, où il étoit médecin de madame Dubarri, vient d'être trouvé sans vie dans son lit. C'est ce même Bouvart, qui, en apprenant cette nouvelle, s'est écrié : *Je suis bien surpris qu'il soit mort horizontalement !*

29 *Décembre* 1776. On étoit fort empressé de connoître l'auteur de la comédie intitulée, *le bureau d'Esprit*. On le nomme aujourd'hui hautement. C'est un Irlandois, appellé le chevalier de Rutlidge.

31 *Décembre* 1776. Ces jours derniers, un abbé, comme le roi revenoit de la messe, a mis un genou en terre devant sa majesté & lui a présenté un papier. Le monarque l'a pris, &, rentré dans son appartement, l'a lu. Il en a fait part en riant à ses courtisans, & leur a annoncé que c'étoit un mémoire, dont l'auteur se flattoit pouvoir lui donner un secret pour perpétuer son auguste race. Le capitaine des gardes, piqué que cet abbé, oubliant les prérogatives de sa place & le costume, eût présenté son placet au roi, au lieu de le lui donner, a observé à sa majesté que cette témérité scandaleuse méritoit d'être approfondie ; en sorte qu'on a donné sur le champ ordre de rechercher cet abbé & de l'arrêter ; ce qui a été fait. Il s'est trouvé que le zele avoit exalté un peu trop cette tête-là, & il a été relâché au bout de quelques heures.

Tome IX.   O

Par les interrogations qu'on lui a faites, on a reconnu que le secret en question ne consistoit en aucune drogue à prendre ou à appliquer, mais dans certaine posture par laquelle il prétendoit apprendre à S. M. à suppléer au défaut physique qui avoit fait répandre le bruit d'une opération qu'elle devoit subir. Tout cela a fait beaucoup rire la cour, le roi & sur-tout la reine.

Fin du neuvieme Volume.

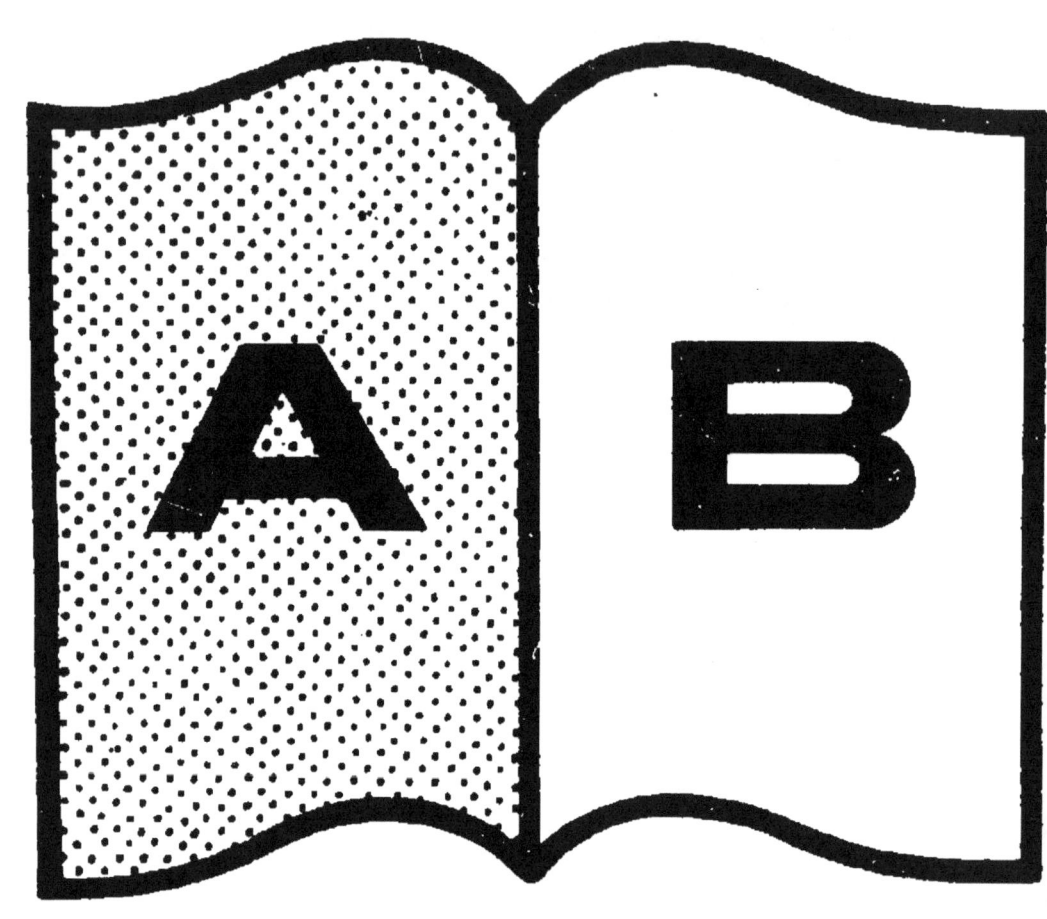

Contraste insuffisant

NF Z 43-120-14

www.ingramcontent.com/pod-product-compliance
Lightning Source LLC
Chambersburg PA
CBHW071129160426
43196CB00011B/1835